U0139813

秦始皇帝

三才图会 明一王圻一王思义一辑 万历三十五年槐荫草堂刻本

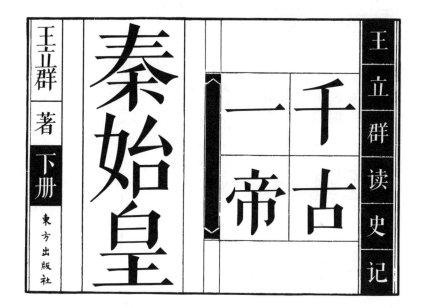

王立群读史记

千古一帝

王立群 著 下册

秦始皇

东方出版社

目录

股肱之臣

公元前221年，是中国历史上一个特别值得记住的年份。这一年，秦王赵政和他的文臣武将在历经十年的运筹帷幄、南征北战之后，终于将六国一一平定，建立起了一个大一统的庞大帝国。让我们简单回顾一下六国灭亡的次序和时间：公元前230年灭韩，公元前228年灭赵，公元前225年灭魏，公元前223年灭楚，公元前222年灭燕，公元前221年灭齐。从公元前230年到公元前221年，仅仅十个春秋，秦王赵政就给历时长达两个半世纪之久的战国时期画上了一个完满的句号，终结了中国历史上诸侯纷争、枭雄四起的时代。而在这十年之中，秦军势如破竹、所向披靡、风卷残云般地席卷了中华大地。秦军的统一速度之快，令人咂舌。人们在惊叹之余，不禁思考这样一些问题，为什么秦国的统一大业进展得如此顺利？秦国取胜的关键是什么？秦王赵政凭借什么完成了统一天下的大业呢？

上阵父子兵

中国的历史反复证明了一条铁律，凡是有所作为的君王，身边总是有一批能征善战的武将和足智多谋的文臣。秦始皇之所以最终能够势如破竹地统一天下，就是因为他身边聚集着这样一批当时最优秀的文臣武将。也正因为如此，他的胜利才会来得如此快速，来得如此轻松。秦始皇身边到底有哪些文臣武将，他们在帮助秦始皇兼并六国的进程之中，发挥了怎样的作用呢？

秦灭六国首先是军事斗争，所以我们先从武将说起。

秦始皇身边的武将首推王翦 (jiǎn)、王贲 (bēn) 父子。我们用"首推"二字，是因为王翦、王贲父子为秦灭六国立下了不世之功。

王翦是频阳东乡人 (今陕西富平县)，年轻的时候就非常喜欢军事。他成名的第一仗发生在秦王政十一年 (前236)，王翦领兵攻打赵国，旗开得胜，一举攻下了赵国九座城池。初次领军，王翦就表现出了卓尔不群的军事才能。

王翦者，频阳东乡人也。少而好兵，事秦始皇。始皇十一年，翦将攻赵阏与，破之，拔九城。——《史记·白起王翦列传》

王翦的第二仗是秦王政十八年 (前229) 至十九年 (前228) 的灭赵之战。这次战役，王翦仍是统帅。当时赵国派大将李牧、司马尚抵抗秦军，李牧亦颇有军事才能。两国经过一年多时间的较量，王翦不能在军事上战胜李牧，终以重金收买赵王宠臣郭开，用反间计除掉了李牧、司马尚。其后三个月破赵，俘虏赵王迁。除了太子嘉逃亡，赵国已名存实亡。这一次，王翦灭掉了秦国扩张道路上一个最棘手的强硬对手。

秦王赵政二十年（前227），燕国派荆轲刺杀秦王，虽未成功，但是咸阳宫殿上的这次刺杀行动让赵政深受惊吓。惊魂稍定的赵政勃然大怒，立即命令王翦发兵攻伐燕国。燕国联合逃到代地自称代王的赵王迁的太子嘉共同抗秦，王翦率领秦军，陈兵易水之西，大败燕、代联军。这一仗虽然未能彻底灭燕，但是，让燕国深受重创。

秦王政二十一年（前226），王翦的儿子王贲奉命攻打荆楚，大破楚军，攻下了十几座城池。赵政又增派大兵援助王翦，攻打燕国都城蓟（今北京），燕王喜被打得"灵魂出窍"，仓皇逃至辽东。

秦王政二十二年（前225），王贲击溃燕军之后，又奉命攻魏。王贲挖沟引黄河之水淹灌魏都大梁，三个月后，城墙因被水浸泡而崩塌，魏王请降，魏国灭亡。

王翦独立灭赵，王贲独立灭魏，王翦、王贲父子联合败燕。

王翦父子在秦灭六国的过程中，为秦国开疆拓土立下了赫赫战功。秦王赵政就是依仗着这样的大将，在统一的道路上，纵横捭阖、吞并四方。但是在王翦这里，秦王赵政曾因决策失误错失过一次灭楚的绝好时机，这和一个叫李信的人有关。

李信是在王贲率兵击溃燕军主力的战斗中表现不俗的一位青年将领。

李信是汉代名将李广的先祖，也非等闲之辈。李信的闻名，是因为荆轲刺秦以后，年轻气盛的他，曾带几千士兵追杀燕太子丹，迫使燕王喜杀太子丹以图苟且偷安。当然，燕王喜交出太子丹的人头并不能使秦国停止对燕国的打击，不过，李信在这次追击战中表现不凡，赵政对李信的忠诚和坚忍果敢的战斗作风大为赞赏，认为李信有勇有才。

秦将李信者，年少壮勇，尝以兵数千逐燕太子丹至于衍水中，卒破得丹，始皇以为贤勇。——《史记·白起王翦列传》

一天，赵政问李信：我打算攻楚，将军估计调用多少兵力才可以？李信不假思索地回答：最多不超过二十万人。

于是始皇问李信：『吾欲攻取荆，于将军度用几何人而足？』李信曰：『不过用二十万人。』——《史记·白起王翦列传》

赵政听完之后，又问王翦，王翦咬着牙冷冰冰地抛出一句话：攻打楚国，没有六十万大军绝对不行。王翦的意思是攻打楚国，必须倾全国之力。

始皇问王翦，王翦曰：『非六十万人不可。』——《史记·白起王翦列传》

听了王翦的话，赵政说：王将军老喽，变得如此胆怯呀！还是李将军少年果敢，壮勇刚毅，他说得对。于是派李信和蒙恬带兵二十万攻打楚国。

始皇曰：『王将军老矣，何怯也！李将军果势壮勇，其言是也。』——《史记·白起王翦列传》

王翦见自己的意见不被采纳，就借口有病，回家乡养老去了。

王翦言不用，因谢病，归老于频阳。——《史记·白起王翦列传》

李信和蒙恬分兵击楚，一开始大败楚军，攻势非常顺利。于是，他带领部队继续向东进发，想和蒙恬在城父（今安徽亳州市）之地会师，再联合攻打楚国都城寿春（今安徽寿县）。但是，让李信意想不到的是，楚军起初并没有全力抵抗，当李信东进与蒙武会合之时，楚军却悄悄地尾随跟踪，突然发起进攻。而且，楚军连续作战，三天三夜昼夜不停，穷追猛打，李信率领的秦军大败，两座军营被攻破，七个都尉被杀死，秦军落荒而逃。

李信大败而归的消息传到赵政那里，赵政极为震惊。他立即乘快车奔赴频阳，一见王翦就道歉说：我没采纳您的建议，李信果然让秦军蒙受了耻辱。现在听说楚军正向西挺进，将军虽然染病，但难道忍心丢下我不管吗？王翦推辞说：老臣有病，昏聩无能，大王还是另择良将吧。赵政再次表示歉意说：好啦，将军不要再说什么了！王翦说：大王一定要用我，非六十万大军不可。赵政满口答应说：只要将军领兵，一切听从将军安排。

王翦用了三年时间，最终完全平定荆楚。秦国兼并六国道路上第二个难于应对的对手——楚国就这样被王翦拿下了。

与此同时，王翦的儿子王贲与李信也平定了燕国。

李信攻平与，蒙恬攻寝，大破荆军。信又攻鄢、郢，破之。荆人因随之，三日三夜不顿舍，大破李信军，入两壁，杀七都尉，秦军走。——《史记·白起王翦列传》

始皇闻之，大怒，自驰如频阳，见谢王翦曰：『寡人以不用将军计，李信果辱秦军。今闻荆兵日进而西，将军虽病，独忍弃寡人乎！』王翦谢曰：『老臣罢病悖乱，唯大王更择贤将。』始皇谢曰：『已矣，将军勿复言！』王翦曰：『大王必不得已用臣，非六十万人不可。』始皇曰：『为听将军计耳。』——《史记·白起王翦列传》

秦王政二十六年 (前221)，秦王又派王贲进攻齐国，俘获了齐王田建，灭了齐国。

从上述史实可以看出，王翦率领秦军灭了赵国、楚国这两个最强硬的对手，他的儿子王贲灭了魏、齐两国，父子二人各灭了六国中的两个。至于燕国，王翦是大败燕军主力，王贲则扫平了燕军残部。换句话说，燕国是王翦、王贲父子共同灭掉的。这样算下来，王翦、王贲父子灭了六国中的五国。

王翦因其卓越的战功，成为战国四大名将之一。王翦是幸运的，他深得赵政信任，完成了歼灭六国的历史使命。赵政凭借王翦、王贲父子的所向披靡，才最终完成了统一六国的历史大业。

王翦确实有卓越的军事才能，但是，他之所以成为名将是因为秦王赵政慧眼识英才。倘若他生活在赵国的亡国之君赵迁那里，恐怕就不会这么幸运，甚至可能会像李牧一样被秘密处决。

所以，人才的效用要想得到最大限度的发挥有个条件：必须得到他的上级大胆授权与坚定支持。

如果拿赵政和他雄才大略的曾祖父秦昭襄王作一比较，大家会看得更清楚。秦昭襄王时期，秦国也有一位名将白起。白起指挥了长平大战，此战消灭了赵军的主力。

白起和王翦相比，战功不相上下，但是，两个人的命运悬殊可就太大了。白起功高而被赐死，王翦功高而子孙富贵。

抛开王翦善于自全的因素之外，赵政对功臣的善待也极为不易。功臣中有善于自全者如王翦，也有不善于自全者如白起，但是，他们的功劳均未被埋没。是否善待功臣是考量一位领导者气度、胸怀的标尺，亦是事业能否兴旺发达的重要原因。

在秦灭六国的十年过程中，王翦是统兵最多、打仗最多的将军。在他的军事生涯中，几乎没有失败的记录。在秦王赵政的麾下，聚集了不少这样的军事人才，除王翦父子外，在秦国历史上，还有一对父子非常有名，他们就是蒙氏父子，他们也为秦王赵政兼并六国做出了卓越贡献。

秦昭襄王时，蒙骜由齐入秦，成为秦昭襄王手下除白起之外的另一员名将。蒙骜一生侍奉过秦昭襄王、秦孝文王、秦庄襄王、秦王赵政四代国君。蒙骜的主要功业是在秦王赵政的父亲庄襄王时期，一夺韩国军事重镇成皋、荥阳，秦国因此而建立了三川郡；二夺赵国三十七城，使赵国国土迅速缩水。秦王赵政时期，蒙骜先取韩十三城，后取魏二十城，建立东郡，隔断了六国的南北合纵，并使秦国国境与齐国接壤。蒙骜一生为秦国建立了最为关键的两个郡——三川郡与东郡。

秦王政七年（前240），蒙骜去世。他的儿子蒙武在秦王政二十三年（前224）作为副将与王翦共同伐楚，大破楚军；第二年，蒙武俘获楚王。蒙武的儿子蒙恬于秦王政二十六年（前221）攻打齐国，也大获全胜。可见，蒙氏祖孙三代也是秦王赵政统一天下的股肱之臣。

人才济济

在秦王赵政灭六国的过程中，不但出现了能征善战的王翦父子、蒙氏父子，还有很多人为秦国的发展做出过贡献，因为史料的局限，他们没能青史留名。但是透过史书记载，有一个人的名字熠熠生辉，他的战略思想加快了秦灭六国的步伐，让军事强国赵国自毁长城。

这个人就是军事家尉缭。"尉"是指国尉，即秦国主管军事的最高长官，"缭"是他的名。因此，史书用他的官和他的名合起来称他"尉缭"。

尉缭本来是魏国大梁人，年轻时习演兵法，受商鞅思想的影响较大。公元前237年，尉缭因在魏国未能受到重用，来到秦国，游说秦王赵政，尉缭也像李斯一样，主张军事、政治两手并用。他第一次见秦王赵政时就说：凭着秦国的强大，诸侯就是你管辖的郡县的长官。现在我最担心的是诸侯暗中联手，突然袭击秦国，那就像当年韩、赵、魏三家虽然比知氏都弱，但是，三家暗中结盟，突然下手，最终灭了强大的知伯。当年打败仗的越国，麻痹吴国，经过十年休养生息，聚集力量，最终灭了吴国。这都是历史教训啊！希望大王不要吝惜钱财，用重金贿赂六国的权臣，利用他们打乱六国的计划，至多费上三十万金，就可以摆平天下的诸侯。

愿大王毋爱财物，赂其豪臣，以乱其谋，不过亡三十万金，则诸侯可尽。——《史记·秦始皇本纪》

赵政对尉缭的意见非常欣赏，之所以如此，是因为赵政也崇尚法家，他正在进行的统一战争正需要军事理论指导方面的良才。二人相见恨晚。赵政不但采纳了尉缭的计谋，而且见尉缭时平等相待，连衣服饮食也和尉缭是同等规格。一位领导如此厚待一位部下，对领导来说是对人才的尊重，对人才而言则是得到了大显身手的平台。

尉缭以其杰出军事家的敏锐观察力，看出了赵政的残忍、缺乏仁德，并有虎狼之心，用人的时候对人谦下，得志的时候便会"吃人"。他曾说：我是个平民，大王见我总是非常谦卑。如果秦王夺了天下，天下的人就都得成为他的奴隶了。我不能跟他长久交往。于是，尉缭几次想逃走。赵政发觉后，坚决劝止，还让他当了秦国的最高军事长官——国尉。

尉缭的策略就是打间谍战。秦国的间谍战非常奏效，多次瓦解了六国的联合，使秦国转危为安。如秦国与赵国的战争中，秦国买通赵王宠臣郭开，对大将李牧多方进谗，极力诬告，赵王迁最终秘密处死李牧，赵国因此灭亡。这其实就是尉缭等人的间谍战在实际战争中的具体运用。

尉缭著有《尉缭子》一书，这是先秦时期最著名的军事著作之一。宋代编纂《武经七书》时，《尉缭子》和《孙子》《吴子》并列为最重要的军事教材。

《尉缭子》也和其他先秦兵书一样，认为"故兵者，凶器也；争者，逆德也；将者，死官也。故不得已而用之"《尉缭子·武议第八》。这说明尉缭不主张滥用武力。他主张："凡兵不攻无过之城，不杀无罪之人。夫杀人之父兄，利人之财货，臣妾人之子女，此皆盗也。"《尉缭子·武议第八》这实际上主张战争只能是"诛乱禁暴"。秦王赵政手下有如此杰出的军事家，这是秦王赵政统一天下的重要保证，也是秦国的福气。

在《尉缭子》中，尉缭根据战国时期战争面临的新的时代特点，进一步对孙武提出的"奇正"战术加以研究，提出了灵活多变的"奇正"战术，还提出了排兵布阵的天、地、风、云、龙、虎、鸟、蛇八种阵法，四为正，四为奇，互相变化使用。"四正"一般指正面迎击或打击敌人，"四奇"一般指从两翼或敌后出奇制胜，以配合正面作战。这种避实就虚、灵活多变的战略战术在秦统一过程中多次发挥过重大作用。

秦王赵政统一天下必须依靠军事实力，所以，王翦、王贲父子，蒙骜、蒙武、蒙恬祖孙三代，均在兼并六国的过程中发挥了非常重要的作用。赵政的手下除了这些能征惯战的武将，还有一批文臣也非常了得。

文臣之中当首推吕不韦。特别是在赵政十三岁即位到二十二岁举行加冠礼之间的九年里，秦国对六国不断打击，都是在吕不韦的主持下完成的。比如东郡的建立，东郡是切断六国合纵的一把利剑，也是一柄刺向齐国心脏的利剑。吕不韦对秦国的可持续发展发挥了极大作用。

继吕不韦之后秦王赵政身边最重要的文臣是李斯。李斯提出了率先灭韩的统一总方略，揭开了秦灭六国的序幕。

王者气度

战国时期是一个人才辈出的时代，秦国自商鞅变法以来，一直奉行比较开放的人才政策，所以一些时代精英纷纷到秦国谋求发展。秦王赵政身边的人才数以千计，而面对这些人才，秦王赵政的态度是什么呢？

《战国策》记载了一位非常特别的人，他见了君王不下拜。这位特别人物是谁呢？顿弱（有些学者认为顿弱即是尉缭）。顿弱扬言：我做人的原则是不向称王者下拜，如果能满足我这个条件我就见，否则，不好意思，老子不伺候。这话传到了秦王赵政的耳朵里，赵政并没有火冒三丈，而是同意顿弱不拜而见。

一见赵政，顿弱开口就说：天下有三种人，不知道大王知道不知道。第一种人有其实无其名，第二种人无其实而有其名，第三种人是既无其名又无其实。

赵政听了顿弱这没头没脑的一番话，不知道他要说什么，只好老老实实地回答：你说的我不明白。

顿弱说：有其实而无其名的是商人，他们不用拿着农具辛勤劳作，但是，他们却有吃不完的粮食；有其名而无其实的是农民，他们冬夏劳作，辛辛苦苦，却没有粮食吃；无其名而又无其实的是君王，身为万乘之国的君王却没有孝母之名，以千里之地落了一个不孝之实。赵政一听，气得浑身哆嗦。顿弱说：山东六国如此强大都没有损伤大王的名声，但是，大王软禁自己的母亲却毁掉了自己的名声。

顿弱谏秦王赵政一事当发生在赵政处理嫪毐事件之后，此时顿弱进谏，还坚持不拜秦王，秦王居然能够接受顿弱的不拜，还最终听进了顿弱的批评。

我们在"赵姬之乱"一章中讲到茅焦谏止秦王赵政，赵政从大局考虑，迎回母后。现在我们知道当时劝秦王赵

秦王欲见顿弱，顿弱曰：『臣之义不参拜。王能使臣无拜，则可矣。不，即不见也。』秦王许之。——《战国策·秦策四》

政收回成命、迎回母后的还有一位顿弱。只是茅焦是在秦王赵政气头上冒死进谏（文死谏），顿弱是事后为秦王赵政分析利害。赵政见顿弱，表现了此时的秦王赵政虚心纳谏的勇气，胸怀大局的气度。

赵政不但知人善任，而且对待大臣相当宽厚。

举两个例子。

先说我们前文讲过的李信。李信攻楚，大败而归；但是，赵政并没有因此而处死李信。灭燕之时王贲和李信一块儿平定燕地、齐地。最终，李信因功封陇西侯。

再说王翦。王翦功高盖世，完全可以和韩信相比，但是，赵政并没有像汉高祖刘邦猜忌、杀戮韩信那般对待王翦。当然，这不是赵政一人之力，王翦虽为名将但也深谙君王之道。王翦以自己的作为证明了自己毫无政治野心，这也是赵政与王翦关系融洽的原因之一。但是，赵政对待功臣确实比汉高祖刘邦做得更好。

总之，秦王赵政之所以能够仅用十年时间就荡平六国，这不仅得益于他身边的文臣武将，还得益于他的识人之明和用人之智。在秦国内部，秦王赵政组织了一个文武齐全、搭配得当、相互融洽的超强队伍，所以在消灭六国之战中，攻无不克，战无不胜。然而，仅仅有这些因素，秦王赵政就能吞并天下，独霸九州吗？

请看：六世余烈。

而王翦子王贲，与李信破定燕、齐地。——《史记·白起王翦列传》

生信，字有成，大将军、陇西侯。——《新唐书·宗室世系表上》

六世余烈

秦王赵政从公元前230年发动统一战争，历时十年时间兼并了六国。其实，在战国后期七雄之中，任何一国都有统一天下的可能与机会，然而最终却由秦始皇以气吞万里之势横扫六合。所有的历史课本谈到秦灭六国，都有一个共同的观点，统一天下是历史发展的大趋势。但是，人们似乎都忽略了这一问题：为什么由秦国统一天下是历史发展的大趋势呢？这是历史的必然，还是一时的偶然？

六世七王无庸主

要说清楚这个问题，必须先讲清楚什么是历史发展的大趋势。历史发展的大趋势就是历史发展的基本动向。这个基本动向是由两个层面共同作用构成的：一是历史的必然性，一是历史的偶然性。

有人认为，秦始皇兼并六国是历史使然，是历史把统一的重任交给了秦国，因为秦始皇继承了祖辈的基业，所以才最终完成了统一的使命。

为了说清楚这个问题，让我们先追溯一下秦国的历史，秦国从立国到秦王赵政执政时期，一共有六百多年的历史，三十多位君王执政。而与兼并六国关系最密切的是秦孝公、秦惠文王、秦武王、秦昭襄王、秦孝文王、秦庄襄王、秦王赵政。

秦国统一天下的必然性首先表现为秦国这七代国君无一庸主，个个都为秦国统一天下完成了自己应该承担的历史使命。那么这七位国君对秦兼并六国各自发挥了什么作用呢？

第一位，秦孝公。

秦国的崛起源自秦孝公变法。秦国立国较晚，又偏处关中一隅，到战国中期仍然是综合国力较弱的一个诸侯国。如果不能变法图强，秦国兼并六国无异于痴人说梦。秦孝公看到了这一关键点，起用并重用商鞅施行变法。商鞅变法使秦国迅速发展，国富兵强，由此奠定了秦灭六国的经济基础与军事基础。秦孝公出色地完成了历史赋予他的重任，变法图强为秦国以后的快速持续发展夯实了根基。

第二位，秦惠文王。

秦孝公下世，继位的秦惠文王虽然车裂了商鞅，但是，商鞅的法令却没被废止。因此，秦国的崛起并未因秦孝公和商鞅之死而中断。秦惠文王不因人废法，实为过人之举。

伴随着商鞅变法后秦国的迅速崛起，六国有识之士意识到秦国的强大对他们构成了潜在的威胁，于是积极寻找对策，开始用联合（合纵）的办法对付秦国，这是秦国崛起之后面临的新的重大课题。如果这个问题不解决，六国联军将会重创秦国，秦国的强盛也会因此夭折。虽然，此时的东方六国中的任何单独一国都不足以对强秦构成重大威胁，但是，六国一旦联合，以六国之力攻打一秦，即使秦国已经很强大，仍然是无法承受的。在这种情况下，秦惠文王审时度势，重用纵横家张仪。张仪则根据新的国际形势与发展势态，针锋相对地提出了连横策略，对六国一一瓦解，各个击破，最终化解了六国的合纵之谋与军事行动。秦惠文王也为秦国统一大业的继续发展做出了杰出贡献。

第三位，秦武王。

在秦国的崛起史上，秦武王似乎并不重要，原因是他在位时间极短，只有三年。但是，即使是这么一位在位时间如此短暂的国君，对秦始皇最后统一中国也功不可没。

秦武王有一句名言："寡人欲容车通三川，窥周室，死不恨矣。"

《史记·秦本纪》"三川"，原指黄河、洛河、伊河三条河，这里指含有这三条河的地区，辖境是今天河南灵宝市以东至洛阳市的这片土地。在位仅仅三年的秦武王一心向往的是能够坐车到达洛阳，看看周天子的王城。秦武王的"窥周室"并不是他喜欢旅游观光，仅仅想看看周天子的都城而已，实际上是想取周而代之，一统天下。一句"死不恨矣"，可以看出他是多么地渴望实现秦国统一天下的远大目标。

秦武王为什么说出这样的话呢？因为商鞅变法之后秦国迅速强大起来，加之六国的合纵之谋被瓦解，此时摆在秦国国君面前的历史使命是不失时机地东进中原。秦武王的"通三川，窥周室"正是他作为秦国国君所要承担的历史使命。此时的秦国已经具备了东进中原的实力，敢不敢不失时机地东进中原是考量秦武王的历史性课题，而秦武王跟前面几位君王一样，对秦国统一的大业也交出了一份漂亮的答卷。

公元前311年，秦武王派左丞相甘茂率重兵攻打韩国的宜阳（今河南宜阳县），宜阳是陕西通往河南的重要通道，两边重峦叠嶂，中间一线通往洛阳，西距洛阳四十千米。它是韩国的西大门，地理位置非常重要。如果拿不下宜阳，秦国就无法兵出函谷关，无法东进中原。但是要攻下宜阳，必定要和韩国有一场大仗、恶战。韩国一旦失去宜阳，秦国就可以长驱直入直达韩国的腹地。所以，韩国必然死守宜阳。

甘茂说：要攻韩国，必须联合魏国。甘茂和另一位副使向寿一块儿来到魏国游说魏王。到达之后，甘茂却对向寿说：你回去，就说魏君已经同意联合攻韩了，但是，一定要告诉大王攻韩之事行不通。

只要你这样说了，将来事办成了，功劳全归你。这位副使欣然同意，按照甘茂的交代对秦武王说了一番。秦武王觉得很纳闷，既然魏国允诺联合攻韩，为什么还不能打呢？

甘茂一回国，秦武王马上召见了他。甘茂回答：宜阳是一个大县，战略储备非常充足，名义上是县，其实相当于韩国的一个郡。现在我们去攻宜阳，很难得手。

甘茂至，谓向寿曰：『子归，言之于王曰「魏听臣矣，然愿王勿伐」。事成，尽以为子功。』——《史记·樗里子甘茂列传》

接着甘茂就给秦武王讲了三件事。

第一件事是曾参杀人。当年，曾参在费地居住，费地有一个和曾参同名的人杀了人。于是有人告诉曾参的母亲：曾参杀人了。曾参的母亲纹丝不动地坐在织布机上织布。一会儿，又来了一个人告诉曾参的母亲：曾参杀人了。曾参的母亲还是镇定自若地坐在织布机上织布。一会儿，第三个人来了，告诉曾参的母亲：曾参杀人了。曾参的母亲立即扔下织布机，翻墙就逃。曾参是历史上有名的贤人，曾参的母亲又是那么了解自己的儿子，听了三个人的传话，就误认为曾参真的杀人了。我甘茂没有曾参那样的贤能，大王您也不能像曾参的母亲信任自己的儿子一样信任我。我只怕率兵攻打宜阳，大王最终也会像曾参的母亲一样不信任我。

甘茂至，王问其故。对曰：『宜阳，大县也，上党、南阳积之久矣。名曰县，其实郡也。今王倍数险，行千里攻之，难。』——《史记·樗里子甘茂列传》

第二件事是张仪无功。张仪为秦国立了大功，西并巴蜀，北开西河，南取上庸，但是，天下人都认为是先王贤能，并不认为张仪有多大功劳。

第三件事是文侯烧信。魏文侯当年派乐羊攻打中山国，打了三年才把中山国灭了。乐羊回师的时候高兴得很，以为自己立了大功了。面见魏文侯的时候，魏文侯拿出来整整一筐告乐羊的告状信让他看。乐羊吓得拜倒在地，连连说：这不是我的功劳，全是大王的功劳。

任何成功都不是一个人的成功，而是一个团队的成功。其中，领导的支持与信任最为重要。不要总以为自己立下了多少功劳，而是应当看看当你拼搏之时领导对你的支持有多大。

说完这三件事后，甘茂又说：我甘茂是个外来之臣，如果率兵去攻打宜阳，最担心有人告我的状，而且大王一定会听信这些话。这样，大王背了一个欺骗魏王的名声，我落得了一身诽谤。所以，虽然魏国同意和咱们联合攻韩，但是，这一仗我不能打。秦武王听完后，对甘茂说：我和你先订一个君子之盟，这你总该放心了吧？

直到这时，甘茂才率兵攻打韩国宜阳，打了五个月，还没有攻下宜阳。秦武王果然收到很多告状信，于是他下令甘茂退兵。甘茂说：盟约还算数吗？秦武王这才又派重兵增援甘茂，最终甘茂杀了六万韩国士兵，攻下了军事重镇宜阳，洞开了韩国的西大门，秦兵从此可以畅通无阻地直插韩国的心腹之地。

像秦武王这样在位仅仅三年的青年君王，都能在秦始皇统一天下的大业中镌刻下自己的名字，留下自己的一份业绩，为秦国兼并六国圆满地完成了自己的历史使命。

第四位，秦昭襄王。

秦昭襄王时代，秦国对六国已经占有压倒性优势。此时的秦国国君应当继续东进，打垮六国的军事力量，为最终兼并六国做好充分的准备，这是秦昭襄王所应当承担的历史使命。秦昭襄王不负历史重托，他多次任用魏冉为相，提拔白起为将，持续攻打三晋。白起伊阙一仗，打败韩、魏联军，杀死二十四万人。秦赵长平之战，白起坑杀四十万赵兵，赵国一战损失精锐，实际上已被打垮。此时的天下只有赵国是秦灭六国的最大障碍，秦昭襄王基本摧毁了赵国的有生力量，使六国之中再没有一国可以和秦过招，进一步造就了秦灭六国的大趋势。

其次，秦昭襄王又任用范雎为相，采纳了范雎著名的"远交近攻"策略。正是"远交近攻"四个字改写了中国的历史，使秦国兼并六国、统一天下有一个总体战略方针，使秦灭六国的大趋势益趋明朗。

五月而不拔，樗里子、公孙奭果争之。武王召甘茂，欲罢兵。甘茂曰：『息壤在彼。』王曰：『有之。』因大悉起兵，使甘茂击之。斩首六万，遂拔宜阳。韩襄王使公仲侈入谢，与秦平。——《史记·樗里子甘茂列传》

第五位，秦孝文王。

秦孝文王是秦王赵政的祖父安国君，正式在位时间仅有三天，所以，未有政绩，也未有败绩，其实可以忽略不计，我们姑且一并称之为明君吧。

第六位，秦庄襄王。

秦庄襄王即异人，是吕不韦成功包装并推上王位的一代秦君。虽然他的在位时间和秦武王一样短暂，但是，他也绝非寻常之辈。秦庄襄王面临的任务也是继续秦国的扩张大业，拓展秦国统一天下的大趋势。

他重用吕不韦为相国，攻取韩国的军事重镇成皋、荥阳，建立了三川郡。韩国西边有两个战略要地，一是宜阳，二是成皋、荥阳。秦武王拿下了宜阳，这样，秦军就能够直达洛阳；秦庄襄王拿下了成皋、荥阳，这样，秦军就可以直达大梁（今河南开封市）。三川郡成为插在韩、魏两国腹地的一把尖刀。攻下宜阳、成皋、荥阳，秦军就可以随时马踏中原。

不仅如此，秦庄襄王还利用赵、燕之战，攻取了赵国榆次等三十七城，进一步削弱了赵国。赵国土地锐减，其中就有秦庄襄王的一份努力。

这位只做了三年国君的秦王也为发展秦国统一天下的大趋势做出了自己应有的贡献。

第七位，秦王赵政。

赵政举行加冠礼之后首先解决的第一个问题是巩固自己的权力，所以，他毫不迟疑地除掉了嫪毐集团、吕不韦集团。公元前237

年，赵政罢免吕不韦的丞相之职，标志着他巩固政权的任务已经告一段落。

此时，摆在秦王赵政面前的历史任务就是适时发动统一战争。

秦王赵政面对历史赋予他的使命，不失时机地发动了统一战争。作为统一战争序曲的就是继续大规模地削弱赵国。韩非入秦也劝赵政首先攻赵，因为此时只有赵国的力量还比较强大，只有先打垮了赵国，秦国才可能最终完成统一大业。所以，从吕不韦免相到发动灭韩战争之间，赵政连续对赵国用兵，其间虽被李牧两次打败，但是，灭赵已是秦王赵政的既定方针。

赵政制定的首先灭韩、继而灭赵、灭魏的顺序是完全正确的。在赵政统一天下的整个进程中，赵政基本上没有犯什么错误。只有灭楚是例外。赵政在灭了韩、赵、魏三国，击溃燕军主力、基本灭燕之后，天下只剩下齐、楚两国。赵政此时有些飘飘然了，听信了青年将领李信二十万军队就能灭楚的话，对老将王翦灭楚非六十万军队不可的意见不以为然，反而认为王翦老而怯战。结果，李信大败而归。事实证明，王翦有先见之明。赵政此时完全不顾及个人的尊严、脸面，立即登门向王翦道歉，起用王翦灭楚。答应王翦率六十万大军出发，还答应了王翦所有的财产要求。结果，王翦顺利灭楚。

纵观秦国自孝公以来的七位国君，没有一位昏君、庸主。这是非常不容易的。因为秦国的君位继承制基本上是嫡长子继承制，偶有兄终弟及。在这种继承制之下，君王完全不是择优、选贤继任的，而是各种因素综合作用的结果。比如说安国君继位，是因为安国君的长兄因病去世，他作为次子成为王位继承人。这样继承王位的君王能够优秀吗？能够完成历史使命吗？这样继承王位的君王能保证个个都是明君贤君吗？本来，这应当是充满诸多变数的问题，但是，在秦国却毫无悬念。秦国自孝公以来的七位国君竟无一昏庸，这似乎冥冥之中有天意在庇护秦国。

秦始皇的前六代先祖都完成了他们所肩负的历史使命，因此，到秦始皇时期，一切都似乎水到渠成。西汉的贾谊在他的长篇政论文《过秦论》中认为，秦始皇是"奋六世之余烈"，极为准确地概括了这一点。历史有时候就是这样曲折前进的。在战国前期，六国也曾经风光占尽，但他们的发展势头没有持续下去；到战国中期，当秦孝公开始重用商鞅实行变法时，六国的发展势头与秦国相比已经相形见绌，与秦国的差距越来越大。秦国最终统一天下的历史趋势是自秦孝公以来七代秦国国君持续努力的结果，这就是秦国统一天下的历史必然性。而且，难能可贵的是，在秦国的这七代国君身上，还保持了一个其他六国国君所不具备的特点，这同样为秦国的发展带来了人才优势与智力支持，这就是秦国的人才战略。

什么最贵？人才

秦统一天下的大趋势是七代国君持续重用人才的必然结果。

战国七雄之中唯独秦国在重用人才方面成就最为突出。秦国重用人才有三个明显的特点。

第一，唯才是用。选才不以国别为界，换句话说，秦国的这七位国君都重用了秦国以外的人才。比如，秦孝公重用的是卫国人商鞅，秦惠文王重用的是魏国人张仪，秦武王重用的是楚国人甘茂，秦昭襄王重用的是魏国人范雎，秦庄襄王重用了卫国人吕不韦，秦王赵政重用了楚国人李斯、魏国人尉缭，而且，秦王赵政手下的名臣将相还有许多六国人。这些人才都与秦国统治者毫无血缘关系，但却备受重用，可见秦君采用的是任人唯贤的路线，而不是任人唯亲。

第二，用人不疑。如秦孝公不顾旧贵族的极力反对，坚定不移地信任商鞅，始终如一地支持商鞅推行变法改革，这就是用人不疑的显例。秦武王面对大量状告甘茂的上书，最终还是信任甘茂，继续增兵，终于拿下军事重镇宜阳，打开了韩国的西大门。秦王赵政时，韩人郑国入秦做间谍被发现，宗室大臣趁机建议逐客，李斯上《谏逐客书》，透辟地阐明了重用人才与秦国强大的利害。赵政大为称赞，立刻废除逐客令，提拔李斯为廷尉，信任倚重李斯十几年。这种用人不疑的做法，对国家治理与强盛来说，也是非常必要的。

第三，礼贤下士。比如秦孝公接见商鞅与他谈话，不知不觉就挪动身体、近距离听取商鞅的治国之策，而且连续好几天都不知疲倦。顿弱坚持见赵政不行礼，赵政依然接见，并且给了很高的待遇。这种谦恭、礼贤下士的态度，怎能不让人竭尽所能？这说明，秦国统治者，至少在事业未竟之时，是很重视礼贤之道的。

公与语，不自知膝之前于席也。语数日不厌。——《史记·商君列传》

这些事实一再证明，秦国七代国君始终如一地把重用人才当作自己实现统一天下目标的重要手段。他们都具有强烈的使命感，并将兼并六国作为自己的历史使命，在没有大的失误的前提下，都出色地完成了自己应当承担的历史任务，最终促成了由秦统一天下的大趋势。这是秦完成统一大业的历史必然。

无数的偶然成就必然

秦灭六国作为一个不争的事实已载入史册。有心之人不禁要问：秦国再气势如虹，也只是一个诸侯国，而六国的土地、人口、人才都几倍于秦国。无论如何，联合起来的六国也不可能都被秦国一一吞食。但事实就在这种种不可能中在历史舞台上戏剧般地上演了，留给后人的是六国为什么灭亡的谜团。晚唐文人杜牧在《阿房宫赋》里曾经给出过一个惊人的答案，他认为"灭六国者，六国也，非秦也"。那么杜牧的这种说法有没有道理呢？

当我们大谈秦国统一天下的历史必然性时，也不能忽视历史的偶然性。秦国统一天下的历史偶然性大致包括两个方面：一是六国所犯的错误，二是秦国的偶然性。

六国所犯的错误颇多，下面我们逐国一一道来。

其一，"三家分晋"。

本书上册用了整整一章讲述了"三家分晋"，目的就是阐明秦始皇统一天下的偶然性。如果没有"三家分晋"，或者由知伯一家独霸晋国，强大统一的晋国横在秦国的东边，秦国还能轻易地兵出函谷关吗？没有"三家分晋"，强大的晋国足以使秦国无法东进，更无法兼并六国。但是，历史竟然让一个强大统一的晋国消失了。如果不是"三家分晋"而是"三家分秦"，最终由谁来统一中国就不得而知了。

三家分晋是晋国犯的重大错误，也因此成就了秦国。

其二，赵国盛衰。

"三家分晋"使阻挡秦国东进的最大障碍消失了。但是，历史竟然又让韩、赵、魏三家之中冒出了一个强大的赵国。赵国是三晋之中最强大且最有能力阻挡秦国东进的国家，但是，赵国偏偏出了一个壮年退居二线的赵武灵王。赵武灵王如果不壮年退位，如果不突发奇想地将赵国一分为二，大儿子做代王，小儿子做赵王，赵武灵王还会被饿死吗？赵武灵王犯了一个这么低级的错误，当然最大的受益者又是秦国。赵武灵王的孙子赵孝成王如果不听信谗言，信任并重用廉颇，秦国怎么能够在长平一战中摧毁赵国四十五万生力军呢？如果赵国保留下四十五万生力军，秦国统一中国的大趋势还能形成吗？假使赵国的亡国之君赵王迁能够信任并重用李牧，也不至于使赵国如此迅速败亡。历史又一次眷顾了秦国。

其三，韩国悲剧。

韩国的悲剧是韩非生不逢时。韩非是比商鞅更伟大的法家代表，他如果能够得到韩王的信任，能够有一个施展才华的平台，韩非一定可以让韩国强大起来。但是，韩非生不逢时啊，韩非出生之时秦国已经成了气候，相比之下韩国太弱了。历史完全没有给韩非一个施展才华的时间、空间，这么一位法家天才到了亡国之时才诞生，是韩非的悲剧，更是韩国的悲剧。但是，这对于秦国而言，却又是一次有惊无险的机遇。

其四，魏国错失良机。

魏文侯是魏国第一代国君，他在位五十年，重用李悝，在各国中率先实行变法，因此，魏国成为战国初期第一个强大的国家。而且，魏国的强大足足比秦国早了半个世纪。如果照此发展下去，魏国完全有统一天下的可能。但是，魏国却因桂陵之战、马陵之战一蹶不振。更重要的是，魏国的杰出人才一个个外流，吴起、商鞅、孙膑、范雎纷纷离开魏国。公元前247年，信陵君率五国联军大败秦军。第二年，秦王赵政即位。但是，这么一位能干的信陵君，最终却不受重用，被魏安釐王罢免赋闲，郁郁而终。如此国君，如此待贤，岂能不亡？这又为秦国一统天下扫除了一个障碍。

其五，燕国不识大体。

燕国弱小，在战国七雄之中本无关大局，然而，燕国享受了秦国"远交近攻"的一切好处，同时还为秦国统一天下帮了大忙。这从何谈起呢？

一是燕国弱齐。齐国是东方大国，是秦统一天下的最大对手之一。但是，燕国积极谋划五国伐齐，占领齐国五年，报了一国之仇，也为秦统一天下扫清了一个重要障碍。

二是燕国疲赵。赵国是燕国的天然屏障，阻挡了秦国对燕国的侵扰。但是，燕国国君极其昏庸，完全没有大局意识。长平之战以后亟需时间休整，但是，恰恰在这一关键时刻，燕国竟然发动了对赵国的战争，使赵国不但不能休整，而且和燕国打了三年仗。秦国借燕、赵大战之机，鲸吞了赵国的大片土地。

齐国弱了，赵国疲了，燕国的屏障消失了，燕国的灭亡也就不远了。

人们看到的往往是自身的利益，而且是自身的直接利益、眼前利益。但是，一个人的自身利益往往与他人的利益息息相关，眼前利益往往与长远利益息息相关。如果只顾将个人眼前利益、直接利益最大化，最终必然导致自身利益、长远利益大大受损。

燕国正是在谋求本国利益的短视行为中最终埋藏了自己。

其六，楚国的失误。

楚国是七国中国土面积最大的诸侯国，也是力量最强大的诸侯国之一。但是，楚国政治昏庸，明君极少，李园的误国加速了楚国的灭亡。

其七，齐国的历史错误。

齐国是建国较早的诸侯国之一，而且，齐国的区位优势非常明显。齐国不和秦国接壤，国土面积辽阔，国力强盛。但是，齐国却不像三晋、秦国一样谋求变法图强。齐国占领燕国，结下了世代怨仇。齐国独吞宋国，引发五国攻齐，长达五年几近灭国。田单复国之后，齐国已经一蹶不振，再也没有当年的雄风了。从此，齐国片面汲取了五国伐齐的教训，对韩、赵、魏坐视不救，安享秦国"远交近攻"带来的短暂和平，明哲保身，致使韩、赵、魏相继亡国。直至六国之中五国皆亡之时，齐国仍然不修守备，齐王建还准备做个五百里地的封君美梦，最终被活活饿死。

山东六国无一例外地犯了这么多历史性的错误，焉能不亡？六国的错误在秦王赵政看来是上天所赐的再好不过的礼物。

最后，我想再谈秦王赵政兼并六国之事。赵政继位之时，秦国统一天下已经成为历史的必然。但是，由秦王赵政来统一天下又是无数个偶然所促成的，他是在秦国三十五代国君的基础之上完成了统一大业的。赵政是地地道道的历史的宠儿。

赵政的曾祖父秦昭襄王是魏冉、宣太后共同拥立才继承王位的，对秦昭襄王自己来说是一个偶然，因为当赵武灵王接他回国之时他正在燕国做质子。秦昭襄王在位五十六年，悼太子在魏国当质子时病故，其时为秦昭襄王四十年。正是由于悼太子去世，两年后安国君才得以继承太子之位。安国君的继位也纯属偶然，异人立为安国君的嫡子又是吕不韦包装安排的结果。如果不是悼太子下世，安国君根本不可能被立为太子。没有吕不韦的成功运作，异人也不可能成为安国君的嫡子。如果不是安国君正式继位三天就下世，异人也不会迅速成为秦庄襄王。如果不是吕不韦送赵姬给异人，赵政就不可能出世。秦庄襄王在位仅三年便下世，这才使赵政十三岁继承王位。太多的偶然造就了赵政的即位，也成就了他一代英主的地位。

无论有多少偶然，毕竟天下是由秦王赵政统一的。统一了天下的赵政又会怎样经营这个空前统一强大的帝国呢？

请看：集权皇帝。

集权皇帝

随着大秦帝国的建立和一系列法令措施不失时机地制定与颁布，赵政终于完成了历代秦王所共同承担的历史使命，兼并六国，一统天下，给中华五千年的史书献上了耀眼的篇章，气势何等恢宏！与此同时，一个新的问题摆在了赵政面前，那就是他个人的称谓问题。秦朝以前，周天子称王，这个昔日唯我独尊的名号如今已经被许多国君堂而皇之地采用了。面对着自己大一统的壮丽河山，面对着自己前无古人的皇皇功业，区区一个被人用滥的"王"字显然不能表达统一帝国国君的大气度、大豪迈、大手笔，更无法彰显自己至高无上的威严。内心的极度膨胀让赵政感觉必须找到一个新的称谓。于是，一个新的称号诞生了，那就是"皇帝"。那么"皇帝"一词代表着什么意思呢？在刚刚统一、百废待兴之际，赵政为什么对改变自己的称谓如此急切呢？

朕为始皇帝

公元前221年的一天，秦王赵政踌躇满志地坐在秦国都城咸阳的大殿之上，得意扬扬。原来，秦国统一的最后一战，齐王建主动放弃抵抗，举国降秦，并表示愿意做一个五百里的封君。这个消息传到咸阳，赵政自然是心花怒放。因为第一，齐国不战而降，大大缩短了他统一天下的时间；第二，哪有什么五百里地的封君？齐王建真是昏了头，所以他对齐王建的愚蠢感到可笑。大殿上的群臣听到这个消息，齐声高呼万岁。面对欢呼的群臣，赵政沉思片刻，一脸严肃地提出了一个问题：如今天下大定，我的名号也应当改一下了。如果再叫秦王，如何显示我大秦帝国取得的丰功伟绩？又怎么能名垂青史呢？请各位大臣讨论一下，该怎么改好呢？大臣们听了赵政的一番话，微微一愣，朝堂上顿时鸦雀无声，因为他们没想到秦王赵政在兼并六国之后第一件事就是要议名号、改称呼。接着，大殿上立即开始议论纷纷。

不一会儿，丞相王绾、御史大夫冯劫、廷尉李斯等人认真商量后，一起上前奏报：当年五帝（黄帝、颛顼、帝喾、尧、舜）的土地只有千里，诸侯有的来朝见，有的不来朝见，五帝无法控制天下的诸侯。现在大王兴正义之师，平定天下，全国统一设置郡县，法令一统，

寡人以眇眇之身，兴兵诛暴乱，赖宗庙之灵，六王咸伏其辜，天下大定。今名号不更，无以称成功，传后世。其议帝号。

——《史记·秦始皇本纪》

这是亘古以来没有的大事，五帝实在无法和大王相比。古代有天皇、地皇、泰皇，泰皇最尊贵，大王应当称"泰皇"。大王发布的政令应当称为"制书""诏书"，大王则自称"朕"。

臣等谨与博士议曰："古有天皇，有地皇，有泰皇，泰皇最贵。'臣等昧死上尊号，王为'泰皇'。命为'制'，令为'诏'，天子自称曰'朕'。"——《史记·秦始皇本纪》

应当说丞相、御史大夫、廷尉给赵政上奏的尊号已经登峰造极了，从称号到政令、自称，无所不用其极。但是，赵政并不满意。既然前人已经用过，再让我用，如何显示我的伟大和与众不同呢？一定要创新，要有创意。于是，赵政下令：去掉"泰"字，留下"皇"字，再用上古的"帝"号，合起来称为"皇帝"，其他的称呼都按你们商定的办。

王曰："去'泰'著'皇'，采上古'帝'位号，号曰'皇帝'。他如议。"——《史记·秦始皇本纪》

看来赵政最在乎的还是自己的称号。

中国历史上历朝历代最高统治者"皇帝"的称号由此诞生。

当大臣们以为今天的朝议已经结束时，赵政又说：过去君王下世之后，即位的君王和大臣都要给先君一个谥号。这是后代的君王议论前代君王，是以下犯上，从我开始，废除谥号。从今天起，朕称"始皇帝"，下面是二世、三世，直至万世。

朕闻太古有号毋谥，中古有号，死而以行为谥。如此，则子议父，臣议君也，甚无谓，朕弗取焉。自今已来，除谥法。朕为始皇帝。后世以计数，二世三世至于万世，传之无穷。——《史记·秦始皇本纪》

赵政统一天下之后，要办的事、待办的事、急办的事可以说千头万绪，何其多也。为什么赵政非要抓住自己的称号不放，首先从这件事情做起呢？我们可以这样理解，赵政这种做法本身，表明他的内心在极度膨胀，头脑已经开始发热了。秦始皇兼并六国后，自以为德兼三皇、功盖五帝，"皇帝"一词非他莫属。由此开始，他还制定了一系列与皇帝有关的制度，如"制""诏"是皇帝命令、文告的独特形式，"陛下"是臣民对皇帝的尊称。皇帝的亲属也有了独有的称谓，皇帝的父亲叫太上皇，皇帝的母亲叫皇太后，皇帝的妻子叫皇后等。与此同时，秦始皇还建立了与皇帝相关的礼仪制度，但是由于史料的匮乏，它的原始面貌我们很难厘清了。那么，秦始皇为什么在统一天下后，就立刻要为自己正名呢？

因为正名是论证政权合法化的基础。赵政九岁回到秦国之后就是太子异人的嫡子了。这就注定他将来一定要继承大统，成为秦王。所以，赵政九岁之后应当受到良好的教育，为自己将来当秦王做好文化准备。这方面的直接史料我们无从看到，但是，从赵政少子胡亥受业于赵高来看，赵高本人就是一个文字学家，而且深通法典。如果这个推断不错，赵政九岁归国之后的教育肯定不差。受过良好教育的赵政当然懂得正名的重要性。赵政的"议帝号"就是要正名。先秦诸子历来非常重视正名，孔子说："必也正名乎！""名不正，则言不顺；言不顺，则事不成；事不成，则礼乐不兴；礼乐不兴，则刑罚不中；刑罚不中，则民无所错手足"。《论语·子路》正名对维持整个社会秩序的稳定与有序、对老百姓的统治都有很大的意义。所以，赵政要忙着为自己正名。

神化是树立皇帝权威的必经之路。赵政自称"皇帝"，独占"朕"字，政令称"制书""诏书"等，目的都是神化自己，通过上述一系列形式把自己和全体臣民严格区别开来，方能显示出自己的独一无二，最大限度地把自己标榜得与众不同。这套神化造势术，一方面源自韩非学说中的"术"和"势"，另一方面源自赵政自己的政治需求。为了让别人感觉自己神圣不可侵犯，赵政认为必须有一整套形式上的仪式作为神化自己的手段。

"皇帝"称号本身就是神化自己。"皇"是"天人之总称"，赵政不要"泰皇"，但要"皇"，因为"皇"是尊贵之称。"帝"是"天号"。"皇"与"帝"二者结合起来称"皇帝"，神化的意义更明显。

圣化是树立权威的又一条路径。赵政废王称皇帝，确有"称成功，传后世"，展示并炫耀自己功德的一面，但是，赵政更改称号更重要的目的是圣化自己，使自己成为天下一切崇拜的集中代表。

神化、圣化自己的基础是皇帝意识。

秦始皇是一个皇帝意识非常浓厚的帝王。具体表现是什么呢？

第一，帝王心态。在秦始皇的"皇帝"称谓中，还有一种隐性称号，即"龙"。"龙"在先秦是一种神物，也是民间对"皇帝"的一种通俗称呼。秦朝的臣民称秦始皇为"祖龙"，《史记·秦始皇本纪》中有"今年祖龙死"一说，暗示秦始皇之死，秦始皇听说之后，对"祖龙"一词做了新的解释："祖龙者，人之先也。"说明秦始皇默认"祖龙"指的就是他自己。

第二，垄断心态。秦始皇垄断心态极其强烈，在现实生活中独断乾坤。"朕"字在先秦是第一人称的通称，任何人都可以用。秦始皇在自称中独占了"朕"字，成为帝王的专称，严格禁止他人使用。这表现了秦始皇强化"一人"的独占性，"皇帝"制度就是"一人"政体。"皇帝"是天下独擅大权的唯一"一人"。所以，秦始皇尽管只垄断了一个"朕"字，实际上，这件事本身就充分体现了秦始皇的四海之内唯我至尊的思想。

正名、神化、圣化的根本目的都是强化现实的统治。秦始皇创立的是一个空前庞大的帝国，控制臣民，特别是控制被秦国兼并的六国臣民，这是秦始皇建国伊始既定的方针。所以，从这个角度而言，称皇帝，垄断"朕"，都不过是秦始皇控制天下的一种手段。秦始皇通过这种手段威慑天下，是因为他自己非常清楚，天下并不会完全臣服于他的统治。

皇帝制度的存在及其职能的实现，不仅仅依赖它所具有的物质力量，还需要社会成员的普遍认同。认同可分为主动的、自为的维护和被动的、自在的接受两种情形。两者结合在一起，就会产生巨大的能量，呈现出轰轰烈烈的历史画面。

废除谥法是剥夺后世对前代君王的评议权。中国历史上的君王死后，即位的新君和礼官等大臣要给先君一个评价，这就是谥。

秦始皇废除谥法意义深刻。一是表现了他对大秦帝国永世长存的自信；二是表现了他不许以下议上的思想；三是为了杜绝后世对皇帝的任何批评的出现。赵政认为，前代君王死后由后代继位君王和大臣们议定谥号的做法是"子议父，臣议君"，非常不合适。因此取消谥法，便是取消了后世对先皇的任何评议。可见秦始皇连这么一点点批评也不能容忍。

在大喜的时刻，赵政把取消谥号与称皇帝、万世相传一并宣布，似乎有点煞风景，然而这正是秦始皇极高明的政治艺术和娴熟的绝妙权术的具体表现。他规定死后不准人们对自己评头论足，那对他死前的评论也就不言而喻了。在中国历史上，我们经常看到有作为的专制帝王一次又一次为身后立法，秦始皇可谓是最为突出的一位，因此，他反复宣布一切法令"永为仪则"，世世代代都要遵守。

奉天承运

秦始皇在兼并六国后，运用了各种手段加强巩固自己的统治。可以说他所建立的皇帝制度，在许多方面都具有首创性，而这些制度绝大部分被汉王朝继承，并稍加变动，使之更加完善。此后的两千多年间，虽然历代王朝都对皇帝制度有所损益，但秦始皇确立的这个制度的框架和精神基本没有变化，可谓根深蒂固，它影响了中国社会两千多年。此时，秦始皇仍然有一个问题不能回避，那就是他毕竟是强夺了周朝的江山，以武力兼并了天下，这样的兼并是否具有合法性，这一点，秦始皇又该如何向天下人做出解释呢？

证明一个政权的合法性是每一个政权诞生之后必须首先要处理的问题。在夺取前朝政权之后，中国古代帝王证明自己夺权的合法性有四大法宝：一是符谶，二是德运，三是传国玺，四是封禅。

先讲符谶。

"符"是符瑞，"谶"是预言，简而言之，就是祥瑞。一个新王朝的建立往往都有吉祥物出现，这预示着新王朝的建立上应天命。秦始皇统一中国本无任何吉祥物，但是，没有怎么能行啊？为了证明自己顺应天命就必须得凑一个。于是，秦朝的大臣们举出五百年前秦文公打猎时曾经捕获的一条黑龙作为吉祥物。这是不是有点无聊？五百年前之事与今何干？但是，中国第一位皇帝还是借用了祖宗的亡灵为现世的自己找到了一条合法性的依据，从而证明自己夺得政权是天命天意。

再讲德运。

中国的百姓对"奉天承运，皇帝诏曰"这几个字再熟悉不过了。古代百姓当然不用说，现在的老百姓在这些年来的古装电视剧的强力熏陶下，也早听惯了皇帝圣旨开头的这八个字。这里的"天"指天命，"运"指德运。

战国时期齐国人邹衍首创"五德终始"之说，在当时非常流行。"五德终始"指的就是水德王朝、火德王朝、木德王朝、金德王朝、土德王朝相互承接，相互替代。

邹衍之说的理论依据是中国传统思维中的五行学说。五行之说在中国起源很早，大致是说水、火、木、金、土五种物质是世界万物的组成元素。春秋时期，五行之间又产生了相生相克的思想。邹衍将这种思想运用到政治中，提出了"五德终始"说。该说认为"五德"支配着历史的变化，这就是"五德转移，治各其宜，而符应若兹"《史记·孟子荀卿列传》，历代帝王的更替和五行相应和。

秦始皇统一天下之后，立即有人对他说：黄帝在五行中属土德，夏朝属木德，商朝属金德，周朝属火德，现在秦朝取代周朝属水德。当年秦文公打猎，曾得到一条黑龙，就是水德王朝的吉祥物。秦始皇欣然认同了这一

今秦变周，水德之时。昔秦文公出猎，获黑龙，此其水德之瑞。
——《史记·封禅书》

说法。

在五行之说盛行的中国古代，金、木、水、火、土与白、青、黑、赤、黄五色相配，又与西、东、北、南、中五个方位相配，西方为白、属金，东方为青、属木，北方为黑、属水，南方为赤、属火，中间为黄、属土。

此外，五行还和四季相配，金配秋，木配春，水配冬，火配夏，土配季夏(夏末)。

水在阴阳五行之说中属阴，方位为北，季节为冬季，色彩为黑色，数字为六，音律为羽。因为和五行中的"水"相配的季节是冬季，所以秦朝以冬季第一个月十月为正月。因为尚黑，黑色成为王朝的象征，"衣服旄旌节旗皆上黑"，百姓也因此被称为"黔首"。尺度以"六"为数，所以，很多东西都以"六"为限，或是"六"的倍数。另外，还把黄河改称"德水"。

"五德终始"说论证了秦朝代替周朝符合天命。属火德的周朝被属水德的秦朝取代，这是天运。

任何继承都是一种改造的继承。秦始皇在利用"五德终始"说论证秦朝合法性的时候，还对邹衍的"五德终始"说做了符合自己需求的改造。"五德"是相互循环的，如果承认"五德"相生相克，大秦帝国最终也会被下一个德运王朝所代替。但是，秦始皇希望大秦江山千秋万世永远姓嬴，因此，他一再鼓吹大秦帝国从他开始称始皇帝，然后二世、三世直到万世。这是什么意

改年始，朝贺，皆自十月朔。衣服旄旌节旗皆上黑。数以六为纪，符、法冠皆六寸，而舆六尺，六尺为步，乘六马。更名河曰德水，以为水德之始。——《史记·秦始皇本纪》

思？这不仅仅是不允许以下议上，而且更重要的是大秦帝国将万世不变，所以，他要抽掉"五德始终"说中循环相生的理论，以制造秦朝江山永固的神话。

"五德终始"说是一把双刃剑。它既维护君权又限制君权，既为新王朝论证合法性，又为下一个王朝的兴起奠定理论基础。因此，秦始皇要把"五德终始"说改造成为只维护君权不限制君权、只为大秦帝国取代周朝服务而不为下一个王朝取代大秦帝国服务的理论。

制造神秘是一切封建帝王强化统治的手段之一。在秦始皇大力提倡"五德终始"说的同时，又大力主张"数以六为纪"。所谓"数以六为纪"绝对不是今人所说的"六六大顺"。

五行与阴阳、八卦是相辅相成的。在五行之中，火为阳，水为阴；在八卦之中，有阳卦和阴卦之分。乾卦（☰）是阳卦，坤卦（☷）是阴卦，它们是六十四卦中最典型的两个卦象。

乾是三画"━"，所以历来有"乾三连"之说。阴卦最典型的是六画"━"成两组一排的坤卦，所以，坤卦历来有"坤六断"之说（初六、六二、六三、六四、六五、上六）。水属阴，坤为阴，水德必以六为数。所以，在秦代，"六"是一个非常神秘的数字。六寸、六尺、六马都以六为数，甚至秦初分天下为三十六郡（六乘六），也是以"六"的倍数。这些东西说白了都没有什么神秘之处，但是，秦始皇却大讲以"六"为纪，却又不讲透为什么要以"六"为纪，有意制造一种神秘色彩。

三讲传国玺。

传国玺是"奉天承运"的具体体现。在上册"秦赵之争"一章中，秦昭襄王对赵惠文王得到的和氏璧垂涎三尺，企图以十五座城池为诱饵，空手套白狼，骗取赵国的和氏璧，但是失败了。不过，后来秦国最终灭掉了赵国，也夺得了和氏璧。赵政得到和氏璧之后，命令李斯在和氏璧上书刻了"受命于天，既寿永昌"《文献通考》卷一百十五八个字。这八个字表明自己得到天下是"受命于天"，而且还得顺承传之万世的天意。还有一说，秦始皇的传国玺是用蓝田玉刻成的。

传国玺的重要性在于它是"德运"的一种物化形态。"德运"说听起来总是那么玄玄乎乎，让人感到神秘，而传国玺却是一个确确实实的存在物。从秦始皇开始一直到宋代，开国皇帝一直都把手握传国玺看作是天命所归的象征。朱元璋称帝后，因为没有得到传国玺，一直以为大憾。

四讲封禅。

"封禅"是帝王举行的最盛大的天地祭典。"封"是指在泰山山顶筑坛祭天；"禅"是指在梁父山祭地。"封"与"禅"一先一后，先祭天，接着祭地，所以，"封禅"合称。

封禅是表明"奉天承运"的大典。"易姓而王"的君王，一定要通过"封泰山禅梁父"的仪式，向天帝报告成功。

封禅是西周时出现的一种具有宗教性质的祭祀大典。秦始皇兼并六国之后，把封禅与受命于天相互联系，使封禅成为"奉天承运"的一种文化象征。秦始皇二十八年（前219），也就是兼并六国后的第三年，秦始皇东巡郡县，召集齐、鲁的儒生博士七十余人到泰山下，商议封禅的典礼，以表明自己当上皇帝是受命于天的。儒生们的议论各不相同，难于施行。于是他黜退所有的儒生，自定礼制，整修山道，自泰山之阳登山。在岱顶行登封礼，并立石颂德。自泰山之阴下山，行禅礼于梁父山。

秦始皇举行封禅大典，固然有庆祝成功之意。但是，通过封禅进一步论定大秦帝国的合法性，仍然是赵政心中第一位的大事。这近乎纯粹是出于政治目的，表示皇帝受命于天，向天告太平，对上天的佑护之功表示答谢，当然更要向上天汇报自己的政绩如何显赫。

秦始皇正是通过上述四项活动证明了自己统一天下是奉天承运。

权力只属于一个人

无论是称"皇帝"还是神化自己，秦始皇的目的只有一个，那就是在政治上实现高度统一，不允许诸侯纷争的局面再次在自己建立的大一统的秦帝国内出现。所以秦始皇首创了皇帝制度，他用"五德终始"

即帝位三年，东巡郡县，祠驺峄山，颂秦功业。于是征从齐鲁之儒生博士七十人，至乎泰山下。——《史记·封禅书》

始皇闻此议各乖异，难施用，由此绌儒生。而遂除车道，上自泰山阳至巅，立石颂秦始皇帝德，明其得封也。——《史记·封禅书》

说来证明自己统治的合法性，这保障了整个王朝思想舆论上的统一。但仅有这些还是远远不够的，在加强对地方和官员的控制上，秦始皇也是煞费心机，想尽了办法。那么这一点，他又是如何操作的呢？

历史发展过程常常有巨大的惯性。在秦始皇统一中国的这一年 (前221)，丞相王绾等建议：六国刚刚被灭，燕、齐、楚等国地处偏远，如果不封王镇守，很难统治。所以，建议立诸皇子为王，镇守偏远之地。这个建议实质上是要秦始皇封皇子为诸侯王。

秦始皇把这个建议交付廷议。所谓廷议，就是大臣们的朝议。朝堂之上的意见几乎是一边倒地支持丞相王绾，只有廷尉李斯反对。

始皇下其议于群臣，群臣皆以为便。——《史记·秦始皇本纪》

李斯认为：周文王、周武王当年分封的诸子、兄弟、亲戚极多，可是到了后代，当年的亲戚关系越来越远，相互攻击，如同仇人。诸侯之间的战争，周天子也管不了。如今天下靠大王的神灵获得统一，划分为郡县，皇子、功臣也有赋税重赏，这样做天下非常容易控制，也能得到安宁。如果设置诸侯，可能还会走周朝的老路。

秦始皇说：秦统一天下之前，天下百姓无不苦于连年战争，原因就是那些诸侯王相互争斗。现在我仰仗祖宗神灵，刚刚安定了天下，如果再立诸侯，这等于又要挑起战争。天下百姓想要得到安宁岂不困难？廷尉说得对。

秦始皇坚定地支持李斯的主张，没有实行分封制，而是在全国范围内实行了郡县制。

中国的郡最早产生于晋国。《左传·哀公二年》曾经记述了赵简子的一段话："克敌者，上大夫受县，下大夫受郡。"从这条史料来看，早期的郡，级别低于县。战国时期，郡主要设在边地重镇。战国七雄都设立了郡县。比如魏文侯时期吴起任西河郡太守，后来吴起受到魏武侯的猜忌，离开魏国来到楚国，曾在楚国任边郡太守一年，然后才被任命为令尹，实行变法。所以，郡县制并不是秦始皇的独创。早在商鞅变法之时，秦国就合并了一些边邑组建为县。

郡县制虽非秦始皇首创，但秦始皇却第一次把这一制度推向了全国，而且执行得很坚决。郡县制和秦始皇的个人集权思想不谋而合。公元前221年，秦朝将全国划分为三十六郡，据说以后又增为四十郡、四十六郡。郡的长官称"守"，县的长官称"令"，均由皇帝直接任免。郡县制使天下形成了中央—郡—县一整套系统的行政机构，对实行集权统治起了重要的作用。

秦始皇设立郡县制的理由之一是避免战争。基于血缘关系而分封的诸皇子，到了后代，又会因为血缘关系的疏远而相互发动战争。实行郡县制后，县

始皇曰：『天下共苦战斗不休，以有侯王。赖宗庙，天下初定，又复立国，是树兵也，而求其宁息，岂不难哉！廷尉议是。』——《史记·秦始皇本纪》

令、郡守由皇帝任命，不能世袭，因此，不存在为了土地、权力相互发生战争的可能。郡县制有效地使君主加强了中央集权，有利于政治的安定和经济的发展。

郡县制是皇帝制度的政治基础。避免分裂只是秦始皇实行郡县制的一个理由，还有一个更重要的理由，就是郡县制与皇帝制度最相适应。秦始皇要实行的是皇帝一人独裁的统治，如果实行了封建制，皇帝的权力就会受到封君的制约而削弱，郡县制则可以最大限度地保障皇帝一人的绝对权力——天下只有一个政权、一个天子，所以皇帝可以最大限度地实行独裁政治。

制度的效力在于上下配合。在秦始皇实行郡县制的同时，在中央政府实行了三公九卿制。"三公"是丞相、御史大夫与太尉。"九卿"是奉常、宗正、郎中令、卫尉、太仆、廷尉、典客、少府、治粟内史。上下两种制度被秦始皇绝妙地运用自如，极大地保证了皇帝的集权统治。

秦始皇神化自己、圣化自己，采取各种方法为自己大造声势，最终给大秦帝国的合法性寻找到了依据，为自己的武力强夺找到了借口，并为自己树立起至高无上的权威。在秦始皇对自己政权的合法性进行了充分论证之后，他下一步还将会做些什么？

请看：统一制度。

赵政称皇帝、禁谥法，废分封、设郡县，封泰山、禅梁父，从政治制度、组织制度上证明了秦政权的合法性，证明了自己权位的"奉天承运"，以此神话、圣化自己的权威，巩固大秦帝国的统治。同时，秦始皇在文化和经济政策上，也采取了一系列的措施：统一文字、统一度量衡、统一车轨。那么，秦始皇为什么要这样做？这样做取得了什么样的效果？

《二十八》

统一制度

书同文：小篆VS隶书

统一文字，是中国文化史上的大事件。这一大事件牵涉三个问题：一是秦始皇为什么要统一文字？二是秦始皇采用什么方式来统一文字？三是该如何看待秦始皇统一文字？

第一，秦始皇为什么要统一文字？

主要原因是被兼并的六国文字字形不一，影响交流，这成为秦朝政令贯彻全国的一大障碍。大秦帝国建立之后最现实的问题是怎样保证政令在如此广袤的国土上得到贯彻执行，如果这一条得不到保障，后果不堪设想。

当时六国文字混乱。战国数百年间周天子因自身衰落，无暇顾及规范文字，各诸侯国君王也顾不上统一文字。长期分裂割据状态下，文字得不到规范，异体字纷呈，简化字横行。

如一个"马"字，六国文字的字形就形态各异：

即使在一国之内，同一个字的字形也有很多不一致的情况，书写上的不一致，成为书面交流的重大障碍。秦统一后，"书同文字"，"马"字统一规范为"馬"。

再如"安"字，统一之前六国的字形如下：

秦统一文字以后，"安"字规范为"安"。

统一文字也是政令统一的需要。保证政令统一是秦始皇统一天下之后的当务之急。偌大一个统一帝国，如果不能保证政令统一，那可是天大的问题。在诸侯割据七国争雄的战国时期，文字异形，千变万化的写法也缺乏一定的体系与结构规律，随意性很强。秦并天下之后，领土空前扩张，在如此广袤的土地之上进行统治，必须保证政令统一，而六国字形各异的文字给政令的推行造成了严重障碍。如果秦始皇的诏令下达到地方之后，地方官员都不认识，岂不误了国家大事？秦始皇兼并六国之后，也确实发生过诏书到达桂林后而一般民众却看不懂的现象。因此，政令统一是加强控制的头等大事。这是秦始皇统一文字的根本目的。

秦始皇用了十年时间完成了秦国三十五代国君梦寐以求的统一天下的大业，在建立大秦帝国之后，秦始皇的一系列作为都是为了巩固来之不易的统一。统一文字的根本目的亦在于此。

第二，秦始皇实现文字统一具体措施有哪些呢？

秦始皇是从两方面来进行的。要实现文字统一，必须先设定文字统一的全国性标准，再通过政令废止与标准不一样的六国文字，在全国范围内推行国家标准。

这两方面的具体情形在东汉许慎的《说文解字·序》中记载得非常明确："秦始皇帝初兼天下，丞相李斯乃奏同之，罢其不与秦文合者。斯作《仓颉篇》，中车府令赵高作《爰历篇》，太史令胡毋敬作《博学篇》，皆取史籀大篆，或颇省改，所谓小篆者也。"《说文解字》第十五卷全国性的标准就是所谓的"小篆"，具体的措施则是废除"不与秦文合者"。

据此可知，在秦始皇统一六国文字的过程中，有三个人发挥了很大作用。一是丞相李斯，二是中车府令赵高，三是太史令胡毋敬。丞相总管一切，李斯不但主张用秦国文字统一天下，而且明确提出废除和秦国文字不同的六国文字，并撰写了《仓颉篇》七章，作为小篆的范本。赵高是中车府令，主要负责管理皇帝车马，官阶不高，但是秦国官职中加有"中"字的官吏应当是可以出入宫廷的，所以，赵高是深得秦始皇信任的。太史令是史官，也是皇帝的近臣，出于职业原因史官对文字统一的要求也许会更加迫切。

但是，有些学者声称，秦始皇不仅用秦小篆统一中国文字，还使用隶书作为统一文字的书体。理由是我们今天看到的出土的秦代简牍上往往不是秦国小篆，而是具有隶书体式的古隶。

这就产生了一个问题：秦始皇到底是用什么字体统一文字的呢？是文献记载的小篆，还是出土文献中的隶书？

要弄清楚这个问题，我们首先就要来了解小篆和隶书的区别，小篆和隶书是两种不同的书写体式，小篆笔画复杂，整齐协调，写出来的字像图画一样漂亮，但是书写麻烦。而隶书笔画比小篆简洁，主要是将小篆的圆转笔画改为方折笔画，书写效果略微宽扁，讲究"蚕头燕尾"。

根据汉代著名文字学家许慎的解读，秦始皇是用秦国的小篆作为统一天下文字的标准。笔者也认为，秦始皇兼并六国文字不是用隶书，而是用小篆。根据是什么呢？

第一，李斯《仓颉篇》、赵高《爰历篇》、胡毋敬《博学篇》均为小篆书写。秦始皇为了统一天下文字制定了三部字书，据《汉书·艺文志》记载，秦始皇命令丞相李斯写作了《仓颉篇》七章，中车府令赵高写作了《爰历篇》六章，太史令胡母敬写作了《博学篇》七章。

第二，各地刻石均为小篆。秦始皇统一中国后曾经五次巡游全国，在全国各处留下众多的刻石。而这些刻石的临本或摹本今天我们还能够看到一些，如泰山、峄山、芝罘、琅琊台、会稽等处刻石，而泰山刻石中还有传存至今的实物，这些刻石文字均为小篆。刻石是秦始皇五次大巡游的重要活动，内容无非是记载秦始皇兼并六国等丰功伟绩，刻石用的文字也必定是秦始皇统一全国的文字。

第三，许慎《说文解字·序》的记载。许慎是汉代著名文字学家，《说文解字》一书又是中国文字学的经典之作、奠基之作。许慎的说法，一定有他的文献依据。

既然如此，为什么我们今天看到的出土秦简中竟然有那么多用隶书书写的文字呢？

有两种可能：一是秦始皇用隶书作为兼并六国文字的书体之一，二是秦始皇用秦国小篆统一六国文字未能完全取得成功。上述三点足以证明第一种可能不成立，那么只能是第二种可能。

中国文字书体的演变大致是：殷商通用甲骨文，西周、东周通用大篆，战国时期小篆盛行，汉代隶书盛行。上述文字中，大篆是一种书写非常混乱的书体。

李斯建议用秦国文字统一天下文字。这当然是胜

《仓颉》七章者，秦丞相李斯所作也；《爰历》六章者，车府令赵高所作也；《博学》七章者，太史令胡母敬所作也。——《汉书·艺文志》

利者以战胜者的姿态统一天下，包括文字的统一。但是，这里有一个前提，就是秦国的文字是不是当时天下最先进的文字呢？

并不是。

文字的功能在于交流，因此，文字的形体在很大程度上取决于其实用性。一种不实用的文字是没有生命力的，因为它不便于书写。文字的功能既然在于交流，那么，天下百姓在使用文字时，常常会创造出一种书写简便的字体，这种来自民间的创造有利有弊，消极的一面是造成了文字的混乱，积极的一面是为文字书体的演变提供了巨大的能量。

在战国七雄之中，秦国的文化算不上先进。但是，秦国军事力量、经济力量的强大却是其他六国遥不可及的。所以，最终文化并不发达的秦国统一中国成为历史的必然。但是，秦国可以以军事手段统一天下，并不能说秦国的文化比它消灭掉的六国先进。齐文化、楚文化都比秦文化先进。因此，秦国文化中的文字也并不是战国时期最先进的文字，因为它不够简便、实用。

秦始皇统一中国的文字采用的正是秦国的小篆。小篆华美、整齐，观赏性很强。但是，小篆的最大缺点是书写不便。战国时代有许多纵横家，他们往往一天之间就要书写几千字的文章以说服君王，用小篆书写显然不现实。当时，使用最多的应当是从大篆发展出来的一种更为简便的书体——隶书。

所以，我们今天看到的秦简中大量存在的隶书便是秦始皇用小篆统一文字失败的明证，它从侧面说明简便易写的隶书代替了秦始皇强制推行的小篆。但是，我们不能因为看到秦简中大量使用隶书就断定秦始皇是用隶书统一六国文字的，这是有违史实的。

提到隶书，问题颇多：什么是"隶书"，谁创造了"隶书"，秦始皇为什么不用隶书统一文字。

先说什么是隶书？

隶书的"隶"，意思是"隶属"，所以，"隶书"就是隶属于某一种文字的书体。具体而言，隶书就是隶属于某一种文字的简便书体。既然西周、东周使用的都是大篆，那么，隶书应当是隶属于大篆的一种简便书体，当然这是古隶书。换句话说，隶书是大篆的手写体。即使是用大篆勒石刻碑之前，也需要起草勒石刻碑的文字，不假思索地直接勒石刻碑是不可想象的。但是，起草碑文文字书体应当是写在不易保存的材料，诸如木简、竹简之类上面的。

再说第二个问题，谁创造了隶书？

史书记载秦始皇时期的程邈创造了隶书。这个说法最早见于西晋书论家卫恒的《四体书势》。说秦朝有一个叫程邈的徒隶，因为犯罪入狱。程邈看到当时狱官用篆书写文字，就化繁为简，化圆为方，创立了一种新的字体。秦始皇看了后很欣赏，不仅赦免了程邈的罪，还封他为御史，并将这种字体在官狱中推行。因为程邈原是个徒隶，这种字体起初又专供隶役应用，所以把这一书体称为隶书。

或曰下杜人程邈为衙吏，得罪始皇，幽系云阳十年，从狱中改大篆，少者增益，多者损减，方者使圆，圆者使方。奏之始皇，始皇善之，出为御史，使定书。或曰邈定乃隶字也。——《四体书势》

卫恒之说流传极广，影响极大。但是，这一说法在理论上讲不通，同时也不符合文字书体创造的实际情况。从理论上讲，任何一种文字的书体都不可能由一个人创造出来，它应当是无数书写者共同创造的产物，因此，才可能得到众多书写者的认同，发挥其交流思想的作用。从实际上讲，有现存出土文献佐证。今存秦武王二年(前309)的青川木牍是秦武王时期的相国甘茂平蜀之后，公开发布的有关土地管理的文告。在青川木牍中已经有了不少隶书书写的文字，这说明秦国当时的官方文书也在使用隶书这种书体。青川木牍的书写时间比秦始皇统一中国的前221年早八十年。下面是青川木牍的摹图：

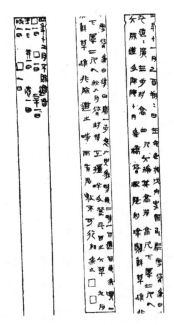

在上图中，有很多字已具备隶书的意味，挑选几个如下：

遒遒 道 廣廣（广） 草草 草
三三 二二 八八 九九 九
而而 止止 土土 有有 不不 尺尺 止止（之）
封封 秋秋 月月 橋橋（桥） 除除 鮮鮮（鲜）

在秦始皇统一天下八十年前的官方文告中，就已经存在古隶字体。可见，隶书不可能是秦始皇时期程邈一个人创造的。真正创造秦隶的是秦国的无名文吏，他们在长期书写的过程中痛感小篆书写的不便，出于工作的实际需要，从简化大篆到简化小篆的长期实践过程中创造了秦代隶书。

第三个问题，秦始皇为什么不用隶书统一天下文字？

六国文字错杂，秦始皇统一中国之后确实需要将其统一，这不仅方便政令通行，而且对文字本身的规范化也极为有利。隶书书写便捷，秦隶也早已存在。从理论上讲，用隶书统一天下文字是非常有效的统一文字的方法，但是秦始皇却采用小篆统一天下的文字。小篆华美、漂亮、整齐，但小篆的最大不足是书写不便。秦始皇这么做只能说明秦始皇对形态华美的小篆情有独钟，反映了秦始皇并不懂得文字规范从简、从俗的两大原则，以及追求形式唯美的心理倾向。

最后说第四个问题，对秦始皇统一文字的评价。

秦始皇统一文字的巨大贡献功不可没。虽然他统一文字的主观动机是为了加强统治，便于政令执行，但是文字的统一在客观上大大促进了思想的统一、文化的交流，对于一个多民族统一帝国的形成、发展与巩固发挥了巨大的作用，成为维护中国统一的无形力量。

中国是一个方言众多的国家，方言成为各地交流与沟通的一大障碍，由于秦始皇统一了文字，书面语言、书写形式却整齐划一，成为跨越时空限制、传承中华文化的载体。它有助于形成中华民族统一的心理状态、统一的文化，成为增强中华民族凝聚力的一股重要力量。这是必须首先予以肯定的。

但是，秦始皇没有使用当时已经广泛流传，而且具有良好发展前景的隶书统一中国的文字，而是采用了华丽但书写不便的小篆，以致秦始皇费尽心力推行的小篆在全国并未被广泛采用。也许这里还有秦朝国祚短暂的因素在内，但是，文字的流行有它自身的强大力量，简便实用才是文字的生命力。小篆不符合这个标准，所以，尽管依靠着秦始皇强大的个人威严，依靠着大秦帝国强大的国家机器，在全国强制执行，但是，小篆的难写难认最终还是使它成为中国文字发展史上最短命的文字，代之而起的是隶书。

今天我们已经看不到李斯、赵高、胡毋敬分别书写的《仓颉篇》《爰历篇》《博学篇》这些秦代小篆的标准字书，但是，泰山刻石（存十字）、琅琊台刻石（存八十六字）还为我们保存了李斯亲自书写的秦代小篆的原貌，让我们看到了秦始皇用来统一天下文字的秦国小篆的形貌。

《泰山刻石》又称《封泰山碑》。秦始皇二十八年（前219），赵政东巡登泰山而立，由李斯所书。石高四尺五寸，四面镌刻，其中三面是秦始皇诏书，另一面是二世元年（前209）诏与从臣姓名。一共二十二行，每行十二字。此石原在泰山顶玉女池上，后移置泰山下的岱庙，历经战乱，现仅存十字。传世者尚有拓本，存一百三十六字。下图竖排从右至左依次是：斯臣去，疾御史，金石刻，因明白。

再看留存至今的汉碑、汉简，特别是大量出土的汉简，最多的不是秦始皇强力推行的小篆，而是易写易认的汉隶。隶书才是真正统一了中国文字的书体，秦始皇"书同文字"的诏令真正得到贯彻是在汉代。一种先进的书体一旦形成，它就拥有一种无法抗拒的力量。比如晋代形成的楷书，历经一千多年，直至今天仍然是我们汉字书写的主要书体。

出现这种现象主要缘于书写工具。中国古代的主要书写工具是毛笔，这种柔软的书写工具在秦简、汉简上很容易书写隶书，书写工具决定了书体，书体的简便实用又决定了何种书体能够统一中国的文字。

总之，秦始皇"书同文"的措施是具有积极意义的。但是，他用小篆作为"书同文"的国家标准并不可取，加之秦朝国祚短暂，因此，当时的成效并没有后人想象的那么大。

统一货币：上币与下币

统一货币是秦始皇统一天下后在经济领域推行的重大举措。

战国时期，各国的货币不尽相同，当时各国的货币主要是四种形态：一是布币，形状像农具中的镈 (bó)，主要流通于三晋；二是刀币，主要流通于齐、燕、赵三国；三是圆钱，主要流行于秦、东西周、赵、魏沿河 (靠近秦国) 之地；四是郢爰与铜贝，只通行于楚国。各国自铸货币，甚至私人铸币，货币的不统一使秦始皇深感政治统一的帝国还不能掌控经济的统一。

战国时期流行的货币主要是铜币与金币两大类，形状各异。

布币　　　刀币　　　楚金币

统一货币的根本目的是巩固政治统治。六国货币庞杂是六国政治纷乱在经济上的具体表现。为了建立和政治统一相匹配的经济体系，必须在货币政策上实现统一。

秦始皇统一货币的途径主要有两条：

一是国家统一铸币。严惩私人铸币，将货币的制造权掌握在国家手中。

二是统一通行两种货币，即上币黄金和下币铜钱。改黄金以"镒"为单位，一镒为二十两。铜钱以"半两"为单位，并明确铸明"半两"二字，外观为圆形方孔，俗称"秦半两"。原来六国通行的珠玉、龟贝、银锡等不得再充当货币。

秦半两

秦始皇用行政手段强行统一货币，使战国币制的混乱局面立刻得到了有效的控制。秦始皇统一货币远比他统一文字成效更为显著，其中一个重要原因是措施更合乎规律。此前的货币大小不一、轻重不一、形体不一（刀形、布形）、价值不一，秦国"外圆内方"的货币远比六国的货币更方便携带，流通起来更为便利，秦国的"秦半两"影响了中国古代两千多年的货币形态，为五铢钱的出现做好了充分的准备，并影响了中国此后两千多年的货币体制。

秦始皇采用"外圆内方"的圆形货币作为秦代统一的货币形态，这与中国古代的哲学思想相契合。中国古代一直崇尚"天圆地方"的宇宙观，先秦诸子一直认为：天道为圆，地道为方，秦币的"外圆内方"刚好符合这一哲学思想。而且这种形态非常实用，"外圆"不易磨损，"内方"便于穿串。一钱之中，既体现了中国古代的哲学思想，又具备了携带方便、便于使用的特点，它的通行便是必然的了。

及至秦，中一国之币为二等，黄金以溢名，为上币；铜钱识曰半两，重如其文，为下币。而珠玉、龟贝、银锡之属为器饰宝藏，不为币。——《史记·平准书》

此外，在战国中后期，随着经济的发展，出现了若干个经济区，这些经济区是和战国七雄中诸国共时而存的。各国的经济区之间由于交换的需要，货币的统一已经逐渐提到议事日程上。秦始皇统一货币适应了这种经济发展的内在需求，这也是其得以成功的重要原因之一。

一法度　车同轨

统一度量衡，是秦始皇在经济上实行的另一项重要举措。

战国时期各国的度量衡非常混乱。

度、量、衡是三种单位。"度"是计量长短的器具，"量"是测量体积的器具，"衡"是计量重量的器具。

先说"度"。在传世至今的四件战国铜尺中，洛阳金村铜尺23.1厘米，安徽寿县楚国铜尺长22.5厘米，长沙两件楚国铜尺分别长22.7厘米、22.3厘米，这四件铜尺的长度相差最少为0.2厘米，最多为0.8厘米，同属长沙一地的两件楚国铜尺长度也不一样。可见，战国分裂的局面造成了中国度量衡多大的混乱。

再说"量"。魏国的量制以益、斗、斛为单位，齐国量制以升、豆、区、釜、钟为单位。齐国姜氏政权的定制是："四升为豆，各自其四，以登于釜。釜十则钟。"《左传·昭公三年》其意是说，四升为一豆，四豆为一区，四区为一釜，十釜为一钟。田氏卿族为了夺取姜氏的齐国政权，收买民心，改变量制：五升为豆，五豆为区，五区为釜，十釜为钟。可见各国都有自己"量"的标准。

最后说"衡"。赵国的衡制是以釿、镒为单位。楚国的衡器是天平砝码，以铢、两、斤为单位。据楚墓出土的砝码测量，楚制一斤平均值是260.798克。

度量衡的混乱带来两大弊病，一是商品交换困难（难以换算）；二是赋税收入不均（多寡不一）。秦国在商鞅变法之时，就已经制定了度量衡单位，今天在上海博物馆还藏有商鞅变法时颁发到重泉的标准升，这方升的上面还刻有铭文。

秦始皇二十六年（前221），秦国以秦制为基础，颁发诏书，统一全国度量衡。同时，把秦始皇的诏书刻在由国家制造的度量衡的标准器和日用器上。

廿六年，皇帝尽并兼天下诸侯，黔首大安，立号为皇帝。乃诏丞相状、绾，法度量则不壹，歉疑者，皆明壹之。《秦汉金文录》

秦代的度量衡与现代度量衡换算标准为：秦代一尺为23.1厘米，一升为201毫克，一斗为2010毫升，一斤为256.25克，一石（120斤）为30.75千克。

统一文字与度量衡，其目的都是巩固大一统帝国的统治。在统一文字与度量衡的同时，秦始皇还制定了车辆的标准轨距，这样车辆的轮子无疑就可以适合全国道路的车辙。在中国西北的大片土地上，纵横穿越的道路深受厚层松软黄土侵蚀之害，从这一方面来说，这项改革无疑具有积极意义。

秦始皇在文化、经济等方面大力推行统一之时，他也没有忘记对自己统一领土的强力控制。那么，秦始皇在这一方面又有哪些措施呢？

请看：万里长城。

秦朝作为中国统一多民族国家的肇始，在史册上留下了彪炳千秋的厚重笔墨。作为秦朝缔造者的秦始皇，废分封，设郡县，实行专制主义中央集权制度，并开创了"车同轨，书同文"的大一统文明，被后世誉为"千古一帝"。然而绵延万里、举世瞩目的万里长城的修建，却给秦始皇带来了毁誉参半的历史评价。有人认为秦始皇在兼并六国后兴建长城，是为了防御外敌入侵，保障老百姓的安居乐业，因此长城是中华文明的象征。也有人认为长城的修建透露出了秦始皇的暴政，那一块块浸有民夫血汗的城砖，那一块块踩在脚下的巨石，就是秦始皇踩蹦百姓视百姓为粪土的一个个历史印记。民间传说"孟姜女哭长城"的故事，正反映了人们对大秦帝国暴政的痛恨。而据史书记载，给秦始皇带来巨大影响的万里长城修建的起因其实就是源于一个人的一句话。事实果真如此吗？秦始皇为什么要耗费巨大的人力物力来修建万里长城呢？万里长城对于我们现代人又有怎样的意义呢？

二十九

亡秦者胡也

秦始皇一生极喜巡游，在他统一天下后当政的十二年间，五次巡游天下。公元前215年的一天，第四次出巡归来的秦始皇早早来到大殿之上，焦急地等待着他派出去寻找仙药的使者卢生的到来。卢生是秦始皇最信任的方士，早在第四次出巡之前，秦始皇就派他去寻找仙药。今天，卢生就要回来交旨了。秦始皇的心里多少有点忐忑不安，因为他不知道卢生这次是不是完成了使命。正在秦始皇焦急之际，卢生上殿了。卢生向秦始皇详细汇报了寻找仙药的经过，并说他找到了一本图录（图谶符命之书），上面说："亡秦者胡也。"秦始皇听到这句话，脸色陡变，他万万没想到卢生带来的不是仙药，而是"胡"将"亡秦"的消息。找不到仙药，以后还有寻找的机会，但要是国将不国了，再想卷土重来可就难了。一时间仙药的有无已不是秦始皇最关注的答案，他的脑海里迅速思考的是，这个"胡"是谁呢？秦始皇下意识地想到，这个"胡"一定是指匈奴。于是，他立即传大将蒙恬上殿，命其率三十万大军北击匈奴，接着又修万里长城。难道秦始皇修筑万里长城真的是因为卢生一句"亡秦者胡也"吗？

"亡秦者胡也"的谶语对秦始皇的心理影响绝不

始皇巡北边，从上郡入。燕人卢生使入海还，以鬼神事，因奏录图书，曰『亡秦者胡也』。始皇乃使将军蒙恬发兵三十万人北击胡，略取河南地。——《史记·秦始皇本纪》

可小视。有些人认为，秦始皇不会因为一句话就出击匈奴，大修长城，干戈天下。这样的想法是对帝王心态的不了解。众所周知，秦始皇生性多疑，"亡秦者胡也"这句话对秦始皇来说，是犯了其大忌。秦始皇一直以为由他创立的大秦帝国可以享有万世，他也因此而享万世之尊。但是，卢生给他捎来的这句话却给了这位坚信其王朝万世不移的始皇帝当头一棒。

卢生是秦始皇最信任的方士，因为他能够圆秦始皇最大的梦想——肉体成仙而长生不死。自封皇帝，并且是天下归于一个帝国的皇帝，秦始皇期待已久。卢生带来写有"亡秦者胡也"的图录时，秦始皇统一天下已有六年。他知道，君临天下、威风八面的皇帝与贱如粪土的平民一样，都只有短短几十年的春秋。所以，秦始皇此时企求长生的愿望异常强烈。可恨的是，卢生给他寻到的不是长生之方，而是一个让他失望与愤怒至极的消息。他怎么能忍？唯有击碎谶语，铲平匈奴，方可除心头之恨。所以，卢生一句话就让秦始皇震怒，并即刻派蒙恬率三十万大军出击匈奴，这自然就顺理成章了。

但是，仅凭一句话就调动三十万大军出兵匈奴，并不惜下大功夫修筑万里长城，似乎又有些反应过度。所以"亡秦者胡也"这句谶语绝不是秦始皇修筑万里长城的唯一原因。

还有一个重要原因：防止边患。匈奴是我国北方游牧民族，匈奴有多个分支。我们在"襄公立国"一章中讲过周幽王时申侯勾结犬戎攻克镐京，杀死周幽王，迫使周平王东迁，开启春秋时期。其中，犬戎即是匈奴的一个分支。该章还讲到秦穆公重用由余，大败西戎，开地千里。西戎，也是匈奴的一支。"赵武灵王"一章讲过赵武灵王胡服骑射，使林胡、楼烦归顺赵国。林胡王献马、楼烦王骑兵接受改编。林胡、楼烦也是匈奴的分支。"昭襄称霸"一章中讲到的宣太后长期私通义渠戎王，最终杀死义渠戎王。义渠，也是匈奴族群的一支。

作为草原民族的匈奴人，自幼就能骑马射箭，成年之后个个都是精于骑射的剽悍骑兵。《史记·匈奴列传》对此有精当的记载："儿能骑羊，引弓射鸟鼠；少长则射狐兔：用为食。士力能毌弓，尽为甲骑。"

冷兵器时代，骑兵对战步兵具有先天的优势。因此，战国时期匈奴已经成为燕、赵、秦等国北方边地的一大外患。燕、赵、秦诸国为了应对匈奴的入侵，纷纷修筑长城作为防止匈奴入侵的一种手段。

以秦国而言，秦昭襄王时宣太后杀死义渠戎王，大败义渠后，修筑了秦长城以阻挡匈奴南下。燕国、赵国也都修筑了长城，以备边患。

秦灭六国的十年中，燕、赵两国只能顾及自己的生死存亡，秦军则忙于兼并六国，都无暇顾及匈奴。因此，匈奴趁机迅速南下，占领了阴山、河套地区，成为大秦帝国的一大外患。

扫平六国、一统天下为秦始皇打击匈奴奠定了基础。据《史记·秦始皇本纪》记载，秦始皇三十三年（前214）秦国开始对匈奴用兵收复失地。三十四年（前213）大规模修筑长城，经过四年（前213至前210）努力，横跨今甘肃、宁夏、陕西、内蒙古、河北、辽宁、吉林七个省区，全长一万多里的长城宣告完成。长城成了当时全世界最伟大的边防工程之一。

蒙恬用四年时间修筑了万里的长城是世界军事工程史上的一个奇迹。蒙恬凭什么能在这么短的时间内完成如此浩大的工程呢？

原来，蒙恬修筑万里长城充分利用了战国时期秦、赵、燕三国原有的长城，加以修补、连缀。秦长城的西段借用了原来秦昭襄王时期修筑的长城，中段、东段借用了赵国长城、燕国长城，起自临洮 (táo)，即今甘肃岷县，沿贺兰山、阴山，东到辽东。

所以，长城虽长，但由于有了战国秦、赵、燕三国长城的基础，这项巨大的工程才得以四年完成。

自此，长城成为冷兵器时代游牧民族和农耕民族的一道分水岭。终秦之世，蒙恬率领三十万秦军牢牢地守住了这道防线。如果没有这道屏障，大秦帝国在应对匈奴的入侵时可能会付出更大的代价。而且，在秦朝灭亡之后，从汉代到明代，长城都是中原农耕民族防御北方游牧民族最有效的防御体系。因此，秦长城对中华民族的贡献是毋庸置疑的。

由此可见，秦始皇并非修筑长城的第一人，但是长城却因为秦始皇而有了一个响彻后世的名字——万里长城。长城其实最早出现于春秋时期，楚国修建的方城是我国最早见于史书记载的长城。到了战国时期，

秦已并天下，乃使蒙恬将三十万众北逐戎狄，收河南。筑长城，因地形，用制险塞，起临洮，至辽东，延袤万余里。

——《史记·蒙恬列传》

很多诸侯国如齐、燕、赵、魏、秦，为了加强防御和划定疆界都纷纷修筑了长城。到了秦朝兼并六国之后，秦朝在秦、赵、燕三国长城的基础上修筑了万里长城。之后的汉朝一直到明朝，历朝历代都修建有长城，而我们现在最常看到的、保存较完整的长城是明朝修建的。春秋战国时期许多诸侯国及之后各朝各代修建的长城长度相加超过十万里，所以长城堪称是"上下两千年，纵横十万里"的伟大工程奇迹。显然，长城作为一道高耸而绵延不断的长墙，在冷兵器时代所具备的军事效力是不言而喻的，但它所耗费的人力物力也是惊人的。

历史的贡献往往与历史的罪孽是一对孪生兄弟。长城对中华民族的巨大贡献并不能反证秦始皇修筑长城的绝对正确。因为，秦始皇在统一天下后不久，就发动百姓进行如此浩大的工程，给百姓造成了极大的负担。不仅仅是沉重的经济负担，秦朝的苛法也使长城成为修筑者的坟墓。所以，秦长城成为秦朝百姓的一项夺命工程。

《水经注》卷三记载：

杨泉《物理论》曰：秦始皇使蒙恬筑长城，死者相属，民歌曰：生男慎勿举，生女哺用餔，不见长城下，尸骸相支拄。

这首民歌的大意是说：生了男孩千万不要养大，生了女孩一定要给她吃最好的食物。你难道没有看见长城之下，是由无数尸骨支撑起来的吗？

中国人古代盛行"重男轻女"，为什么这首民歌偏偏"重女轻男"

呢？因为参与修筑长城的主要是男性，而他们又多死于筑城，所以这首民歌唱出了令我们费解的"重女轻男"心曲。

可见，当年修筑这座万里长城给秦朝百姓带来了多么沉重的负担。

是文艺不是历史

长城像一条巨龙绵延万里。它翻越巍巍群山，穿过茫茫草原，跨过浩瀚的沙漠，奔向苍茫的大海。长城不愧是世界建筑史上的罕见奇迹。据史料记载，秦始皇动用了近百万的劳动力来修筑长城，占当时全国人口的二十分之一。而且那个时代没有任何可减轻劳动负荷的机械，工作环境又是崇山峻岭、峭壁深壑，其艰难程度可见一斑。因此有人认为，长城的修筑是秦始皇蹂躏百姓的一个重要证据。妇孺皆知的民间故事"孟姜女哭长城"，就是当时修筑长城劳役悲惨境遇的写照，寄托了人们对大秦帝国暴政的痛恨与推翻其暴政的强烈愿望。那么，"孟姜女哭长城"的故事究竟是如何流传下来的呢？这个故事与秦始皇的暴政究竟有怎样的关系呢？

修筑长城被当时的民间百姓视为秦始皇的暴政之首。"孟姜女哭长城"这个故事流传极广、影响极大，甚至已经被国家列入非物质文化遗产，成为与"牛郎织女""白蛇传""梁祝"并驾齐驱的中国民间四大传说之一。然而，这个故事的流传经历了一个很长时间的发展过程。

孟姜女故事的原型见于《左传·襄公二十三年》的记载：

公元前550年，齐国大夫杞梁（名殖）作战阵亡。战争结束后，齐庄公在归国途中遇到杞梁的妻子，齐庄公想就地吊唁杞梁，杞梁妻认为在野外吊唁不合礼仪，婉言相拒。齐庄公只得到杞梁家中举行正式的吊唁。这个故事中的杞梁妻只是一个守礼的典范，因为野外凭吊不合礼制，所以，杞梁妻不接受野外吊唁。

二百年后的《礼记·檀弓》也记载了这个故事，但是多了一个细节："其妻迎其枢于路而哭之哀。"曾子赞扬杞梁妻，认为此举表现了杞梁妻对丈夫的真实感情。这是有关杞梁妻的故事第一次出现"哭"字，这个"哭"字成了后世孟姜女故事的一个亮点。但是，《礼记》中记载的杞梁妻的故事和秦始皇修长城之间毫无干系，而且杞梁妻也不是孟姜女。

西汉后期，在民间传说中，孟姜女故事出现了"哭夫崩城""殉夫死节"的情节。

这个变化出自刘向之笔。刘向是西汉末年的大学问家，也是汉帝国从惠帝时期向民间征书的整理者。从惠帝时期开始的献书，到刘向之时，皇宫之书已堆积如山，刘向受命整理这些图书。刘向利用这个机会编写了两部书：一是《说苑》，二是《列女传》，这两部书都载有杞梁妻的故事。

《说苑·立节》记述这个故事时增加了"哭夫崩城"的内容："其妻闻之而哭，城为之阤，而隅为之崩。"

齐侯归，遇杞梁之妻于郊，使吊之。辞曰：『殖之有罪，何辱命焉？若免于罪，犹有先人之敝庐在，下妾不得与郊吊。』齐侯吊诸其室。——《左传·襄公二十三年》

《列女传·齐杞梁妻》又增加了"殉夫死节"的情节。齐国杞梁殖战死，齐庄公回国之时，在路上遇见了杞梁殖的妻子，于是派使者在路边吊唁。杞梁妻说：如果杞梁殖有罪，大王不能在路边吊唁他。如果杞梁殖没有罪，那么我有住所，不能在野外接受吊唁。齐庄公只好到杞梁殖的家中吊唁。杞梁妻既没有儿子，也没有近亲。杞梁殖下葬之后，杞梁妻无处可归，于是在城下陈其夫的尸骨，放声大哭。悲凉的哭声撕心裂肺，听到的人无不闻声落泪。十天后城墙崩塌，杞梁妻投水自杀。

《列女传》本来就是宣扬烈女，所以，此书宣传杞梁妻对爱情的忠贞完全可以理解。

所以，经过两汉的演化，杞梁妻的故事忠于爱情的一面开始凸现出来，对爱情的忠贞成为孟姜女故事的主旨，也为这个故事奠定了基本框架。

到了唐代，孟姜女的故事发生了进一步的变化。

一是杞梁妻的故事和秦始皇修长城联系了起来，比如杞梁为秦始皇修长城逃入孟家等。

二是增加了许多新情节，比如杞梁被打死，尸体被筑入长城之中。

三是通俗文艺的各个品种（如变文、话本、戏曲、民歌、宝卷、子弟书等）都出现了孟姜女的故事，数量达数百之

齐杞梁殖之妻也。庄公袭莒，殖战而死。庄公归，遇其妻，使使者吊之于路。杞梁妻曰：『今殖有罪，君何辱命焉？若令殖免于罪，则贱妾有先人之弊庐在下，妾不得与郊吊。』于是庄公乃还车，诣其室，成礼然后去。杞梁之妻无子，内外皆无五属之亲。既无所归，乃就其夫之尸于城下而哭之，内诚感人，道路过者，莫不为之挥涕。十日而城为之崩。既葬曰：『吾何归矣？夫妇人必有所倚者也。父在则倚父，夫在则倚夫，子在则倚子。今吾上则无父，中则无夫，下则无子。内无所依，以见吾诚；外无所倚，以立吾节，吾岂能更二哉？亦死而已。』遂赴淄水而死。

——《列女传》卷四《贞顺传》

多，蔚为大观。

在这些通俗文艺作品中，敦煌曲子词的贡献最为突出。现存的敦煌曲子残卷不仅出现了孟姜女的名字，而且把"孟姜女"和"杞梁妻"等同起来，同时增加了送寒衣的情节。敦煌曲子词的发现非常重要，它让我们第一次知道了"孟姜女"这个名字至少在唐代已经出现了。

唐代诗僧贯休的《杞梁妻》一诗也是唐代孟姜女故事发展的一个里程碑，因为它明确地把杞梁妻和秦长城联系了起来：

> 秦之无道兮四海枯，筑长城兮遮北胡。
>
> 筑人筑土一万里，杞梁贞妇啼呜呜。
>
> 上无父兮中无夫，下无子兮孤复孤。
>
> 一号城崩塞色苦，再号杞梁骨出土。
>
> 疲魂饥魄相逐归，陌上少年莫相非。

在唐代空前增多的孟姜女故事中，寻夫哭倒长城之后，孟姜女的命运出现了三种结局：一是秦始皇为孟姜女的忠烈之情所动，厚葬范杞良，嘉奖孟姜女（原来孟姜女丈夫姓"杞"，现在改姓"范"了。后世范郎的名字也五花八门，有"范希良""范四郎""范喜郎""万喜良"等）；二是范、孟者是星宿下凡，如今灾难已满，重归天庭；三是孟姜女送衣哭城后，与秦始皇面对面地

孟姜女，杞梁妻，一去燕山更不归。
——《敦煌曲子词集》上卷《捣练子》

抗争，为夫报仇，替己出气，然后从容赴死。其中，第三种结局最为典型。

"孟姜女哭长城"的故事如果被当作历史文献来看的话，问题很多，其中，最重要的有两点：

其一，史书无载。史书记载的只有《左传》中的杞梁妻，且与哭长城无涉。

其二，长城焉能哭崩？汉人王充在《论衡·感虚》中就对杞梁妻哭崩城一事提出质疑："夫言向城而哭者，实也；言城为之崩者，虚也""夫草木水火，与土无异，然杞梁之妻不能崩城，明矣"。

但是，民间故事就是有着这么强大的生命力，把与秦始皇修长城毫无关系的一段历史，一步步演变成为揭露秦始皇修长城暴政的民间故事。

这究竟是为什么呢？

民间故事是民间舆论的产物。民间舆论与官方舆论不同，也不等同于学术评价。"孟姜女哭长城"的故事有着如此强大的生命力，至少反映了相关民间舆论的三个方面：

一、秦始皇是暴君；

二、修建秦长城是秦始皇的暴政之一；

三、"孟姜女哭长城"表达的是中国民间百姓对暴政强烈而无声的抗议。

在漫长的中国封建社会，普通百姓没有话语权，没有言论自由，没有直面抨击统治者的条件与能力，民间故事便成了他们婉转表达自己心声的工具。正因如此，各种各样的民间文艺都选取了这一题材，都在演绎这个故事。由于中国封建社会普遍存在各种各样的暴政，处于弱势群体的普通百姓对于以皇帝为首的封建暴政又无可奈何，"孟姜女哭长城"的民间故事给了他们一个倾诉的平台，所以这个故事越传越广、越传越丰富。此时，"孟姜女哭长城"中的秦始皇已经和历史上的秦始皇没有太大的关系了。"秦始皇"只是一个文化符号，是历史上所有暴君的统称；"修长城"也是一个文化符号，是历史上一切暴政的集中代表；"孟姜女"也是一个文化符号，是无数反暴政的百姓的缩影。"孟姜女哭长城"是天下百姓反暴政的一种悄无声息的强烈诉求。

功过是非任人说

历史上所谓的孟姜女哭的并不是秦长城，而是山东的齐长城。"孟姜女哭长城"的故事，其实与秦始皇并没有直接关系，但是这个源远流长的民间传说，反映了历代广大劳动人民对于封建官府不惜民力，给人民增加过重负担的愤怒与抗议，只不过把矛头的焦点都对准了秦始皇修筑的万里长城。那么，抛开民间传说，我们又该如何客观地看待秦始皇所修的万里长城呢？

第一，修长城和出击匈奴是秦始皇兼并六国之后进一步统一中国的必要措施。

秦始皇用兵匈奴并不是一个孤立的事件。在对北方的匈奴人用兵之前，秦始皇三十年（前217）曾大规模对百越用兵。百越是遍及今浙江、福建、广东、广西的少数民族部族。秦始皇平定百越动用了五十万大军。

进击百越是秦始皇统一中国战争的一种延续。因为灭楚并不意味着秦帝国的势力已经到达帝国的全境，秦始皇要的是统一全国，不仅仅是六国统一于秦，而是整个中国的统一。在秦始皇的眼中，大秦帝国疆界的最南端要到达海边。

秦始皇发动五十万大军南征。为了保证南征百越后勤保障的顺利，在今广西兴安县修建了灵渠（又名零渠、兴安运河）。这条运河引湘江水进入漓江，沟通了长江和珠江两大水系，也保障了南征军的水路运粮通道。

平定百越的战争并非一帆风顺。由于百越的顽强抵抗，战争打了四年秦军才最终取得胜利。此时的大秦帝国，完全占有了百越地区。

围绕着长城的修建，秦始皇还修了直道。所谓直道，类似于我们今天的高速公路。秦直道首先是一条交通线，它从甘泉宫（今陕西淳化县）向北，经过鄂尔多斯草原，最终到达秦朝九原郡治所（今内蒙古包头市）。因两端形成近乎一条南北向的直线，故名"直道"。此外这条交通要道同时也是一条军事供应线。

第二，应当对秦始皇所修工程作具体分析。

秦始皇是一位"工程皇帝"。统一中国之后，他主持了大量的工程修筑，皇陵、宫殿、长城、直道、驰道、灵渠等。从称皇帝到病故，秦始皇控制下的泱泱帝国简直就是一个浩大且繁忙的工地。

当然，以上这些工程并非一类。修皇陵、宫殿，耗费了巨大的人力、物力、财力，纯属劳民工程，只是为了满足秦始皇个人生前死后的欲望。而修长城、直道、驰道则不同，尽管有劳民伤民的一面，但更是巩固大秦帝国统治的重要举措。对于这类工程，我们还不能完全否定。

驰道是以秦朝国都咸阳为中心的交通网，主要有通往洛阳的东方大道，通往南阳的武关道，通往太原、河东郡的临晋道，通往汉中、蜀郡的秦蜀栈道，通往陇西郡的西方大道等。这些大道组成了一个以咸阳为中心的巨大的交通网。驰道一方面便于秦始皇调动军队，另一方面也大大有利于各地的物资交流。

第三，长城是一个什么样的文化符号？

秦始皇不仅是一位集权皇帝、"工程皇帝"，而且也是中国历史上一位"问题"皇帝。秦始皇两千多年前修建的长城在二十世纪还曾经引发了一场当代人的热议。有些学者认为，长城是中国封建社会闭关自守的一个象征。此论产生的直接原因是中国近代社会的落后局面引发了近代中国许多学者的思考，长城成了闭关锁国的替罪羊。这个说法显然不够公平。

中国近代落后的原因是一个大课题，有着多方面复杂的原因，它不是一句话能总结的，也不是一次课能讲完的，更不是一个学科能研究清楚的，它是一个多学科的交叉研究课题。因此，长城绝不是导致中国近代落后的原因，更不能把长城说成是中国近代落后的象征。

始修长城者并不是秦始皇，而是战国时期与北方匈奴接触的秦、赵、燕诸国国君。而且，当时修建的也不只是一座长城。山东六国之间为了防守也修筑了长城。秦始皇的工作只是将这些与匈奴接壤的不连贯的长城连接起来。秦朝之后，除了元朝，历朝历代的皇帝，不论是汉族皇帝还是少数民族皇帝，都或多或少地修补了长城。难道要由秦始皇一个人来承担修长城的一切负面影响吗？

秦始皇兼并六国之后，并没有马放南山、刀枪入库，而是南征北战：南征百越、北击匈奴，为建立一个统一的大帝国继续努力。他的这些举措大大加重了秦帝国子民的负担，也成就了一个雄伟庞大帝国的版图。长城在冷兵器时代所具有的巨大军事防御作用是不言而喻的，不过修长城并不意味着怯懦与防守。综观历史，中国长城的修建并不都是国势衰微的闭关退守之策，相反在武力强大的时候，很多国君把修长城作为保障社会环境安定的举措。如今虽然长城已经失去了往日的军事功能，但是它已经成为一个文化符号，成为中华民族凝聚力的象征，修筑长城的每一块砖石的作用都很有限，只有当它们被砌成长城，才真正发挥其坚固的功用，亿万中国人正像长城上的这些砖石，个人的力量毕竟有限，只有当他们凝聚在一起的时候，才能真正显示出民族整体力量的伟大。如今长城虽然已被历史的风雨剥蚀，但它仍以苍苍莽莽的气势、威武雄浑的姿态，浓缩成了一种厚实的文化积淀，以永恒的苍凉和悲壮，永远留在中华文明乃至世界文明的史册里。

秦始皇在兼并六国统一天下之后，进行了大规模的统一战争，但是他巩固统一的诸项措施并不是全都得到了大臣们的理解。秦始皇的作为引发了他和大臣的矛盾，也引发了秦始皇和方士的矛盾，这些矛盾不断激化，最终酿成了轰动历史的大事件。

请看：生死茫茫。

生死茫茫

当秦始皇兼并六国、统一天下、自称皇帝、加强集权，一切都在掌控之中，一切都尘埃落定以后，一个新的苦恼也随之而至。那就是死亡。秦始皇面对着广阔无垠的大好河山，享受着花样翻新的锦衣玉食，体味着至高无上的权威，他当然希望这种人间享受永远保持下去。但人有生老病死，这是谁都不能回避的问题，秦始皇也不例外，而面对着自己人生的巨大成功，拥有着至高无上、无以复加的权力，秦始皇不甘心自己最终化为一抔黄土，他要长生不老，他要成仙，在生死问题上他要开天辟地。于是一场轰轰烈烈的闹剧上演了。那么，这是一场什么闹剧呢？

不做人　要成仙

秦始皇二十八年^(前219)，统一天下仅仅两年后，秦始皇开始第二次出巡，这次出巡的目的地之一是泰山，因为他要在泰山举行封禅大典。泰山封禅让秦始皇来到了齐地，来到齐地让秦始皇遇到了一个人，遇到的这个人对秦始皇的后半生产生了重大影响。他就是徐福。徐福向秦始皇灌输了长生不老的思想，并四处为其求仙问药，秦始皇怦然心动，一次又一次资助他出海，形成了历史上著名的徐福东渡，成就了徐福航海家的美名。而徐福却没有成全秦始皇长生不老的愿望，一次又一次蒙蔽秦始皇。

因此，这场闹剧其实就是一场求仙问药却无疾而终的悲剧。

那么，徐福为什么能瞒天过海，欺骗秦始皇呢？秦始皇在追求长生之路上到底上演了怎样的故事呢？

这位徐福是齐地方士。方士，就是懂得神仙方术、通晓如何长生不老的人。《史记·秦始皇本纪》写作"徐市"，《史记·淮南衡山列传》写作"徐福"，"市"即"福"。

作为方士的徐福，对秦始皇晚年产生了重大影响，他怎么能够影响到秦始皇呢？是两种情况促成了这种影响。一是方士徐福的神仙说具有巨大的诱惑力；二是秦始皇晚年希望长生不死的心情极其迫切。

徐福向秦始皇阐明了一种新的文化思想，这就是神仙思想。

什么是神仙思想？方士们认为：天地间存在着可以永世长存的神仙，普通人如果能吃到仙药就可以成为仙人，长生不老。这种思想对于困扰于生死之间的世人来说具有巨大的诱惑力。

徐福向秦始皇介绍了神仙思想，在秦始皇看来是一种前所未闻的新文化。

神仙思想在战国时期开始流行，在中国的齐地，也就是今天山东沿海一带流行。赵政所在的秦国，靠近中国西部，两地一东一西，地理环境不同，产生的思想不同。秦始皇到了齐地，听了徐福的介绍，立即觉得眼前打开了一个新的天地，这种新的思想让他如醉如痴。神仙思想对普通人具有很大的诱惑力，更何况是天下至尊的秦始皇。

齐地会产生这种神仙思想缘于三方面的原因：

一是海市蜃楼的存在。所谓海市蜃楼，是指在海上航行或在海边生活的人，会突然发现空中映现出远方岛屿、城廓楼台的影像，非常美丽，就像现实中的真实生活画面一样。齐地临海，海上独有的海市蜃楼，令古人生出无限遐思；而古人又不具备解释海市蜃楼的科学知识，所以，很容易把海市蜃楼理解为海上仙山。海市蜃楼的变幻莫测，在古人眼中充满了种种神秘色彩。海市蜃楼的具体形象成为营造神仙居住之地的实证。

二是五行之说的流行。齐国的邹衍最早提出"五德终始"说。五行相生相克的理论在齐地流传得也比较早，而按照五行的理论，齐国所在的东方是主生的，既然主生，容易让人联想到长生不老，这也是神仙学说产生的很重要的原因。它和五行学说结合起来，从而构成了自己的体系。

三是三神山之说的产生。海市蜃楼是古人无法解释的现象。因而被一些方士描述成海外仙山。这样，齐地逐渐于战国末年产生了三神山之说，齐威王、齐宣王、燕昭王都曾经派人入海寻求三神山，但是谁也没有找到。

三神山特指"蓬莱、方丈、瀛洲"三山。这三座神山藏匿于渤海之中，山上有仙人，也有长生不死的仙药。山上的宫殿都是黄金白银建造，远远望去，就像是天边的云，虚无缥缈，引人入胜。但是，一旦等你来到山边，神山与宫殿立刻消失在海水之中，杳无踪影。而且，常常是不等船靠近神山，一阵大风就将船刮得远离了宫殿。

三神山有什么独特魅力呢？

第一，三神山有长生不老的仙药；第二，三神山可遇而不可求；第三，三神山可见而不可登。古人并不明白三神山即是虚无缥缈的海市蜃楼，找吧，找不到，但又常常可以在海边看到。所以，越是找不到，越是被海边的齐人传得沸沸扬扬，令人心驰神往。于是，三神山在齐地就被"炒"得越来越火。

秦始皇兼并六国、统一天下之后，至尊至贵，享受到人间的一切荣华富贵，但是让他唯独感到遗憾的是不能避免死亡。对于第一个统一天下的皇帝，秦始皇在人间可以说是无所不能，但是，死亡却是悬在他头上的一把利剑。封禅泰山让秦始皇第一次知道了齐地的神仙文化，人原来可以通过吃长生不老之药，获得肉体

自威、宣、燕昭使人入海求蓬莱、方丈、瀛洲。此三神山者，其传在勃海中，去人不远；患且至，则船风引而去。盖尝有至者，诸仙人及不死之药皆在焉。其物禽兽尽白，而黄金银为宫阙。未至，望之如云；及到，三神山反居水下。临之，风辄引去，终莫能至云。——《史记·封禅书》

上的长生。当秦始皇听到徐福的神仙思想时，他顿时觉得眼前一亮，他奢望的长生不死的愿望似乎可以实现了。

对求仙愿望达到痴迷状态的秦始皇，立即无条件地接受了神仙思想，也接受了求仙人徐福。秦始皇迅速行动起来，开始为成为神仙而努力，并采取了三点措施。

一是立即答应徐福的海上求仙要求。

秦始皇二十八年（前219），徐福向秦始皇介绍了海上三神山有仙人居住，如果能够虔诚斋戒，再派出童男童女，可以到海上去寻找仙药。秦始皇立即答应了徐福的要求，"遣徐市发童男女数千人，入海求仙人"《史记·秦始皇本纪》。

徐福第一次见到秦始皇，就向秦始皇提出来：你要给我船，你要给我人，你要给我钱，我去替你找仙药。秦始皇可不是一个轻易会被忽悠的人，六国的国君都斗不过他，想从秦始皇的兜里面掏钱，那不是一般人能做到的。但是徐福能拿过来，徐福这一番话把秦始皇完全给忽悠住了。

二是相信卢生、韩终、侯公、石生等方士。

徐福一去，如泥牛入海，杳无消息。秦始皇三十二年（前215），赵政又增派燕人卢生寻求碣石山的仙人。卢生是继徐福之后第二位受到秦始皇信任的方士。卢生一句"亡秦者胡也"影响了秦始皇大规模地对匈奴作战和修筑万里长城的工程。同年，秦始皇又派韩终、侯公、石生去寻求"仙人不死之药"。

到了卢生受重用时，秦始皇信任的已不是一个方士，而是一批方士。当徐福从秦始皇的兜里掏了一大把钱，开着船带着人走了以后，很多人都觉得徐福发财了，这是一个巨大的财富效应。其他人也觉得可以像徐福那样，到秦始皇的股市里面淘一桶金，所以陆续有人找秦始皇去兜售各具特色的神仙学说，秦始皇则是来者都信。于是，一大批人都从秦始皇那儿得到了政府的"补贴"，纷纷替他找仙药去了。

三是秦始皇自称"真人"。

秦始皇的"一人"思想极为浓厚，为此，他兼并六国之后的第一件事就是垄断"朕"字作为皇帝的专称。但是，秦始皇三十五年（前212），秦始皇突然改变自称，他下令说："吾慕真人，自谓'真人'，不称'朕'。"《史记·秦始皇本纪》从自称"朕"到废"朕"而称"真人"，不过九年时间，秦始皇的自称发生了巨大的变化。这是为什么呢？

原来是因为卢生的一番话，也就是卢生的"真人"说使秦始皇自觉主动地更改了称呼。

卢生给秦始皇讲了三点：

第一，"真人"就是仙人。卢生诡称："真人"入水不沾水，入火不感到灼热，还能凌云驾雾，和天地一样万古长存。

第二，求仙遇阻事出有因。秦始皇求仙多年未有成果，原因是有人妨碍秦始皇见到"真人"，所以才会屡求不灵。

真人者，入水不濡，入火不爇，陵云气，与天地久长。
——《史记·秦始皇本纪》

卢生说始皇曰："臣等求芝奇药仙者常弗遇，类物有害之者。"
——《史记·秦始皇本纪》

第三，人主必须辟"恶鬼"才能见到"真人"。天地间有"真人"，也有"恶鬼"，"恶鬼辟，真人至"《史记·秦始皇本纪》。所以，人主的一切行动都要保密，包括人主住在哪儿，都不能让人臣知道，一旦被人臣知道，就会惊走了"真人"。只要秦始皇做到居无定所，居无人知，才可能得到长生仙药。

秦始皇兼并六国之后，平生欲望没有不满足的，唯一还没实现的就是长生了。在求长生的强烈欲望中，秦始皇早就被各种神仙的诱惑冲昏了头脑。听了卢生的话，他立即下了三道命令：

一是改"朕"为"真人"。二是京城宫殿一律相连，秦始皇这道命令涉及"咸阳之旁二百里内宫观二百七十"座，这近三百座宫殿全部用空中通道（复道、甬道）相互连接。这样，秦始皇就可以避开地面，从空中游走在二百七十座宫殿中，随意住宿而不为大臣所知。三是胆敢泄露秦始皇住所者一律处死。

为了见到"真人"，为了得到长生不老之药，秦始皇真是不惜一切代价。结果接连出了三件事。

第一件事发生在秦始皇下达上述三条命令后不久。秦始皇在一座行宫的高处远远看到丞相李斯的庞大车队，心里很不满意，随口嘟囔了几句。有一位宦官把秦始皇不满的话悄悄告诉了李斯，李斯得知之后，立即大幅度减少了随从。不久，秦始皇又从行宫的高处看到李

人主所居而人臣知之，则害于神。——《史记·秦始皇本纪》

愿上所居宫毋令人知，然后不死之药殆可得也。——《史记·秦始皇本纪》

行所幸，有言其处者，罪死。——《史记·秦始皇本纪》

斯的车队变得轻车简从。秦始皇立即觉察到是身边的人泄露了自己上次说的话。他立即审讯那天自己身边的全体随侍宦官，但是透露这一消息的宦官害怕，不敢承认。没有泄露这个消息的宦官，自然也不认账。于是，秦始皇下令把那天随从的宦官全部处死。从此，宫中再无人敢泄露秦始皇的片言只字，秦始皇的行踪真正做到了百官不知。

始皇怒曰：「此中人泄吾语。」——《史记·秦始皇本纪》

看看秦始皇处理泄密案的果断残酷，可知其对卢生的话是多么信从。谁能这么深刻地影响到秦始皇？只有方士！因为方士能找到秦始皇心中极其想要的长生不老仙药。否则，谁敢这么耳提面命地教导秦始皇？

第二件事发生在秦始皇三十六年 (前211)。这一年是秦始皇下世的前一年。秦始皇屡屡寻求仙药未果，心中闷闷不乐。于是，他指令朝中博士创作了一首《仙真人诗》，并且在他巡行天下的时候，到处演唱这首诗。虽然因为文献记载的缺失，我们今天已经不知道这首《仙真人诗》的内容，但是，仅看这首诗的诗名就可以知道这一定是一首表达寻求仙人愿望的诗词。

始皇不乐，使博士为《仙真人诗》，及行所游天下，传令乐人歌弦之。——《史记·秦始皇本纪》

第三件事发生在秦始皇三十一年十二月。这一年秦始皇突然"改腊曰'嘉平'"。腊，是古代十二月的祭日。裴骃的《史记集解》引了一个故事：

《太原真人茅盈内纪》曰："始皇三十一年九月庚子，

盈曾祖父濛乃于华山之中，乘云驾龙，白日升天。先是其邑谣歌曰
'神仙得者茅初成，驾龙上升入泰清。时下玄洲戏赤城，继世而往在
我盈，帝若学之腊嘉平'。始皇闻谣歌而问其故，父老具对此仙人之
谣歌，劝帝求长生之术。于是始皇欣然，乃有寻仙之志，因改腊曰
'嘉平'。"

有一个叫茅盈的"真人"说，他的曾祖父于始皇三十一年 (前216)
九月"乘云驾龙，白日升天"。在他曾祖父升天之前，当地就流传
着一首关于求仙成功的歌谣。秦始皇听了之后，非常兴奋，立即改
"腊"为"嘉平"。

《史记集解》中的这个故事是否真实尚有待考证，但是，秦始皇
这一年改"腊"为"嘉平"确是历史的事实，此举就是为了求仙成功。
可见，秦始皇对"真人"的态度极其虔诚。

秦始皇改"朕"为"真人"是在秦始皇三十五年 (前212)，但是，秦
始皇三十一年时他已经对"真人"心向往之了。

上述三道命令三件事，说明秦始皇对卢生所说的"真人"痴迷到
至死不悟。

两手准备

秦始皇三十七年 (前210)，秦始皇最后一次出巡。他又来到齐地，
带了数千童男童女出海寻找仙药的徐福突然来见他。徐福已经走了
九年，杳无音信，这九年之中徐福始终没有找到所谓的长生不老药，

因为这世界上本来就没有这种药，徐福当然找不到。但是，他花了秦始皇这么多钱，用了这么长时间，怎么向秦始皇交差呢？

徐福是一位洞悉秦始皇求仙心切的方士。徐福对秦始皇说：蓬莱山上的仙药已经找到了，但是，海上有一种大鱼，每每添乱，所以上不了山，也弄不到仙药。希望能派一些神箭手给我，再遇到大鱼捣乱，我可以用连发的弩箭射它们，这样就可能得到仙药了。

秦始皇能够相信一走就是九年的徐福的话吗？

我认为秦始皇对徐福的话半信半疑。理由是什么呢？

第一，秦始皇对徐福不予惩罚。

《史记·秦始皇本纪》没有明确记载秦始皇是否听信了徐福的话，但是，听了徐福的汇报之后，秦始皇没有处罚他。花了秦始皇那么多钱，最后一无结果，竟然还不受惩罚，秦始皇是那么好糊弄的人吗？

第二，秦始皇亲自率人捕杀大鱼。

接见徐福的当晚，秦始皇做了一个梦，梦见自己和海神开战，那些海神就像人一样。秦始皇醒了之后，特意找了个会解梦的人询问，一位博士告诉他：海神不能见到，但是海神往往驱使大鱼、蛟龙做先导。如今皇上对神的祭祀非常周到，这样的恶神必须立即除掉，只要除掉了恶神，善神就可以露面了。

方士徐市等入海求神药，数岁不得，费多，恐谴，乃诈曰：『蓬莱药可得，然常为大鲛鱼所苦，故不得至，愿请善射与俱，见则以连弩射之。』——《史记·秦始皇本纪》

始皇梦与海神战，如人状。问占梦，博士曰：『水神不可见，以大鱼蛟龙为候。今上祷祠备谨，而有此恶神，当除去，而善神可致。』——《史记·秦始皇本纪》

于是，秦始皇下令准备捕杀大鱼的用具，他还亲自操作连弩准备射杀大鱼。秦始皇一路北上，没有见到大鱼。到了芝罘，看见了一条大鱼，秦始皇亲自射杀了这条大鱼。

第三，秦始皇公开责难徐福。

秦始皇在"坑术士"事件中对徐福之事讲过一句非常重要的话："徐市等费以巨万计，终不得药，徒奸利相告日闻。"《史记·秦始皇本纪》秦始皇在决定处死"诸生"之时，表达了对徐福的不满。但是，在秦始皇处死诸生之中并没有徐福。

徐福的下场如何，《史记·秦始皇本纪》没有记载。但是，《史记·淮南衡山列传》记载，徐福没有找到仙药，回来向秦始皇报告，自己见到海神了。海神问他：你是西土皇帝的使者吗？他回答：是的。海神又问他：你有什么要求？徐福说：我想求延年益寿的仙药。海神说：你们秦王的礼物菲薄，仙药只能看不能拿走。徐福随同海神到了蓬莱山，看到用灵芝修成的宫殿，光艳照天。徐福问海神：我需要带什么礼物献给您？海神说：献上良家的男童、女童和各种工匠，就可以得到仙药了。秦始皇非常高兴，立即派遣三千童男童女和各种工匠，还准备了五谷的种子，再派徐福入海。途中，徐福找到了一片辽阔肥沃的土地，便带领众人留在那里，自立为王，不再回朝。

乃令入海者齐捕巨鱼具，而自以连弩候大鱼出，射之。——《史记·秦始皇本纪》

秦皇帝大说，遣振男女三千人，资之五谷种种百工而行。徐福得平原广泽，止王不来。——《史记·淮南衡山列传》

《史记·秦始皇本纪》与《史记·淮南衡山列传》的记载虽有不同，但是，两篇传记有一点相同之处，那就是秦始皇至死都不忘寻找长生不老的仙药。

徐福第二次出海，一去不归。有关徐福第二次出海到了哪里，成为中外交通史上的一大谜题。其中，有三大问题最为关键：一是徐福为何二次出海，二是徐福从哪里出海，三是徐福到了哪里。

关于徐福为何出海，有"寻求仙药"说，也有"躲避秦难"说。其中，"避难"说是一新说。该说认为，徐福是有识之士，他是躲避海外、消极反暴政的代表。他对秦始皇的暴政不满，对现实也有深刻的认识。他表面上热衷于求仙，实际上是在寻找一个躲避秦始皇暴政的世外桃源。徐福知道自己不可能找到不死之药，也不可能长期靠欺骗秦始皇来生存，一旦被发现，肯定是死路一条。但是，他利用秦始皇渴望求仙的心理，精心策划了这次大规模的海外移民。徐福的精心准备包括两个方面，一是人员，二是物资。徐福精心挑选的三千童男童女，是未来繁衍人口所必需的，而且也符合寻找仙药的要求，不至于引起秦始皇的怀疑。徐福更是精心策划物资准备，他要的是船队、百工、谷种，这样既能渡海，又能落地生存。

唐人汪遵有一首《东海》诗：

> 漾舟雪浪映花颜，徐福携将竟不还。
>
> 同作危时避秦客，此行何似武陵滩。

该诗前两句写徐福入海求仙，一去不返。后两句借用陶渊明《桃花源记》中时人避难至桃花源的典故，暗指徐福也是避秦难之人。其中"武陵"是后人认为的陶渊明笔下的桃花源所在。全诗表达的就是徐福是为避秦难而入海的。

"徐福最终到了哪里"是最为引人注目的话题。其中，"到达日本"说成为一大热点。此说认为日本人都是徐福的后裔，日本人有两种，一种是土生土长的原住民，一种是徐福带过去的人，据记载日本有些地方还有徐福庙，所以有些人就认为徐福后来到了日本。

但是，有关徐福的话题不是我们讲解秦始皇的重点，只点到为止。

秦始皇从来不是一个愚蠢的人，但是徐福却是一个绝对聪明的人，他骗得了这位精明过人的千古一帝，让他一次又一次地甘心受骗。可以说，在这场骗局中，徐福是最大的赢家，他不但成了一代航海家，同时他的东渡行为也成了中国航海史上的一次壮举。而秦始皇却望眼欲穿地等待徐福直到去世。那么秦始皇难道不知道人生必死吗？他是怎么看待死亡的呢？

很显然，他知道。

第一，大建陵墓。赵政从继位之始就开始大规模地营造陵寝，动用劳动力最多时达七十万之巨。如果不知道自己必死，何必如此兴师动众地建造陵墓？

第二，废除谥法。如果知道自己可以万寿无疆，绝对不必废除谥法了，因为不死之帝何言谥法？谥法是对前世君王的评议，不死即不必评议。

第三，强词解释。听到"今年祖龙死"的预言，秦始皇对"祖龙"

一词做了新的解释:"祖龙者,人之先也。""祖龙"即人的先人。如果深知自己不死,何必力避死亡。

第四,大求仙药。秦始皇大求仙药、力求长生在中国皇帝中是出了名的。如果知道不死,绝对不必如此求仙。

第五,先人下世。自己的曾祖父、祖父、父亲一个个去世,才有了自己的即位。如果君王可以不死,哪里有自己的君位。

可见,不可一世、为所欲为的秦始皇也深深懂得死亡对每一个人而言都是不可避免的。这个世界上穷人与富人从来就没有过公平,只有死亡对他们是公平的。既然秦始皇知道有生必有死,那么他在死亡面前还能表现得非常洒脱吗?

秦始皇大规模寻仙求药之时,并没有放弃骊山陵墓的修建。秦始皇十三岁登基后不久就开始修建骊山陵墓,直至其死后才基本告成。秦陵极其豪奢惊人,秦始皇醉心于服药成仙,但也预留了自己的归宿。在生死之间,他依违不决,不知所往。人生注定是短暂的,求仙长生是不可能的。人生最大的成功是死而无憾,而不是追求长生。

秦始皇千方百计地寻求长生,这成了他当皇帝之后一个不懈的追求。当然,秦始皇尚未糊涂到只求长生不问国事的程度,他同时还在治理着这个空前庞大的帝国,但有两件事的处理让他留下了永远的历史骂名。那么,这两件事是什么事?为什么这两件事让秦始皇留下了永世的骂名呢?

请看:焚书坑儒。

焚书坑儒

秦始皇建立了中央集权的大秦帝国，并每天亲自阅读大量的文件，躬身管理着这个庞大的帝国。他的很多政令，后世毁誉参半。但是在两件事情的处理上，他的做法却遭到了后世口同声的谴责。一件是"焚书"，一件是"坑儒"。在中国历史上，焚书坑儒与秦始皇几乎无法剥离。讲到秦始皇的残暴，必讲焚书坑儒；讲到秦朝的二世而亡，必讲焚书坑儒；讲到中国历史上的专制主义，必讲焚书坑儒；讲到中国文化史上的浩劫，也必讲焚书坑儒。秦始皇与焚书坑儒在中国历史上总是联袂出场。那么，这两件事情究竟是怎么发生的呢？我们今天究竟应当怎样评价焚书坑儒呢？

点一把火

秦始皇三十四年（前213），一场盛大酒宴在咸阳宫中举行，七十名博士集体举杯为秦始皇敬酒，这个宏大的场面让秦始皇颇为感动。

首席博士周青臣代表博士们向秦始皇敬献祝词：过去的秦国土地不过千里，偏处西陲，仰仗着陛下您的神灵圣明，平定海内，驱逐胡人。如今，日月所照之处，无不服从大王。往昔的诸侯之地被今天的郡县代替，天下人人安乐，再也不受战争之苦。大秦帝国可以传之万世。自古及今，无人能比得上陛下您的盛名与威德。

虽然知道周青臣光拣好听的话来奉承，但是这番贺词，说的也是事实，秦始皇听了心里自然是美滋滋的。

突然，一声"周青臣，你面谀陛下，是何居心"的斥责从博士方阵传出，随即走出一人。群臣大惊失色。秦始皇正在兴头上，被当头浇了一瓢凉水，忍住怒火一看，此人原来是齐地博士淳于越。

淳于越说：我听说商、周两朝都传承了千年之久，原因是它们大封子弟、功臣作为诸侯，以此辅佐王室。如今陛下拥有天下，但是，大王的子弟却没有尺寸之地。万一出现了像齐国田常那样篡夺姜姓王朝

始皇置酒咸阳宫，博士七十人前为寿。——《史记·秦始皇本纪》

仆射周青臣进颂曰："他时秦地不过千里，赖陛下神灵圣明，平定海内，放逐蛮夷，日月所照，莫不宾服。以诸侯为郡县，人人自安乐，无战争之患，传之万世。自上古不及陛下威德。"——《史记·秦始皇本纪》

权力的大臣，没有诸侯辅佐怎么办？我认为，不效法古人而能长期执政的王朝是没有的。周青臣当面奉承陛下，只能加重陛下的错误，周青臣不是个忠臣。

淳于越朗声讲完上述这番话以后，整个朝堂立时变得静悄悄的。

大臣们都明白，田氏代齐是战国初年齐国的一件大事。齐国始封之君是周朝开国功臣姜太公，所以，齐国国君是姜姓。田氏来到齐国之后，逐渐发展起来。田氏采用小斗进、大斗出的办法收买民心，齐国百姓纷纷奔到田氏门下。田氏势力与日俱增。最终结果是田氏铲除了其他公族的势力，于公元前378年代替姜姓成为齐国国君。这是中国历史上由一家非公族的卿族取代国君的著名事件。淳于越担心秦国不封子弟功臣，将来也会出现类似的事件。淳于越的观点非常明确，就是恢复分封制，这实际上是直接针对秦始皇扩广郡县制而阐发的。

秦始皇听了淳于越的话，觉得淳于越是在反对自己推广郡县制，内心很生气，收起了笑容，由于淳于越危言耸听，牵涉大秦帝国的江山以后是不是姓嬴的问题，于是他强压怒火，对大臣们说：此事交付廷议。

其实，秦始皇发火非常好理解。人们常说"闻过则喜"，但是这个世界上"闻过则喜"的人少之又少，

臣闻殷周之王千余岁，封子弟功臣，自为枝辅。今陛下有海内，而子弟为匹夫，卒有田常、六卿之臣，无辅拂，何以相救哉？事不师古而能长久者，非所闻也。今青臣又面谀以重陛下之过，非忠臣。——《史记·秦始皇本纪》

但凡是个普通人，闻过则怒叫正常，闻过不爽已是修养极高之人了。

丞相李斯第一个站出来据理反驳。李斯针对淳于越的观点，针锋相对，反驳的要点有二：

第一，法后王不当法先王。五帝治理天下的方法不相同，夏商周三代治国的方法也不完全沿袭。这不是五帝、三代有意要标新立异，而是他们所处的时代不同，治国的方法也不相同。如今陛下开创大业，建立万世之功，本来就不是一般愚儒所能明白的。何况淳于越谈的都是夏商周三代的事，怎么值得仿效？那个时代，诸侯相争，广招游士，如今天下大定，法令一统，百姓应当努力种地，士人应当学习法令。

第二，禁私学以灭异说。现在有些人不学今人而只学古人，非议当世，扰乱百姓之心。我斗胆说一句话：古代天下混乱，没有人能够统一天下，所以诸侯之间相互兼并，议古非今，虚言乱实。人们只知道用自己学的东西诽谤君王所立的新制。如今皇帝一统天下，私学非议朝政。一听到皇上的诏令，就议论纷纷，不是心非，就是巷议。谏言只是个名，标新立异才显得高明。如果这种局面不禁止，那么，人们容易结党营私，皇上的尊严就会下降，禁止是上策。

我请求陛下批准：不是秦国史官写的史书全部销毁。不是博士官职务的需要，各地藏匿的《诗》《书》和

五帝不相复，三代不相袭，各以治，非其相反，时变异也。——《史记·秦始皇本纪》

诸子百家之书，全部交到郡守处集中销毁。有敢再藏匿、聚众谈《诗》《书》者一律处死，有胆敢以古非今者灭族。官员知情不报，同罪。令下三十天不烧毁者，受黥刑，罚作城旦（一种刑法，刑期四年，白天守城，夜晚筑城）。医药、卜筮、农家之书不在禁毁之列。今后有人要学法令，就跟着官吏们学习。

秦始皇听了李斯的建议，立即下令说：我看可以。

中国历史上臭名昭著的焚书令产生了。

挖一个坑

秦始皇下达焚书令，导火索是博士们关于分封制和郡县制孰优孰劣的争议。一场政治制度的争论会引发秦始皇下达如此政令，从中可以看出秦始皇是想用暴力手段来控制舆论，进而巩固政权，这可以说是一种愚民政策。这就是发生在秦始皇身上的"焚书"事件，那么，震惊世人的"坑儒"又是怎么回事呢？

秦始皇三十二年（前215），秦始皇开始了他当皇帝之后的第四次大巡游。这一次，秦始皇主要巡视的是北方边地。就是这一次，他遇到了燕人卢生，于是便派卢生出海去寻找仙药，但他不仅没有找到仙药，反而给秦始皇带来了"亡秦者胡也"的谶言。

还是这一年，求仙急切的秦始皇派了韩终、侯生、

臣请史官非秦纪皆烧之。非博士官所职，天下敢有藏诗、书、百家语者，悉诣守、尉杂烧之。有敢偶语诗、书者弃市，以古非今者族。吏见知不举者与同罪。令下三十日不烧，黥为城旦。所不去者，医药、卜筮、种树之书。若欲有学法令，以吏为师。——《史记·秦始皇本纪》

石生等一批方士也去寻求长生不死之药。

三年之后（秦始皇三十五年，前212），找不到仙人的卢生向秦始皇建议隐匿自己的行踪，以免打扰"真人"光临。秦始皇从此以"真人"自称，不再称"朕"。接着发生了秦始皇随从向李斯泄露秦始皇不满他车队的盛大，招致秦始皇将自己评价李斯时在身边的全体侍从统统处死的事件。

焚书和杀死随从两起恶性事件发生之后，侯生、卢生害怕了，他们担心厄运会降临到自己头上，担心自己找不到仙药会受到秦始皇的严厉处罚。于是，他们聚在一起议论朝政和秦始皇，这场议论涉及三个十分敏感的话题：秦始皇的为人，秦始皇的为政，秦始皇的求药。

侯生、卢生认为秦始皇是一个刚愎自用的人，一个自以为功高天下的人，一个只信任狱吏的人，一个以刑杀统治天下的人，一个贪恋权力的人，一个为求仙药滥杀的人。

侯生、卢生对秦始皇的这些评价涉及秦始皇为人的方方面面，而且都是负面评价：刚愎自用、自以为是、专任刑杀、迷恋权力。

说到秦始皇刚愎自用、贪恋权力，侯生、卢生认为他"以为自古莫及己"《史记·秦始皇本纪》。朝中博士七十人，只是个摆设，秦始皇并不信任他们；丞相大臣也是摆设，他们只是奉旨办差，天下之事，事无大小，都必须由皇

特备员弗用。——《史记·秦始皇本纪》

帝一人拍板定案。秦始皇每天用秤称量公文的重量（当时的公文都是书写在简牍之上，简牍较重，因此公文可以称量），秦始皇给自己定的工作量是每天批阅一百二十斤公文，完不成定额不休息，白天晚上都有规定的指标。

他们又说到秦始皇自以为是、专任刑杀。秦始皇专宠狱吏，喜欢通过刑罚杀戮来确立威望，朝中大臣由于害怕丢官被杀，没有人敢于向秦始皇提出不同意见。长此以往，在上位者听不到不同意见而更加自以为是，处下位者欺骗皇上以博取信任。

侯生、卢生的这一番议论，一是保密工作做得不好，二是两个人觉得再待在秦始皇身边就会有生命之忧，之后就不见人影了。他们背后议论秦始皇的话很快被秦始皇知道了，这引发了秦始皇的震怒。

秦始皇发怒情有可原，一是此事发生在焚书事件后的第二年，正是"敏感期"；二是秦始皇斥巨资求仙，最终结果却是一无所得，深感上当受骗；三是方士们的诽谤让秦始皇难以承受。

秦始皇这一怒非同小可，历数方士之罪：韩终这帮家伙不辞而别；徐福花钱万万，最终没有一点音信；卢生接受巨额资助，现在还诽谤朝政。

天下之事无小大皆决于上，上至以衡石量书，日夜有呈，不中呈不得休息。——《史记·秦始皇本纪》

专任狱吏，狱吏得亲幸……上乐，以刑杀为威，天下畏罪持禄，莫敢尽忠。——《史记·秦始皇本纪》

今闻韩众去不报，徐市等费以巨万计，终不得药，徒奸利相告日闻。卢生等吾尊赐之甚厚，今乃诽谤我，以重吾不德也。——《史记·秦始皇本纪》

上不闻过而日骄，下慑伏谩欺以取容。——《史记·秦始皇本纪》

于是，秦始皇下令逮捕在京城咸阳的诸生，并派人私下访查。秦始皇为此事定了一个基调："或为妖言以乱黔首。"《史记·秦始皇本纪》这句定性的话分量极重！这意味着侯生、卢生的议政与逃亡已经被定性为针对大秦帝国的妖言惑众罪。

接下来是大逮捕、大审讯，被捕诸生又相互揭发，牵连了四百六十人。

秦始皇将这四百六十人全部活埋，并通告天下，引以为戒。

皇长子扶苏向秦始皇进谏：天下刚刚平定，远方百姓尚未宾服。诸生都是诵读孔子书的读书人，皇上用重典加以惩罚，恐怕会引发天下的不安。这番话秦始皇当然听不进去，扶苏还因此被秦始皇派往北方到蒙恬长城军团担任监军，这等于是贬出京城。

这就是中国历史上赫赫有名的"坑儒"事件。

始皇长子扶苏谏曰：『天下初定，远方黔首未集，诸生皆诵法孔子，今上皆重法绳之，臣恐天下不安。唯上察之。』——《史记·秦始皇本纪》

焚不尽的思想　坑不完的怨恨

秦始皇通过"焚书""坑儒"这两件大事，在极短的时间内迅速统一了思想，控制了舆论，造就了包括思想在内的大一统的历史格局。但是，"焚书坑儒"一直被作为秦始皇残酷暴戾的凿凿证据，被后世天下文人唾骂了两千余年，以至于今天一想到这个历

始皇怒，使扶苏北监蒙恬于上郡。——《史记·秦始皇本纪》

史事件，有人仍然耿耿于怀，恨不能掘墓鞭尸，恨不能穿透两千多年的时空，对秦始皇敲骨吸髓。这种仇恨实际上是后来的文人们潜意识里面的集体恐惧。不过，如果要评价一个历史事件，最好从该事件产生的后果的客观角度来评价，而不要采用道德或者感情这样的主观标准。那么"焚书坑儒"的历史后果是什么呢？

第一，焚书的后果。

一是开了愚民统治先河。

秦始皇焚书的恶果不仅仅在于他烧毁了大量先秦典籍，更重要的在于秦始皇开了一个极其恶劣的头——用暴力推行愚民统治和控制舆论。对于秦始皇来说，这是他实行个人独裁统治的必然举措，但是对于整个封建社会而言，秦始皇用暴力对天下百姓进行愚民统治是一个可怕的开端。

二是焚书令不能解决分封制与郡县制之争。

焚书令的导火索只是朝堂之上有关分封制与郡县制孰优孰劣的一场争辩。分封诸侯的危害在未来，实行郡县制的危机在当前。分封诸侯到了若干代之后会出现诸侯之间血缘关系疏远而相互杀夺的恶果；实行郡县制的危机在于一旦出现暴乱就会出现无人勤王的严重局面。所以，分封制与郡县制二者各有利弊。秦始皇当年统一天下之初，朝堂上就曾因立封国还是设郡县发生过争论，但是，因为秦始皇立场鲜明地支持主张郡县制的李斯，所以，郡县制才在全国范围内推行。可是，这一争论并没有因为全国已经普遍实行了郡县制而宣告结束，以淳于越为代表的儒生仍然坚持分封制，是因为他们认为只有实行分封才能巩固政权。

淳于越是秦始皇时代坚守政治底线的秦朝博士的代表。这些坚守自己政治底线的博士们没有因为秦始皇主张郡县制而屈服，他们坚持自己的主张，坚信分封制是保证大秦帝国长治久安的正确制度。

秦始皇对博士相当重视，在朝廷设博士七十人，这在中国历朝历代中都是博士人数最多的。但是，秦始皇建立"一人"政权，实行皇帝制度，虽然他广蓄博士，然而，一旦在政治制度的层面上双方发生冲突，秦始皇就不会听从博士们的意见。

秦始皇不采纳博士们的意见也不是大事。问题出在秦始皇不听从博士们的意见，却采纳了李斯的建议，下达了焚书令。秦始皇没有处罚淳于越，这是他的明智；但是，秦始皇妄图用焚书的办法杜绝博士们提意见，杜绝天下人对政治的评议，却是最愚蠢的办法。

三是中国历史上大多数士人都反对焚书。

我们不妨看两首古诗，看看古人是怎么看待秦始皇的焚书令的。唐人章碣有《焚书坑》诗：

> 竹帛烟销帝业虚，关河空锁祖龙居。
> 坑灰未冷山东乱，刘项元来不读书。

此诗首句的"竹帛"代指书，秦代的书都写在竹简、木牍之上，所以"竹帛"就代表了书。"烟销"，指书已被焚。"帝业虚"，指焚书的结果并不像秦始皇所想象的那样能够愚民，反而使大秦帝国的基业受到极大伤害。

　　第二句中"关河"，指江山。"空锁"，指白锁。"祖龙"，指秦始皇。全句说秦始皇千方百计地防范天下的读书人，结果只蒙蔽了他一个人，使他误以为焚书愚弄了天下百姓，其实，一点作用都没有。

　　第三句中"坑灰未冷"，指焚书不久。秦始皇在公元前213年 (秦始皇三十四年) 下达焚书令，三年之后 (前210) 秦始皇死去，四年之后 (前209) 秦末大起义爆发。"山东乱"，指天下大乱。

　　第四句中"刘项"，指刘邦、项羽。"元来不读书"，讽刺秦始皇的愚民政策失败。

　　全诗讥讽秦始皇焚书大搞愚民政策，企图让秦王朝万世永存，但是，没有想到最终推翻秦朝的刘邦、项羽根本就不读书，焚书对他俩完全不起作用。秦朝焚书，搞文化专制，最终却是被不读书的刘邦、项羽所推翻。真是"人算不如天算"！

　　还有一首无名氏写的《焚书坑》诗：

　　　　焚书只是要人愚，人未愚时国已墟。
　　　　惟有一人愚不得，又从黄石授兵书。

　　秦始皇焚书本来是要实行愚民政策，结果人未愚而国已灭。因为秦始皇禁锢整个天下的人不读书，却挡不住"一人"不愚，这个人就是刘邦手下最有名的谋士张良。张良从黄石公那里得了兵书，知道如何用兵天下。仅此"一人"足以置秦帝国于死地。

　　从后人两首焚书诗来看，秦始皇的焚书丝毫没有阻挡秦帝国的灭亡，只留下了一个两千多年来为人讥笑的话柄，一个引人深思的历史教训：愚民不能巩固统治。

第二，"坑儒"之说不准确。

"坑儒"在司马迁的《史记·儒林列传》中被称作"坑术士"。这里的"术士"是指儒生之中主张阴阳五行的一批人。

东汉王符的《潜夫论·贤难》也称："此亡秦之所以诛偶语而坑术士也。"王充把"焚书"称为"诛偶语"，把"坑儒"称为"坑术士"。

"术士"是方术之士，"儒生"是儒家士人，这两个概念有联系也有区别。"术士"也读儒家经典，但是，"术士"更多是精通方术。卢生、侯生都是为秦始皇寻求仙药的方术之士，并不是纯儒。

所以，从这层意义上来讲，"坑儒"的叫法并不准确。

班固的《汉书·郊祀志》载："始皇封禅之后十二年而秦亡。诸儒生疾秦焚《诗》《书》，诛灭文学，百姓怨其法，天下叛之。"

班固说的"文学"是指"文章学术"，基本上相当于"儒生"，但是，班固仍未用"焚书坑儒"之说。

《汉书·儒林传》言："及至秦始皇兼天下，燔《诗》《书》，杀术士。"

可见，汉代多数学者认为秦始皇的"坑儒"是坑术士，而不是儒生。应当说，这是一个比较客观的说法。

到了魏晋时期的伪《古文尚书》中《尚书序》，才

及至秦之季世，焚诗书，坑术士。——《史记·儒林列传》

正式出现了"焚书坑儒"一词:"及秦始皇灭先代典籍,焚书坑儒,天下学士,逃难解散,我先人用藏其家书于屋壁。"

南北朝时期刘宋时代范晔的《后汉书·陈蕃传》又一次用了"坑儒"之说:"伏见前司隶校尉李膺、太仆杜密、太尉掾范滂等,正身无玷,死心社稷。以忠忤旨,横加考案,或禁锢闭隔,或死徙非所。杜塞天下之口,聋盲一世之人,与秦焚书坑儒,何以为异?"

另外,侯生与卢生议论秦始皇时,特意说明当时咸阳"候星气者至三百人",可见京城咸阳的术士之多。

第三,"坑儒"新说不可信。

秦始皇坑术士是据《史记·秦始皇本纪》推论出的,这是最原始也最可靠的依据。但是,关于"坑儒"还有一说。据东汉卫宏记载,秦始皇将古文字改为小篆和秦隶,担心天下读书人不服从。于是,召集天下的读书人到京城,先封为郎（侍从），再秘密派人在骊山有温泉的地方种瓜。由于地下温暖,冬天长出了瓜,秦代没有塑料大棚但仍能生瓜,这在当时可是一大奇闻。秦始皇借机诏天下博士讨论冬天长瓜一事,博士们议论纷纷,争执不下,秦始皇趁机派博士们前往骊山实地考察。当博士们在骊山山谷的一块瓜地实地考察之时,秦始皇暗令从山上往谷中填土,七百多位博士全部被活埋于骊山山谷之中。

秦改古文以为篆隶,国人多诽谤。秦患天下不从,而召诸生到者皆拜为郎,凡七百人。又密令冬月种瓜于骊山硎谷之中温处,瓜实,乃使人上书曰:『瓜冬有实。』有诏天下博士诸生说之,人人各异,则皆使往视之,而为伏机。诸生方相论难,因发机从上填之以土,皆终命也。——《书蔡氏传旁通》

后来，唐人颜师古为《汉书》作注，唐人张守节为《史记》作注（《史记正义》），唐人章怀太子李贤为《后汉书》作注，唐人李善为《文选》作注，都不约而同地引用了卫宏的说法。可见，东汉卫宏的"坑儒"新说在唐代极为盛行。

两种"坑儒"说差别很大。《史记》记载的"坑儒"是因方士欺骗秦始皇，引发秦始皇大怒而捕杀术士。卫宏新说则是秦始皇担心统一文字引发读书人的不满，所以设计将天下读书人骗至京城杀死。两说的起因不同，实行坑杀的心理状态也不同。本为事实的原说在唐代反为卫宏的新说所代替，并且广为流传。这说明唐代之后，秦始皇的坑术士遭到了空前的社会批判。

胜利者的正义

那么，我们应该如何评价"焚书坑儒"呢？

从正面来看，"焚书坑儒"其实是思想领域统一的一场政治运动。秦始皇灭掉六国之后，在政治上废除了分封制，推行郡县制；在文化上用小篆字体统一了文字；在经济上统一货币、度量衡。这些政治、文化、经济措施是国家统一的根本要求。但是，战国时期的百家争鸣状态仍以它的惯性而存在，大秦帝国仍然没有形成思想领域的统一。从长远来看，只有思想统一了，才能保证政治、经济、文化等领域内的统一措施更加有效。而当时盛行的儒家和法家两家思想，相较而言，儒家是保守的，秦始皇统一后采取的各种措施都是创新的，是新事物，不符合儒家的理念，因此众人对其议论纷纷，而当时六国的贵族也想借着儒家的思想恢复周朝的分封制，从而取得失去的权势。因此，对于刚刚统一的秦朝来说，统一思想就是维护大一统的关键措施。淳于越咸阳殿上的发难、几个术士的欺骗诽谤行为让秦始皇找到推行思想运动的借口与切入点，一场统一思想的文化运动由此上演了，手段虽然过于激烈，对待诸生也太残酷，但在短时间内思想上迅速取得了统一。

焚书事件是有目的的文化专制手段，"坑儒"事件虽然带有冲动性，但是，以屠杀来控制舆论是更典型的文化专制手段。淳于越的过错在于他把秦始皇当成了秦王赵政，以自己的"道"去碰撞秦始皇的"势"。这说明秦朝博士们还没有来得及适应秦始皇的文化专制。

其实，秦始皇并没有真正打算消灭儒家，"焚书坑儒"一事在一定程度上都被放大了。汉代儒生的过秦思潮，经学家对典籍被毁的愤怒，都是原因。

在所有古代文献记载中，汉代的王充在他的《论衡·语增》中最早而真实地记录了秦始皇"焚书坑儒"一事：

燔诗书，起淳于越之谏；坑儒士，起自诸生为妖言，见坑者四百六十七人。传增言坑杀儒士，欲绝诗书，又言尽坑之，此非其实，而又增之。

对于秦始皇"坑儒"的人数，历史上曾有过不同记载，有七百多人、四百六十七人、四百六十四人、四百六十人等不同说法。

但是，秦始皇不论以什么为理由杀戮，不论人数是多少，有一点我们可以肯定：每一个数字背后都是一个鲜活的生命，都是一个活生生的人。秦始皇为这些人定罪只是胜利者的正义而不是正义的胜利。

"坑儒"的意义不在于诛杀了多少术士，而在于向天下昭示了大秦帝国的文化政策取向，昭示了大秦帝国文化专制的既定国策。大秦帝国虽然仍保留了博士官，但是战国时代百家争鸣、处士横议的气象却从此消亡殆尽。

历史往往与统治者的初衷背道而驰。秦始皇焚诗书、坑术士，强制推行文化专制与愚民政策，本来是为了巩固大秦帝国的统治，结果却让绝大多数读书人站到了大秦帝国的对立面，进一步失去民心，为大秦帝国的最后灭亡又增添了一个强大的助力。所以，陈胜、吴广反秦大起义时，众多读书人纷纷投身反秦斗争之中，成为推翻秦帝国的一支重要力量。这是秦始皇始料未及的。

在巨大反秦力量集聚的同时，秦始皇的健康状况却每况愈下。那么，秦始皇将怎样在历史舞台上演他人生的闭幕式呢？

请看：秦始皇之死。

秦始皇之死

通过焚烧诗书、坑杀术士，秦始皇清除了思想文化上对专制集权统治的不利因素，至此秦始皇已经建构了一个高度集权的大秦帝国。一生追求集权的秦始皇终于没有了后顾之忧。尘埃落定后，此时年近半百的秦始皇，考虑更多的是如何长生不老，尽享万世之尊。然而，一连串怪异事件的发生，让秦始皇坐卧不安、心神不宁，为了避凶趋吉，秦始皇在四十九岁的时候开始了他人生的第五次大巡游。巡游的原本目的是追求长生不老，没承想自己却由此走向了不归路，并引发了一起千古疑案——秦始皇命丧沙丘，撒手人寰。那么，秦始皇的这次巡游究竟是在怎样的背景下发生的? 秦始皇为什么会蹊跷地死在巡游途中呢?

一年之内　三件怪事

中国历史上的历代帝王对天象都极为重视，因为他们都认为天象表达了天意。在众多天象中有两种备受关注：一是五星连珠，二是荧惑守心。

什么是五星连珠呢？五星连珠是金、木、水、火、土五颗星排成一条直线，这被看成是最吉利的天象。

史书记载刘邦登基那年曾经出现五星连珠的天象。现代天文学家利用计算机推演，证明五星连珠发生在刘邦继位的第二年——史学家也为刘邦制造吉利，真是匪夷所思。根据计算机的推演，中国历史上还有两次五星连珠没有得到记载，一次发生在吕后称制时期，一次发生在武则天称帝时期。因为史学家不想让五星连珠证明女主也是顺应天命的，所以，即使出现五星连珠也不记载。

最不吉利的天象是什么？荧惑守心。

什么叫"荧惑守心"呢？中国古代把"火星"称作"荧惑"，二十八宿中的"心宿"简称为"心"。"心宿"就是现代天文学的"天蝎座"，主要由三颗星组成。当火星运动到天蝎座三颗星的附近，并在那个地方停留一段时间，就出现了中国古人常说的"荧惑守心"的天象。这种天象为皇权做出的解释是，天蝎座的三颗星（心宿）中最亮的一颗代表皇帝，旁边两颗，一颗代表太子，一颗代表庶子。

这种天象为什么会被认为是不吉利的呢？

中国古代的天文学叫作星占学。星占学最重要的任务是为皇权服务，并因此设立了占星官，皇帝设此官位只是为皇帝服务。"荧惑守心"的出现在古人看来就意味着轻者天子要失位，重者皇帝死亡。

我们可以看史书记载的一个西汉末年的例子。

绥和二年（前7）仲春，有人向汉成帝的丞相翟方进报告出现了"荧惑守心"的天象。翟方进看到奏本，非常为难，不知道如何是好。占星官上奏汉成帝，说天象告变，国运有厄，如果不移祸大臣，恐怕国家将有危难。汉成帝真信这事儿，看到报告后非常惊慌，不多加思虑便决定移祸于丞相。皇帝为了保全自己一向不择手段，再说，丞相是移祸的首选。

于是，汉成帝立刻召翟方进上朝，斥责他为相多年，不能调理好阴阳，导致天象变异。翟方进回到家中，惶惶不可终日，他虽然知道这次难逃一劫，但还存有一丝侥幸之心。可是，汉成帝早已铁了心要拿他做替罪羊。第二天一早，汉成帝便派人给翟方进送去诏书，说：本来我认为你清明、勇敢，希望你能治理好国家，但是十年为相，却给国家带来了灾难。你这样的丞相怎么能够辅佐我治理天下？念你为国奉献多年，我不忍心罢你的官，希望你能忧国如家。汉成帝又赐给他好酒、黄牛。按汉朝惯例，皇帝赐给大臣牛和酒，即是赐死。翟方进知道了皇上的用意，又没有办法可以破解，只好饮鸩自杀。翟方进自杀之后，汉成帝才放宽了心，赶忙发布消息说，丞相暴病而死，下令厚加抚恤。汉成

方进忧之，不知所出。——《汉书·翟方进传》

观君之治，无欲辅朕富民便安元元之念。——《汉书·翟方进传》

帝还多次亲自到翟方进家中进行吊唁。他认为从此之后国运可以亨通，自己也可以天命永固了。但是不到一年，这个嫁祸于人的汉成帝也暴毙而死。

嫁祸于丞相都不能避免皇帝死亡的事实更让帝王们感觉"荧惑守心"极为可怕。这当然是秦始皇以后的事情，秦始皇是不知道的。但是，天象的变化对皇帝影响极大，也是举国关心的大事情。

秦始皇三十六年（前211），一连发生了三起让秦始皇非常郁闷的事件。

第一件事就是"荧惑守心"。《史记·秦始皇本纪》的记载是"三十六年，荧惑守心"。秦始皇得知这个消息甭提多闹心了！

第二件事是陨石事件。秦始皇三十六年，一颗流星坠落到了东郡。东郡是在秦始皇即位之初吕不韦主政时攻打下来的，当时此郡是齐、秦两国的交界地。现在早已是大秦帝国的一个东方大郡。陨石落地不可怕，可怕的是陨石上面刻的字——"始皇帝死而地分"。这七个字非同小可！这代表了上天的意旨，预示着秦始皇将死，同时也预告了秦帝国将亡。

出现了这种事情，地方官哪敢怠慢？消息像长了翅膀一样，迅速传到了秦始皇耳中。秦始皇当然震惊不已，立即派御史到陨石落地处逐户排查刻字之人，结果一无所获。愤怒的秦始皇下令：处死这块陨石旁所有

方进即日自杀。上秘之，遣九卿册赠以丞相高陵侯印绶，赐乘舆秘器，少府供张，柱槛皆衣素。天子亲临吊者数至，礼赐异于它相故事。——《汉书·翟方进传》

黔首或刻其石曰：『始皇帝死而地分。』始皇闻之，遣御史逐问，莫服，尽取石旁居人诛之，因燔销其石。——《史记·秦始皇本纪》

的人家，并立即焚毁这块刻字的陨石。人死了，石焚了，但是秦始皇心中的阴影并没有随之而去。

第三件事是沉璧事件。这年秋天，又发生了一件不可思议的事。一位走夜路的使者从东回咸阳经过华阴，突然有一个人手持玉璧将其拦住。他对使者说：请你替我把这块玉璧送给滈（hào）池君，还对使者说：今年祖龙死。使者莫名其妙，急问他是什么意思。但是，这个奇怪的人留下玉璧，没做任何解释，转眼就消失在夜幕之中了。稀里糊涂但也感觉不妙的使者带着玉璧回到咸阳，立即向秦始皇做了汇报。秦始皇听后，第一反应就是这句话中的"祖龙"指的是自己，他沉默了好一会儿，才说：山鬼至多知道一年之事。退朝之后，秦始皇对别人说："祖龙"是指人的祖先。听起来似乎口气很硬，其实已有无可奈何之感了。然后，他派人将使者捎回来的玉璧送御府去察验，鉴定的结果竟然是秦始皇二十八年（前219）他巡游渡江之时，祭祀水神而投到江水中的那块玉璧。十年前祭祀水神的玉璧怎么又会被一个不明身份的人给送回来了呢？

使者奉璧具以闻，始皇默然良久，曰：『山鬼固不过知一岁事也。』退言曰：『祖龙者，人之先也。』——《史记·秦始皇本纪》

凡事最怕祸不单行。一年之中连续发生三件怪事，闹得秦始皇心里非常郁闷。他为这些事专门举行了占卜，得出的结果是出巡和迁徙百姓才能趋吉避凶。于是，秦始皇下令迁移三万户人家到北河、榆

于是始皇卜之，卦得游徙吉。——《史记·秦始皇本纪》

中地区，并且给每位迁徙户赠了一级爵位。

这三件事都明明白白记录在《史记·秦始皇本纪》之中。

逃不掉的宿命

公元前210年，秦始皇第五次巡游的庞大车队从北边（九原郡，治今内蒙古包头市）向南沿着直道快速向咸阳前进。这个车队有两大特点：一是车队中有数十辆外形上完全一样的豪华车，二是这数十辆豪华车散发着一股刺鼻的臭味。原来，这些车中有几辆车装满了发臭的鲍鱼，另外一辆豪华车装载着一具已经发臭的尸体。尸臭和鱼臭相互混合，弥漫在整个车队之中。随行人员中只有几个人知道这具尸体是谁，多数大臣和众多随行人员对这个车队的秘密完全不知道，还以为秦始皇想吃臭鲍鱼呢！谁都没有想到，这具已经腐烂发臭的尸体，就是中国历史上鼎鼎大名的秦始皇的尸体。秦始皇生前无论如何也没有想到，他的人生闭幕式竟然是几车臭鲍鱼伴随着！这到底是怎么回事呢？

原来，天现"荧惑守心"的凶象，天降陨石并刻有秦亡的谶语，十年前祭水神沉河的玉璧被莫名其妙地送回，并带来了"今年祖龙死"的预言，这一连串的事件让秦始皇非常郁闷，通过占卜得出，只有迁徙百姓和巡游，才能化凶为吉。秦始皇三十七年（前210），他开始了一生中的第五次大巡游。由于有了前一年三桩怪事为背景，这次大巡游已经成为秦始皇拯救自己生命的一次非同一般的大事件。这次巡游并非刻意要做什么，只为了趋吉避凶。

左丞相李斯是秦始皇的亲信，自然要陪他出巡，右丞相冯去疾不能再离京，于是奉命留守京城。秦始皇的小儿子胡亥平日深受父皇喜爱，要求陪父皇出游，秦始皇答应了——这小子倒是挺会赶机会的。

少子胡亥爱慕请从，上许之。——《史记·秦始皇本纪》

· 这次出巡，从秦始皇三十七年十月出发，到第二年七月，前后长达九个月。这九个月中，秦始皇南到浙江钱塘，在会稽祭奠了大禹，刻石颂德，当然是歌颂大秦帝国和自己的丰功伟业。然后北上到达琅邪（今山东青岛市黄岛区）。

渴求长生是人类永恒的追求。秦始皇在琅邪接见了一去九年无音信的徐福。尽管秦始皇在两年前（秦始皇三十五年）坑术士之时曾经痛骂徐福花钱多而没办成事，但是，徐福不像卢生等人一样逃走，而是主动来拜见秦始皇，向他说明自己没有找到仙药的原因是有大鱼作祟，要秦始皇派出神射手帮他除掉大鱼，就可以得到长生不老仙药。秦始皇不但没有杀徐福，反而认为徐福的话有道理，答应了他的全部要求。而且，秦始皇沿海前行时自己还亲自射死了一条大鱼。

但是，到达平原津（今山东平原县西南）时，秦始皇突发重病。

至平原津而病。——《史记·秦始皇本纪》

中国古代文献中的"病"与现代汉语中的"病"概念不一样。一般较轻的病，在古代文献中只称"疾"，只有重病才称"病"。所以，"至平原津而病"是说秦始皇走到平原津时得了重病。"上病益甚",等于说已经给秦始皇下了"病危通知书"。此时秦始皇自己已经感到有些不妙,这才写了加盖玉玺的诏书给公子扶苏,召长子扶苏回咸阳主持丧葬。《史记·李斯列传》记载得更详细:

> 其年七月,始皇帝至沙丘,病甚,令赵高为书赐公子扶苏曰:"以兵属蒙恬,与丧会咸阳而葬。"书已封,未授使者,始皇崩。书及玺皆在赵高所,独子胡亥、丞相李斯、赵高及幸宦者五六人知始皇崩,余群臣皆莫知也。

秦始皇在病危之时,特意让赵高草拟了一封给长子扶苏的诏书,要他将兵权交给蒙恬,赶往咸阳主持丧葬。但是,诏书写完还没有来得及封口交给使者,秦始皇已经撒手人寰。这封诏书和秦始皇的玉玺都由赵高保管。此事只有胡亥、李斯、赵高和几名贴身宦官知道。

然而,加盖了皇帝玉玺的诏书并没有及时交给使者发走,而是留在了中车府令、行符玺事的赵高手里。"中车府令"是皇帝专用车队的队长,专管皇帝的车马出行,这是与皇帝极亲近的人才能担任的官职。官名上加"中"字,意味着他可以出入皇宫。"符"是皇帝调兵的符节,"玺"是皇帝诏书上加盖的玉玺,"行符玺事"是专管皇帝调兵符节与玉玺的官,这个职位肯定是最受皇帝信任的人担任。赵高一个人兼任了两个极其重要的职务,说明秦

乃为玺书赐公子扶苏曰:『与丧,会咸阳而葬。』——《史记·秦始皇本纪》

始皇对赵高非常信任。

整个巡游的车队并没有因为秦始皇的病危而停下来，而是继续西行。走到沙丘（今河北广宗县）平台，秦始皇驾崩。司马迁以寥寥两行文字简单叙述云：

七月丙寅，始皇崩于沙丘平台。《史记·秦始皇本纪》

这一年（秦始皇三十七年，前210）秦始皇实际上才四十九岁，但是古人多以虚岁计数，所以人们常常称秦始皇五十岁病故。

对于一个刚刚创立才十二年的庞大帝国来说，皇帝病故无疑是一件天大的事。

秦始皇怎么死的？刚刚四十九岁的男人应当是非常健壮的，而且秦始皇的身体应当不错。当年荆轲行刺之时，他在大殿上一路狂奔，简直就像是一位训练有素的短跑运动员。怎么会突然死亡了呢？

《史记》的记载非常简单。秦始皇在平原津突发重病，这让秦始皇身边的大臣们感到秦始皇可能有死亡之虞，但是，秦始皇最讨厌大臣们说到他的死。所以，谁也不敢向秦始皇提到"死"这个字。这意味着大臣们不会因为死神的临近而对秦始皇身后之事提前做好准备。到了病危之时，秦始皇才感觉不对，赶快写诏书让扶苏入京主持丧事，但诏书还是没有迅速发出。

始皇恶言死，群臣莫敢言死事。——《史记·秦始皇本纪》

由于记录秦始皇死亡的唯一文献《史记》中没有对他的病况加以记载，我们今天完全不知道秦始皇得了什么病，他到底怎么死的仍然是个谜。

众说纷纭的死因

千古一帝秦始皇，兼并六国，统一天下，建立了高度集权的大秦帝国，但最终也只能与平民一样，无法逃脱死神的魔掌。人终有一死，但秦始皇死得蹊跷、古怪，匪夷所思。首先，秦始皇的死因在史书中并没有明确记载。其次，秦始皇死的这个地方充满神秘色彩，相传沙丘宫原本是殷纣王豢养禽兽之处，这个地方四面荒凉，宫室空旷深邃，发生不测的可能性很大。因此，从古至今，围绕着秦始皇的死因，人们众说纷纭。

关于秦始皇的死因，目前主要有两种说法：

一是病死说，二是谋杀说。

先说病死说。这在文献中有确切的记载。有学者认为秦始皇的长相就显示出他自幼有病，最终也因病而死。

秦始皇的长相在史书中只有尉缭见秦始皇时有一段描述，这段描述贬意甚明："秦王为人，蜂准，长目，挚鸟膺，豺声。"《史记·秦始皇本纪》"蜂准"，有人说是高鼻梁，有人说是马鞍形鼻梁。"长目"，大眼睛。"挚鸟膺"，有人说是鸡胸，有人说是老鹰般的胸。"豺声"，豺狼一样的声音，也有人说是支气管炎形成的声音。

笔者认为，秦始皇并不是一个先天有病的人。第一，当年荆轲刺秦王时，他在慌乱之中绕柱而逃，犹如百米竞赛，假如他有先天性支气管炎，绝对跑不快，即使快跑也是没两步就气喘吁吁。第二，秦始皇武功高强。当时秦始皇砍伤了荆轲一条腿才得以最终杀死荆轲。按常理，太子丹绝对不会找一个不通武功的人来行刺，所以，荆轲的武功肯定不一般，可能是全国最顶尖的高手。一个武功如此高强之人都不是秦始皇的对手，可见其功底之深厚，身体素质自然也不差。

所以，自幼有病说不可信。

那有没有可能是因累致病而死的呢？

可能性是有的。秦始皇是个过劳皇帝。秦始皇的过劳缘于三点：

一是批阅公文。

前文提到，秦始皇每天批阅的公文要满一百二十斤才达标。秦制一斤是二百五十克，所以，一百二十斤合今六十斤，工作量很大，看不完不休息。可见秦始皇非常勤政。当然，秦始皇勤政是为了独揽大权，事无巨细，事必躬亲，防止大权旁落。后世大多数的皇帝都受不了这个苦，有的甚至干脆不上朝，最有名的是明朝的嘉靖帝。秦始皇是中国历史上第一个皇帝，他创立了中央集权制，又无前例可援，只好全自己担着。这么劳累，岂能不折寿？

天下之事事无大小皆决于上，上至以衡石量书，日夜有呈，不中呈不得休息。——《史记·秦始皇本纪》

二是巡行天下。

秦始皇是个巡游皇帝。他当政十二年，曾五次大巡游。巡游辛苦与否，取决于四点：一是路况，二是车况，三是时间，四是季节。秦始皇巡游天下之时虽然有了当时最先进的路——驰道，但是，秦代的驰道与今天的高速公路完全不能相比。在驰道上行走，颠沛之苦不言而喻。交通工具也是一大问题，那个时代，即使是专供皇帝乘坐的最豪华的车也不能与今天的豪华轿车相比，更不能和安全稳定的专列、动车组相媲美，坐这种车出巡，颠簸不停，肯定辛苦。

秦始皇每次巡游的时间之长更是有史记载。秦始皇的第五次出游，从出发到病故长达九个月。这么长的时间在外巡游，鞍马劳顿必不可免。

三是后宫太多。

秦始皇的后宫宫女达万余人。他有二十多个儿子，至少有十位公主。这样推测，秦始皇的房事一定较多。这也可能大大有损他的健康。

还有一种观点认为秦始皇病死与遗传基因有关。秦始皇家族的长寿基因不高。其曾祖父秦昭襄王七十六岁下世，是个长寿之人。祖父秦孝文王正式继位三天就下世了，年龄应在五十多岁，至多是"奔六"。其父异人继位三年去世，异人在秦孝文王诸子中位次居中，所以，他下世年龄应当在四十岁左右。可见，除了秦始皇的曾祖父昭襄王，秦始皇家族的寿命都不太长。遗传致病是有这种可能的。

另外，不排除高温致病的可能。秦始皇这次出巡，是从头年十月到第二年七月。六七月份正是高温酷暑时期，天气炎热。气温高，加上长途奔波的辛苦，增加了发病的概率，一旦发病又极易加剧病情的恶化。

再说谋杀说。

虽然我们细致地分析了秦始皇病死说的各种可能，但是也有人认为，即使以上诸因素并发，促使他在途中生病，但突然一命呜呼还是令人怀疑。秦始皇并不像历史上有些封建帝王那样体弱多病。遍查史籍，也没有发现他患有任何疾病的记载，而且他的身体一向健壮，不会因为一次生病就命丧黄泉，这里面也许隐藏着谋杀的可能。如果是谋杀，那么究竟谁最有可能谋杀秦始皇呢？

有三个嫌疑人：一是胡亥，二是赵高，三是李斯。

郭沫若曾经写过一篇历史小说《秦始皇之死》，描述秦始皇在平原津渡黄河时，癫痫发作，后脑撞到了青铜冰鉴上，加剧了脑膜炎的病发，陷入昏迷；车赶到沙丘，住了一夜，第二天，赵高、李斯发现秦始皇已死，右耳流着黑血，右耳孔内有一根寸长的铁钉。他的这篇小说表达出秦始皇的死属于谋杀。那么是谁谋杀了秦始皇呢？小说中认为是胡亥。因为胡亥得知秦始皇立遗诏封长子扶苏为继承人，心中十分不满，所以下此毒手。

谋害秦始皇的另一位元凶疑是赵高。秦始皇病危时诏书、玉玺都留在他最信任的赵高手中，君位继承的决定权也取决于赵高和李斯的倾向。假使胡亥弑父，如果没有赵高、李斯配合，胡亥不仅得不到皇位，反而会自取灭亡。所以胡亥即使想弑父，他能不能继位也还得取决于赵高。赵高常常随侍秦始皇左右，下手的机会比胡亥多得多。

实际上，也有可能是李斯。因为李斯担心在秦始皇死后自己的禄位不永，所以想拥立一位公子为皇帝，有了拥立之功就可以永保禄位。

但是，上述谋杀诸说纯属猜疑，既无文献记载，又无出土文物佐证，仅存的一线根据是逻辑推理。但是，这些推理都是依照秦始皇死后胡亥、赵高、李斯的表现倒推出来的。笔者认为这些猜疑之说可能性都不大。赵高确实在秦始皇死后发挥了极大的作用，左右了秦国的政局，但是，那一切都发生在秦始皇下世之后，如果秦始皇尚在世，赵高就要对其下手，一是办不到，二是他也未必敢这样做。

对于秦始皇之死，民间有更多的说法。如说秦始皇东巡，发孔子墓，看到墓冢内写着："后世一男子，自称秦始皇。上我堂，跃我床，颠倒我衣裳，行至沙丘而亡。"《渊鉴类函》卷一百八十三注文

南朝的志怪小说《异苑》也有类似的记载：

秦世有谣曰："秦始皇，何僵梁。开吾户，据吾床。饮吾酒，唾吾浆。飧吾饭，以为粮。张吾弓，射东墙。前至沙丘，当灭亡。"始皇既坑儒焚典，乃发孔子墓，欲取诸经传，圹既启，于是悉如谣者之言。又言谣文刊在冢壁，政甚恶之，乃远沙丘而循别路，见一群小儿辇沙为阜，问，云："沙丘。"从此得病。

这歌谣传到秦始皇耳朵里，他自然是非常不爽，于是在巡游途中，特意嘱咐，见了沙丘绕道而过。最后始皇帝病入膏肓之时，前方

有一群小孩在玩耍，挡住了他的道路。秦始皇命手下去询问这群孩子：你们在玩什么啊？孩子们回答：我们在玩沙丘呢！原来这群孩子正在做堆沙丘的游戏。始皇帝一听，到底还是没有躲过百姓的诅咒，遂两腿一蹬，就此呜呼哀哉了！

当然，民间的这些说法都是无稽之谈，反映的是普通老百姓对秦始皇暴政的诅咒和对秦始皇的仇恨。秦始皇在统一天下之后，志满气骄、凶暴残忍、酷法严刑。无休无止地征调赋税和夫役，修长城、建宫殿、筑陵寝、开边戍守，使刚刚脱离战乱之苦的广大农民又陷入疲于奔命的劳役之中。因此，民间传唱这些歌谣是很自然的。但说秦始皇听到这些歌谣、预言，心胸郁结而病死，这当然不可信。不过，《史记·秦始皇本纪》记载的天现凶象、沉璧复返、陨石降落的事情，肯定对秦始皇的心理有重大影响，如果秦始皇真的是病死的，那么这些怪事造成的心情郁结或许加速了其死亡的速度。

无论如何，秦始皇最终匆匆走完了他的一生。但是，秦始皇死前犯了一个巨大的错误，就是他没有立皇后，也没有立太子，甚至连传位给扶苏的诏书都没有及时发出。皇帝已经死了，左右之人为什么秘不发丧？

请看：秘不发丧。

历史最怕意外，但是，历史往往充满着意外。秦始皇巡游途中的意外离世让随从人员慌了手脚，让手握大权的丞相李斯非常犯难。秦始皇之死形成了大秦帝国瞬间的权力真空，在新的接班人正式确立之前，他遇到的第一个大难题就是要不要立刻公布这一消息。李斯是怎么做的呢？据《史记·李斯列传》的记载，秦始皇仙逝之后，主政的丞相李斯决定秘不发丧，没有立刻起驾回京，而是按既定路线继续巡游。一个决定好做，问题是秦始皇死的时候正好是炎热的夏季，尸体的腐烂不可避免地要散发出难闻的臭味，随行的大队人马不可能闻不到。而且秦始皇是一个勤政皇帝，在巡游途中他还要批阅公文，如果长时间不办公也难免会引人怀疑。那么，李斯怎样做才让众人浑然不知的呢？李斯决定秘不发丧的背后究竟有着什么难言之隐呢？

三十三

秘不发丧

臭烘烘的车队

先看李斯怎样做到秘不发丧。

要让随行的大队人马不怀疑秦始皇已经驾崩，必须做好两点：一是要让秦始皇"正常生活""正常工作"，一切一如既往；二是要保证尸体在盛夏腐烂发臭之事不被怀疑。

前者好办。该值班的宦官每天照样在秦始皇的车上值班，该上膳的时候照样送到秦始皇的车上（不知道便宜了哪位有口福的宦官），该处理朝政时照样在车上通过值班的宦官批准百官的上奏（不知道哪位宦官有这么高的才华）。

后者难办。秦始皇乘坐的这种豪华车的窗子可开可合，关上窗凉快，打开窗就热，秦始皇死于七月，正是一年中最热的季节，再凉的车子里也不可能保持尸体不腐烂啊！（车子不是冷冻柜）窗关得再严也挡不住秦始皇的尸体一天天变质腐烂。秦始皇尸体的变质腐烂反正无人看见，最麻烦的是腐烂尸体的臭味无法封闭遮掩；怎么捂、怎么盖，也掩不住、藏不住。幸好在赵高、胡亥的帮助下，弄来了好多臭鲍鱼，放在其他豪华车上。臭鲍鱼和臭尸体两种臭味混在一起，这已经不是臭味相投了，而是臭味相合。弄得大臣们都以为是鲍鱼臭而不知是尸体臭了。李斯用臭鲍鱼"以乱其臭"的目的达到了。

棺载辒凉车中，故幸宦者参乘，所至上食，百官奏事如故，宦者辄从辒凉车中可其奏事。——《史记·秦始皇本纪》

会暑，上辒车臭，乃诏从官令车载一石鲍鱼，以乱其臭。——《史记·秦始皇本纪》

真正知道秦始皇病故而且尸体已经发臭的只有李斯、赵高、胡亥与几位贴身的宦官。

掩盖真相总有办法。为了掩人耳目，臭烘烘的车队不敢从沙丘直接返回咸阳，而是向西再向北，沿着秦始皇生前定好的路线继续巡游，到达秦帝国最北边的九原郡治所（今内蒙古包头市），然后从直道快速赶回咸阳，这才向天下宣告圣驾已崩。

独子胡亥、赵高及所幸宦者五六人知上死。——《史记·秦始皇本纪》

李斯的顾虑

命运就是爱捉弄人。千古一帝秦始皇生前发号施令，荣光无限，可是他死后却不得不与臭鲍鱼为伍，这绝对是秦始皇生前没有想到的，而且做这件事的人竟然是他生前最倚仗的大臣丞相李斯。那么李斯为什么要用这种有损秦始皇尊严的办法来掩盖秦始皇之死的消息呢？这里面究竟隐藏着多少秘密呢？

《史记·秦始皇本纪》中说："丞相斯为上崩在外，恐诸公子及天下有变，乃秘之，不发丧。"《史记·李斯列传》说："李斯以为上在外崩，无真太子，故秘之。"

总结两篇史料所载，李斯决定秘不发丧有三大原因：一是社会不稳定，二是皇帝死在巡游途中，三是没有明确立太子。

先说社会不稳定。秦始皇二十九年（前218），赵政第三次大巡游，走到阳武县博浪沙（今河南原阳县境内），遇到了刺客，这当然不是秦始皇第一次遇到刺客了。《史记·秦始皇本纪》记载得比较简略：

> 二十九年，始皇东游。至阳武博狼沙（即博浪沙）中，为盗所惊。求弗得，乃令天下大索十日。

原来，这是一场蓄谋已久的行刺案。主谋就是西汉开国皇帝刘邦手下第一谋士张良。张良是韩国贵族，他的祖父做了韩国三代国君的相国，父亲是韩国两代国君的相国。祖、父两代当了韩国五代国君的相国，所以张良的故国情结非常浓厚。韩国灭亡之后，张良家中死了三百人，他统统未加埋葬，而是倾家荡产筹集金钱，用高价寻求愿意舍命的刺客，为韩国报仇。重赏之下必有勇夫。张良以重金收买了一个刺客，这个刺客是一位大力士，能远掷一百二十斤（相当于今六十斤）重的大铁锤，百发百中。秦始皇这次出游，张良带着这个刺客在博浪沙狙击秦始皇；结果失败了，六十斤的大铁锤砸到秦始皇备用的副车上，把副车砸了个稀巴烂，没有击中秦始皇乘的车。秦始皇又惊又怒，立即在全国展开了十天的搜捕，结果没抓到张良。张良是高手，刺杀失败之后立即隐姓埋名，跑到下邳（今属江苏），躲过了这场大搜捕。

韩破，良家僮三百人，弟死不葬，悉以家财求客刺秦王，为韩报仇，以大父、父五世相韩故。——《史记·留侯世家》

得力士，为铁椎重百二十斤。秦皇帝东游，良与客狙击秦皇帝博浪沙中，误中副车。秦皇帝大怒，大索天下，求贼甚急，为张良故也。良乃更名姓，亡匿下邳。——《史记·留侯世家》

唐代大诗人李白还写诗赞美过这件事情："报韩虽不成，天地皆震动。潜匿游下邳，岂日非智勇。"[唐] 李白《经下邳圯桥怀张子房》

偶然之中有必然。张良行刺只是一个偶然，但是它反映了六国旧贵族对秦始皇的仇恨。秦始皇在兼并六国的过程中对六国贵族进行了大杀戮、大迁徙，六国旧贵族从此失去了财产、地位和权力。秦始皇灭魏时杀了投降的魏王假和他的儿子，魏王仅有一个儿子佫幸逃亡，秦始皇还重金悬赏；灭燕之时杀了太子丹，并对太子丹的门客进行大通缉；秦始皇骗降了齐王建，却将齐王建活活饿死。秦始皇的所作所为激起了六国旧贵族对秦始皇和秦帝国的深仇大恨，这些人对秦帝国的威胁极大，他们之中的不少人后来在秦末大起义中成为各路反秦武装的头领与骨干。秦始皇活着，这些残余势力还不停地折腾，如果一旦知道秦始皇归天，新皇帝未立，不知道还会折腾出什么惊天动地的大事来。

秦始皇三十一年（前216），秦始皇换了便服，带了四名大内高手，夜晚在咸阳出行，竟然遇到强盗，当时情况非常危险，幸亏大内高手杀退了强盗。为了这事，秦始皇在关中进行了二十天的严厉搜索，追捕逃犯。秦始皇遇盗之处不是在六国，而是在秦国都城咸阳。虽然这次没有造成严重后果，但是对李斯来说不能不说是一

始皇为微行咸阳，与武士四人俱，夜出，逢盗兰池，见窘，武士击杀盗，关中大索二十日。——《史记·秦始皇本纪》

件大事。这说明六国余党蠢蠢欲动，关中社会治安也不大妙。

根据后来的历史记载，我们知道，此时张良在流亡的生涯里，依然苦苦寻觅着反秦的良途，汲汲地奔赴在亡秦的道路上；而刘邦在沛县正逍遥自在地做着他秦国的亭长；项羽在老家正在举鼎，练习着刀马武功；韩信也许刚刚受过胯下之辱；陈胜正在乡间劳作的田垄上大发"燕雀安知鸿鹄之志"的感慨……一切都在蠢蠢欲动，大地的春种秋收依然井然有序，大秦帝国似乎正沉浸在无比辉煌的荣耀之中。然而，秦始皇巡游途中意想不到的暴死，让丞相李斯骤然意识到井然有序背后形势的严峻与凶险。

所以，李斯不敢赌！尤其现在是非常时期，他更不敢赌，他赌不起，大秦帝国也赌不起。因为这不是一般的赌，而是豪赌，赌的是整个天下。这是李斯秘不发丧的第一个重要原因。

再说病死途中。秦始皇是在巡游途中突然病故的，本来，皇帝巡游，天下的中枢随同外移。如果在京城，整个朝廷班子俱在，有完备的制度，有充足的人手，处理应急事件的风险较小。现在是巡游在外，没有大量的官员、随从，如果此时走漏了消息，可能导致种种不测发生。

秦始皇虽然通过强权和武力控制了天下，建立了一个高度集权的大秦帝国，但是压迫有多大，反抗就有多强烈，秦始皇生前所统治的天下其实并不太平。不使秦始皇死亡的消息传扬出去而引起乱子，是丞相李斯决定秘不发丧的第二个原因。

然而让丞相李斯担心的还不止这些，他最担心的是，一旦公布秦始皇的死讯，很可能会造成秦朝王室的权力之争，这就要说秦始皇遗留下的一个巨大政治风险。这个政治风险是什么呢？

留下的大难题

李斯秘不发丧的第三个原因是秦始皇生前并没有立皇后，也没有立太子。

太子是国之储君、国之根本；太子不立，哪位公子都有机会继承皇位。皇后不但要母仪天下，而且在拥立太子、处理最高权力交接之时拥有特殊的地位和权力。秦始皇既没有立皇后，也没有立太子，这就为大秦帝国的第一次最高权力的交接留下了许多空白，因此有太多的文章可做。

秦国历代国君都立有王后。历史文献中唯独没有秦始皇册立皇后的记载，秦始皇死后继嗣的混乱也证明秦始皇在位之时确实没有册立皇后。这到底是什么原因呢？

一是多不胜选；二是怨母仇女；三是求仙至上；四是条件甚高。

先说多不胜选。《史记·秦始皇本纪》有一条重要记载：

秦每破诸侯，写放其宫室，作之咸阳北阪上，南临渭，自雍门以东至泾、渭，殿屋复道周阁相属。所得诸侯美人钟鼓，以充入之。

这条记载说明，秦始皇兼并山东六国之时，每攻灭一国，都要仿照这个诸侯国王宫的规模和数量在秦国都城咸阳的北面建立同样的宫殿。从咸阳到渭水，从雍门到泾水，到处都是秦国仿六国宫殿形制修建的宫殿。这等于是把六国的宫殿原封不动地搬到秦国都城咸阳来了。这些宫殿一共有多少呢？二百七十多座。秦始皇修建这么多宫殿干什么？文献记载得非常明确，他把从六国俘获的后宫佳丽全部收入咸阳新建的这些宫殿之中。如此一来，秦始皇拥有的天下佳丽等于是战国七雄美女的总和。这个数字有多大，《史记正义》引《三辅旧事》记载："后宫列女万余人。"

我们可以做个类比。

晋武帝司马炎夺了曹魏政权建立西晋王朝之后，先把魏国王宫的佳丽照单全收，后又灭了蜀国和吴国，把这两国的佳丽也照单全收了。据《晋书·后妃传上》记载，司马炎灭吴之后，把吴国亡国之君孙皓后宫佳丽数千人移到西晋的都城洛阳。结果，司马炎后宫佳丽近万人之多。由于佳丽太多，得宠的佳丽也太多，司马炎晚上就寝之时不知道该到哪位佳丽的寝宫中去。于是他想出了一个无奈之举，他乘坐一辆羊拉的车，这种车既安全又舒适，慢悠悠的。司马炎上车之后，也不赶车，而是任意而行。羊车停到哪座宫殿，就在哪座宫殿留宿。时间一长，宫中的佳丽们知道了这个消息，一些聪慧的佳丽每到傍晚，便在自己的寝宫之处放上许多新鲜的竹叶，拉车的羊闻到竹叶的草香味，便止步不前。这样一来，司马炎就留宿在这位佳丽的寝宫之中，这位美人得宠的概率便大大提升。

时帝多内宠，平吴之后复纳孙皓宫人数千，自此掖庭殆将万人。而并宠者甚众，帝莫知所适，常乘羊车，恣其所之，至便宴寝。宫人乃取竹叶插户，以盐汁洒地，而引帝车。——《晋书·后妃传上》

　　我讲这个故事，是想说明一点，秦始皇灭六国之后将六国国君的佳丽全部据为己有，比起秦始皇的先祖们，此时秦国后宫的佳丽应当增加了六七倍之多。这么多佳丽，给秦始皇带来众多的子女。

　　既然如此，秦始皇为什么不在众多的佳丽中选一个立为皇后呢？难！少了无法选，多了不胜选。天下哪有那么简单的事？

　　选择有时候是一件极其困难的事情。选择的困难缘于有太多的选择。所以有时候，没有选择是令人痛苦的，但有太多的选择也不见得是好事。

　　哈姆雷特说："生，还是死，这是一个问题。"在生和死的根本问题之间，秦始皇自然选择了生，并且想要长生不死。而在后宫佳丽万余人中，他却不能宠爱于一人。

　　再说怨母仇女。

　　秦始皇的女性观是什么？我们可以从三件事看出端倪：一是赵姬之乱，二是巡游刻石，三是寡妇清事件。

　　赵姬之乱使秦始皇怨母仇女。赵姬是秦始皇的亲生母亲，由于嫪毐秽乱后宫，还与赵姬生了两个儿子。这给赵政带来了终生难忘的伤痕。赵政知道此事后，立即将亲生母亲赵姬流放到雍地。后来，还是在茅焦的劝说下，赵政才将母后接回京城。茅焦之前，赵政曾杀了二十三位前来劝谏之人，这是多大的仇啊！赵政尽管自己有上万嫔妃，但是对于年轻守寡的母后却要求极严。这倒不是秦国国君历来如此，秦始皇的曾祖父秦昭襄王之母宣太后，与义渠戎王私通三十年，还和臣下魏丑夫私通，秦昭襄王也没有太大的反应。最终还借着这场私通杀了戎王，灭了义渠，扩充了三个郡。如何看待母后的私生活纯粹是个人事件。秦昭襄王并没有把母亲的私生活看得多重，也没有严惩母后。

但秦始皇不同。他曾巡游刻石提倡贞节，其妇女观可以从中窥测到。秦始皇三十七年 _{（前210）}，秦始皇第五次大巡游时到达会稽山，祭奠大禹，并且刻石立碑。碑刻之上，他这次特意写下了这么几句话：

> 饰省宣义，有子而嫁，倍死不贞。
>
> 防隔内外，禁止淫泆，男女絜诚。
>
> **《史记·秦始皇本纪》**

前三句是不许寡妇改嫁。"倍"，通"背"，背叛。"倍死不贞"意为背叛死去的丈夫再嫁就是不忠贞。后三句是禁止两性关系混乱。刻石立碑等于向全国宣布，这是一项制度。

从中我们不难看出秦始皇非常重视女性的贞节。由于赵姬之乱，秦始皇有着非常严重的怨母仇女情结。这种仇女情绪严重妨碍了秦始皇选择一位可以母仪天下的皇后。

怨母仇女的情结也使秦始皇非常轻视女性，特别是轻视性关系混乱的女性。

秦始皇表彰寡妇清，彰显了他的贞妇观。《史记·货殖列传》记载，秦始皇尽管轻视女性，但是，他对巴蜀之地一位寡妇却赞扬有加。这位寡妇是一位成功的"私人企业家"，其家族经营丹砂开采，数代不衰。一位寡妇能做到守身不嫁，经营企业，秦始皇大为欣赏，称之为"贞女"，并且修了一座著名的"女怀清台"。秦始皇一生表彰的女性仅此一位，而且是一位守身不嫁的寡妇。

如果把秦始皇流放生母与表彰寡妇清联系起来看，不难看出，秦始皇提倡女性的贞节倾向非常明显。当然，秦始皇只是要求天下女性要贞节，至于他本人，拥有万名佳丽，也视为正常。

接着说求仙至上。

中国古代的求仙之人大多淡于家庭。秦始皇统一天下以后，全身心投入到寻求长生不死之术上。他从第二次巡游（秦始皇二十八年，前219）之时就已经接见了徐福。从蓄养方士、泰山封禅到数次远距离、长时间的大规模巡游，几乎每一件事情都与长生密切关联。他倾注了全部的身心与忠诚，为祈求不死不惜浪费大量人力、物力、财力，甚至数次被愚弄依然无怨无悔；他风尘仆仆、不辞辛苦地东奔西跑，直至病死在长途跋涉的路上；他将自己封闭在一群仅有女人与宦者的天地里，自称"真人"；他在巡游途中为求仙药还躬身力行去海中射杀大鱼。这种对求仙殚精竭虑的追求，使秦始皇不愿也顾不上册封皇后，一门心思全用在求仙事业上。

执着是一种品质，也是一种人生态度，本无所谓好坏，关键要看执着的对象。选对了方向的执着能让人成

巴寡妇清，其先得丹穴，而擅其利数世，家亦不訾。清，寡妇也，能守其业，用财自卫，不见侵犯。秦皇帝以为贞妇而客之，为筑女怀清台。——《史记·货殖列传》

功，误入歧途的执着则无异于自戕。缺乏执着一事无成，太过执着亦能致命。秦始皇的执着求仙显然都不属于前一种。

最后说条件甚高。

秦始皇十三岁即位，二十二岁举行加冠礼接管权力，这九年应当是他立皇后的第一次机会，但是，他没有立皇后。二十二岁接管权力到三十九岁兼并六国成功，这十七年是他可以立皇后的第二次机会，他也未立皇后。等到三十九岁称"皇帝"，自视为天下至尊至贵、至高至大的无上神人、圣人时，他已经失去了立皇后的机会。此时他自视功高三皇，名盖五帝，自古至今，无人可比。天下还有哪个女人能够有资格成为他的皇后呢？

所以，秦始皇不立皇后是一个非常复杂的问题，真正的原因只有秦始皇本人知道。我们只能根据自己的判断，做一点推测而已。

秦始皇当政之后不仅没有立皇后，而且在十二年的皇帝生涯中也没有立太子。秦始皇不会不明白，太子是一国的储君、天下的根本，为君者历来十分重视储君。储君立，江山才能稳固，群臣才能安心。而且，秦始皇自称始皇帝，想让自己的帝业能够千秋万代地传承下去，他就更应该立太子，那么秦始皇为什么生前没有立太子呢？这里面透露出秦始皇怎样的心理呢？

秦国在统一天下之前，每位秦王都要立太子，如果未立，那就只有一种可能——没有来得及立。比如秦武王举鼎受伤而死，由于太年轻，没有儿子，所以没有立太子。但这只是一个特例。

秦始皇的祖父秦孝文王、父亲秦庄襄王，个个都是先被立为太子，然后才继承大统的。秦始皇何以敢破祖宗法制呢？

李斯秘不发丧的第二个原因就是"无真太子"。"真太子"就是秦始皇公开确定的继承人。秦始皇生前一直未立太子，李斯担心的就是这一点。都城咸阳秦始皇的那群儿子们（诸公子）都有可能登上帝位！

秦始皇是在临终前才写了一封让长子扶苏回都城咸阳主持丧事的诏书，秦始皇明确让长子扶苏回咸阳主持丧事，明摆着是在丧事完毕之后让长子扶苏即位。

秦始皇有多少个子女呢？

《史记·李斯列传》有两处记载："始皇有二十余子""皇帝二十余子"，都说秦始皇有二十多个儿子。秦始皇的子女中，留下姓名的儿子只有四位：长子扶苏、少子胡亥、公子将闾、公子高四人。长子扶苏自杀，公子将闾等三兄弟自杀，公子高殉葬，胡亥即位为秦二世。（公子将闾、公子高之事见"巩固帝位"一章）

《史记》还记载了秦始皇没有留下姓名的子女，秦二世即位后，"六公子戮死于杜"《史记·秦始皇本纪》，"公子十二人僇死咸阳市，十公主矺死于杜"《史记·李斯列传》。六个公子被杀于杜，十二个公子在咸阳被杀，十个公主也在杜被杀。

这样统计，秦始皇至少有二十四个儿子、十个女儿。

秦始皇有二十多个儿子，他们个个都可以被立为太子。但是，由于秦始皇的仇女情结，他对这二十多个儿子的母亲没有一个非常宠爱的。只有皇长子扶苏是秦始皇最器重也是最有可能被立为太子的。但是，扶苏因为坑术士事件公开劝谏秦始皇而被派往北部长城军团去做监军，离开了政治中心，失去了机会。

从秦始皇临终之前下的诏书来看，秦始皇还是看好扶苏的，所以才会让他到咸阳主持丧葬。但是，历史的一次失误让扶苏失去了两次机会。一是扶苏的进谏让他远离了政治中心，二是扶苏到蒙恬的军团中做监军使他与蒙恬的关系亲近了，这导致李斯担心扶苏即位会重用蒙氏兄弟而弃用自己。李斯的政治倾向使扶苏失去第二次机会。

李斯身为丞相，又亲随秦始皇出巡，出巡途中出了秦始皇病亡的大事，他这个丞相自然脱不了干系。历史的责任落到了他的肩上。

那么，秦始皇不立太子的真正原因是什么？

怕死！

立太子意味着承认自己必死！这对于千方百计企图长生的秦始皇来说，是一个痛苦的现实。他不敢面对这个现实，他不敢承认这个现实。他一方面拼命追求长生，另一方面不立太子以免直接面对这个敏感话题。我们在"生死茫茫"一章中讲到秦始皇信任徐福、卢生等方士，两次满足徐福的要求，卢生逃跑之后秦始皇雷霆大怒，信任与愤怒其实都源于他对长生的追求。一个如此追求长生的人，而且是如此自命不凡的人，一个自视为神人、真人、圣人的人，他怎么可能再立太子呢？自己能够长生不死，还立太子干吗，那岂不多余？

逃避现实有两种情况：一种是为了快乐而逃避现实，古人常说的人生苦短，何不秉烛夜游，今人常唱的"人生短短几个秋，不醉不罢休"就是这种情况；另一种则是不想面对残酷的现实而逃避。

秦始皇不敢面对人终有一死的客观规律，从而以汲汲于求仙的幻想转移这种痛苦，以不立太子的方式逃避这种痛苦。

然而，他没有想到，逃避并不能改变现实，甚至会让现状更糟糕。意志终究抵挡不住规律。秦始皇渴望长生的个人意志终究败在了生命的规律之下。秦始皇还是无可奈何地终结了他的生命历程，给后人留下了一个风雨飘摇的大秦帝国。这位生前叱咤风云的皇帝，这位竭尽全力追求长生的一代君主，最后竟然以一具发臭腐朽的尸体被送进了他修筑了近四十年的地宫。真不知道他如果再世的话，将会怎样惩办让他尸体腐烂发臭的李斯、赵高、胡亥！

人生就是一部电视连续剧，有开头必有结尾，历史不能倒退，谢幕就是结束。秦始皇死了以后，一个最大的问题就是秦国最高权力的交接能不能像秦始皇生前所希望的那样——遗诏发到他的长子扶苏手中，由他来主持自己的丧事，丧事完毕以后，由他顺利地继承皇位，然后成为秦始皇心中的秦二世。这一切能实现吗？

请看：沙丘政变。

沙丘政变

三十四

秦始皇在沙丘意外病故之后，出现了一件令人奇怪的大事：已经加盖了玺印召长子扶苏速回咸阳主持丧事的诏书迟迟没有发出。这不是一般的诏书，而是关系到大秦帝国生死存亡的诏书，是中国第一个专制帝国第一次最高权力交接的诏书。每一次帝国最高权力交接的时候都是一个帝国最危险的时刻。因为最高权力的瞬间真空会引发各种势力的蠢蠢欲动与激烈角逐，而这封诏书是秦始皇化解这一角逐的定海神针。但是，这封体现秦始皇个人意愿的诏书最终却没有发出，这究竟是为什么呢？在大秦帝国生死存亡命悬一线的关键时刻，各方势力又有哪些行动呢？

诏书变遗诏

《史记》中有两处记载了这一重大历史事件。

《史记·秦始皇本纪》记载：

上病益甚，乃为玺书赐公子扶苏曰："与丧会咸阳而葬。"书已封，在中车府令赵高行符玺事所，未授使者。七月丙寅，始皇崩于沙丘平台。

《史记·李斯列传》记载：

其年七月，始皇帝至沙丘，病甚，令赵高为书赐公子扶苏曰："以兵属蒙恬，与丧会咸阳而葬。"书已封，未授使者，始皇崩。

按照《秦始皇本纪》的记载，秦始皇在重病之时立下了诏书，但是，加盖了皇帝符玺的诏书并没有立即交给使者发出。不久，秦始皇病死了。按照《李斯列传》的记载，秦始皇的诏书写好之后，还没有交给使者就病死了。

两处记载都提到，诏书写好未授使者，秦始皇就病故了。"未授使者"四个字可以有三种理解：

一是秦始皇写好之后他自己没有让使者立即发出；

二是秦始皇因病情严重诏书写完之后已不能亲自安排发出；

三是有人从中作梗使诏书未来得及即时发出。

究竟哪一个符合历史的真实呢？

不好讲。

由于记述过于简单，我们今日已经不知道"未授使者"是什么原因造成的了。

先说秦始皇写好诏书之后他自己没有让使者立即发出这种情况。有没有这种可能性呢？有！为什么有这种可能呢？估计有两点原因：一是心理准备不足；二是过度自负。

从《史记·秦始皇本纪》的记载来看，秦始皇一直孜孜不倦地追求长生不死，而对自己的人生即将谢幕这一点始终没有足够的心理准备。而且，他刚刚接见了徐福，又给徐福调派了强弩手，秦始皇对找到长生不老药还充满渴望，自己的人生怎么可能一下子就要结束了呢？毕竟他才五十岁！他有死亡的预感，所以他写了诏书；但是，他还有长生的幻想，所以，他并不想立即将写好的诏书发出去。若真是如此，这是秦始皇一生之中出现的一个最重大的政治失误。

未及时发出诏书的第二个原因是秦始皇的自负。秦始皇生前威风八面，谁敢不从？这种局面使秦始皇误以为自己的话不可能不算数！即使自己死了，自己的诏书成为遗诏，谁敢篡改遗诏？秦始皇根本没有想到自己的诏书一旦变成遗诏，一切皆有可能！包括遗诏被篡改。秦始皇如果能想到这一点，他早就会下手防范了。

再说秦始皇因病重诏书写完却来不及发出这种情况。有没有这种可能呢？有！处理后事，秦始皇远不如汉武帝。汉武帝是早年先立了太子，晚年又误杀了太子；去世前三天，他立了八岁的幼子刘弗陵为太子，并召霍光等五位顾命大臣在病榻前接受诏命，一切都安排妥当，汉武帝驾鹤而去，最高权力的移交相当成功。尽管汉昭帝刘弗陵尚有两位年长的哥哥，但是汉武帝的周到安排使一切阴谋都无法得逞。汉武帝在最高权力移交一事上的个人意志得到了完全实现。一是他明确了太子的人选，二是他立了五位顾命大臣。这样，谁想更改汉武帝的意愿都不可能。

这里我要特别提出"去世前三天"这一时间，因为这是汉武帝最终决定立幼子刘弗陵继位的时间。人生都有去世前三天，但是，绝大多数人都把握不好临死前的这段时间，为什么呢？大家将来都可以实践，有几人能准确判断自己即将离开这个令人眷恋又令人遗憾的世界的时间？极少！正是因为对死亡时间的准确判断，汉武帝才痛下决心，断然决定立八岁的幼子做继承人。其时，汉武帝共有三个儿子在世，他最终选的是幼子。以汉武帝之雄才，他不可能不知道立哪个儿子是关系到汉家江山的大事，但是，汉武帝突破了"国赖长君"的祖训，选定了幼子继位。幼子刘弗陵其时八岁，八岁的孩子能干什么？能处理复杂的国政吗？为什么放着两个年长的儿子不立，偏偏立了八岁的刘弗陵？事实证明，汉武帝确有识人慧眼，刘弗陵不负父命，成为一代中兴之主。汉武帝不但慧眼识人，更重要的是他把握住了时间——去世前三天，完成了最高权力的交接。秦皇、汉武是中国帝制时代前期最重要的两位皇帝，但是，论其立国，当然是秦皇更胜一筹，因为汉武不需要立国，我们也不知道汉武立国的才能；论其治国，秦皇、汉武各有千秋，但是，秦皇在帝位继承上明显不如汉武，一是没有把握好时间，二是没有及时明确布告天下。

秦始皇渴望长生。一直不相信自己会这么快死亡，所以，当他在平原津病重之后，他一是不准大臣们议论善后之事（回避死亡），二是没有更多地考虑最高权力的平稳交接这个大问题。等到病危之时，他才意识到这是关系到帝国安危的天大问题，所以赶快写诏书，但此时秦始皇已经病危，诏书尽管写好了，生命却处于弥留之际了，发出之事他已经来不及再管了。所以，诏书变遗诏，而且，遗诏落到了赵高手中。

秦始皇远没有汉武帝那么从容。他处理后事有三大弱点：一是没有明确立太子，二是没有明确一批顾命大臣，三是没有亲自督导诏书发出。

上述三点都非常重要。

没有明确立太子意味着秦始皇的二十多个儿子人人都可以被立为二世皇帝。这样，秦始皇个人所想立的长子扶苏就有可能失去皇位。

没有明确一批顾命大臣意味着知道此事的丞相李斯可以一手遮天。后世皇帝临终之时如遇特殊情况，都要立若干位顾命大臣。这些顾命大臣肩负着忠实履行先皇遗命的职责，而且，由于有若干位顾命大臣，不可能出现一位顾命大臣说了谎言仍被认为是先皇遗命那样的问题，顾命大臣之间可以相互制衡。没有制衡，什么事都可能出现。

没有亲自督促诏书及时发出意味着秦始皇死了，他生前再威风八面现在什么也管不了了。自己的尸体腐烂发臭他都管不了，更何况是最高权力的移交？一封事关帝国命运的诏书在秦始皇身后只是一张废纸。

最后说有没有人从中作梗这种情况。

表达秦始皇意愿的诏书留在了赵高的手中，如果有人作梗，只有赵高有此可能，他人恐怕对诏书是否发出都不会知道，怎么能从中作梗呢？

赵高会作梗吗？可能性不大，但不能完全排除。赵高深受秦始皇恩宠，担任中车府令兼行府玺事的双重要职。而且，赵高整天在秦始皇身边，对秦始皇的病情非常了解。秦始皇一咽气，他立即谋划篡改遗诏，赵高此时的心情是复杂的：秦始皇信任他，委以重任，他应有感激之情，他希望秦始皇健康长寿，永葆自己的荣华富贵。赵高最早知道秦始皇诏书的内容是要扶苏即皇帝之位，赵高的地位会因秦始皇的病故和扶苏的即位发生变化。因为扶苏可不是一个好忽悠的人。

但是，要说他有意扣留秦始皇的诏书不发，也未必，因为发与不发，赵高并不能完全做得了主。毕竟秦始皇是死是活谁也无法做出准确的判断，而且，秦始皇又是最讨厌谈论自己生死问题的皇帝，谁敢碰这个钉子啊！不讨论，不准备，一旦发生意外，一切皆有可能了。然而，在秦始皇尚未一命呜呼之时，赵高岂敢随意扣押诏书。赵高最有可能的心态是摸着石头过河——边走边看。如果秦始皇病情好转，肯定会关心诏书发出去没有。赵高没有得到明确发出诏书的命令，因此未发出，这符合秦始皇病情好转不愿再谈丧葬之事。如果秦始皇病危，那就有两种可能：一是秦始皇过问此事，二是顾不上过问此事。秦始皇一旦询问，赵高会立即发出诏书，他不可能欺骗秦始皇、违背秦始皇的旨意；如果秦始皇病重陷入昏迷，顾不上问，他也就可以不发。只要诏书不发，就有文章可做。

所以，笔者估计在秦始皇没有病故之前，赵高不敢对秦始皇的诏书有意扣留，也不能有意扣留。"不敢"是因为秦始皇万一病好了，或者病减轻了呢？秦始皇过问起这件事，赵高负得了这个责任吗？"不能"是因为李斯是丞相，丞相的权力极大，李斯如果没有和赵高联手，赵高怎么敢抗旨呢？

但是，无论如何，秦始皇传位扶苏的诏书最终没有发出，这是不可改变的历史事实。

秦始皇传位长子扶苏的诏书没有及时发出，这对大秦帝国第一次最高权力的交接产生了什么影响呢？

有贼心也有贼胆

秦始皇突然去世，而且下世前没有将召长子扶苏回都城咸阳主持丧葬的诏书及时发出，这为大秦帝国第一次最高权力交接留下了一个巨大的政治漏洞。

为什么说这是一个巨大的政治漏洞呢？

因为知情者范围太小。秦始皇在世之时没有明确定下太子人选，仅在其病危之时才写了一道诏书，让长子扶苏回京主持丧葬。扶苏主持丧葬完毕后自然是继承帝位。秦始皇虽然没有明确写出这一点，但是每位大臣、每位公子都不会误解秦始皇的这个意思。因为秦始皇的意愿已经非常明确了，他有那么多儿子，唯独选长子回京主持丧葬，为什么呢？当然是想让扶苏继位。可是，这封诏书是秦始皇口授、赵高书写，现在没有发出，还留在赵高手里，百官之中唯有丞相李斯知道，公子之中唯有胡亥知道，身边人唯有赵高知道，地点又是在巡游途中的沙丘。朝中的大臣们（如右丞相冯去疾）不知道，都城中的诸公子不知道，秦始皇身边的重臣蒙毅不知道，远在长城军团的主帅蒙恬和公子扶苏也不知道。

由于知情者范围太小，扶苏、蒙恬、蒙毅等重要人物都无法参与。秦国命运就掌握在胡亥、赵高、李斯三人手中。

秦始皇的玉玺在赵高手上，只要知道内情的赵高、李斯、胡亥三人联手，就可以篡改秦始皇的遗诏，就能够改变大秦帝国第一次最高权力移交的结果。尽管赵高手下个别宦官知道秦始皇之死，但是他们未必知道诏书内容；即使知道诏书内容，也绝对不敢泄露半个字。

所以说，这是一个巨大的政治漏洞！

能够发现一个巨大政治漏洞的人一定是一个非常敏感的人。是谁最早发现了这个政治漏洞呢？

中车府令兼行符玺事赵高。

赵高是谁呢？他怎么能够代拟诏书，存放诏书，并在秦始皇身边任中车府令兼行符玺事这样的机要职务呢？

司马迁在《史记》中没有为赵高立传，是司马迁鄙薄这个人物，还是赵高不足以列传，不得而知。但是，从《秦始皇本纪》《蒙恬列传》《李斯列传》等记载中，却散见着赵高的生平行事。赵高卑污的一生，还是比较清晰的。《蒙恬列传》中记载：

赵高者，诸赵疏远属也。赵高昆弟数人，皆生隐官，其母被刑僇，世世卑贱。

赵高是赵国王室的远亲。究竟是什么样的远亲，因为什么事情，什么时候来到秦国，史书都没有记载，已经无法准确得知。有人说他的祖上是作为人质来到秦国，后来留在了秦国，但这仅仅是猜测。赵高的母亲是犯人，受过刑，地位低下；刑满获释之后，便留在"隐官"（《史记·蒙恬列传》的原文是"隐宫"，但"隐宫"是"隐官"之误）干活。赵高兄弟数人，都出生在"隐官"。"隐官"是个什么地方呢？"隐官"是一个安置刑满释放人员的作坊。

赵高出生在这样一个地方，社会地位当然极低；但是，赵高有一大优势，两手绝活儿。一大优势是"强力"，即身强力壮，做事勤勤恳恳。两手绝活儿：一是通法令，二是擅书法。我们在"统一制度"一章中讲过，秦始皇用小篆统一全国文字之时，颁布了三种标准字书，其中一部就是赵高写的《爰历篇》。可见，赵高一笔好字，尤精小篆。赵高的另一绝活是精通法律。秦代自商鞅变法以来，重视法律，焚书令中就有"以吏为师"之说。赵高的这一绝活儿在秦代极受重视。正是凭借着一大优势、两手绝活儿，又善于察言观色、逢迎献媚，因而赵高很快就博得了秦始皇和胡亥的赏识和信任，被任命为中车府令，成为秦始皇身边的官员。中车府令

秦王闻高强力，通于狱法，举以为中车府令。——《史记·蒙恬列传》

官阶虽不高，但负责管理秦始皇的"专列"，地位重要。

人皆有贪欲。赵高管皇帝车马，管调兵的符和皇帝玉玺，是机要官，深得皇帝信任，但并非大秦帝国的重臣、高官。

赵高当然希望继续"进步"做高官，但是高官是跟出来的，赵高要做高官必须贴上一位公子。公子可都是秦始皇的儿子啊！他们的身份本身就是一种权力的象征。秦始皇有二十多位公子，选谁呢？

这个被选中的公子必须同时满足三个条件：一是受喜爱，二是好忽悠，三是傍得上。三者缺一不可。长子扶苏倒是符合第一条，他深得秦始皇信任，信任比喜爱更高一个层次。但是，扶苏已经成年，不好忽悠，而且扶苏远在边地，赵高也傍不上啊！

胡亥和扶苏不同。胡亥是秦始皇二十多个儿子中排行第十八的幼子，深得秦始皇喜爱。最重要的是胡亥没有扶苏成熟，赵高能够忽悠得了他，而且胡亥久居宫中，赵高有机会傍这个政治"大款"！于是，赵高利用自己的职务之便结交胡亥，并教胡亥学习法律。傍"大款"，找靠山，历来是攫取权力的法宝之一。赵高真聪明，简直是无师自通，他深谙这个道理，并且很早就在胡亥身上下了大功夫，做了大量的"功课"，所以，秦始皇沙丘一病故，赵高平日的工作就显现出成绩来了。

秦始皇沙丘病故的巨大政治漏洞被赵高发现了。赵

高固内官之厮役也，幸得以刀笔之文进入秦宫。
——《史记·李斯列传》

高即私事公子胡亥，教之决狱。
——《史记·蒙恬列传》

高立即想到，必须篡改这封遗诏！赵高为什么要钻这个政治漏洞？为什么一定要冒死篡改这份遗诏？篡改秦始皇的遗诏可不是改文章、改错别字，那是灭族的重罪！

这皇位你要不要

世事沧桑，皆缘利害。人世间光怪陆离的万象其实都缘于"利害"二字。人要生存，都希望自己有一个好的生存环境，获得一个好的生存环境有两种途径：一是正道，二是邪道。

赵高的出身不好。他生于"隐官"，母亲是囚犯，这在当时是一件令人终生耻辱的事。但是，赵高靠一大优势、两手绝活儿当上了秦始皇身边的机要官员，这已经是荣华富贵了。不过，人的贪欲永无止境。

赵高要篡改秦始皇的遗诏，就是要废掉秦始皇立皇长子扶苏为继承人的意愿，立一个对自己有利的人当皇帝，这个人当然非胡亥莫属。

天上不会掉馅儿饼。赵高早就在胡亥的身上下了很大功夫；胡亥如果做了皇帝，赵高将是最大的受益者。

胡亥能接受赵高篡改秦始皇遗诏的想法吗？这取决于两点：一是胡亥是个什么样的人，二是胡亥从中能够得到什么。

胡亥是个什么样的人呢？他是秦始皇排行第十八的幼子，深得秦始皇喜爱。胡亥的蒙学老师是赵高，赵高教他的主要是决狱断案，胡亥与赵高的私交甚笃。

胡亥本并没有篡改秦始皇遗诏自己当皇帝的意图，所以，赵高要实现自己的阴谋，第一步就要过胡亥这一关。赵高是怎样说服胡亥的呢？

一说胡亥。

赵高的阴谋是让胡亥当皇帝，这对胡亥来说是天上掉馅儿饼的好事，但是，胡亥听说后立即拒绝。胡亥为什么会反对呢？

观念支配行动。胡亥深受儒家思想的影响，秦始皇要立皇长子扶苏，赵高不怀好意地问胡亥：你大哥要当皇帝了，你却没有得到一点封赏，你怎么办？这是诱使胡亥不满，便于让胡亥同意篡改秦始皇遗诏。但是，胡亥回答得很干脆："明君知臣，明父知子。父捐命，不封诸子，何可言者！"《史记·李斯列传》这等于说父皇的安排是天经地义之事，毫无不妥。明君最了解他的臣下，明父最知晓他的儿子。父皇下世，不封诸子为王，没什么可说的。言外之意是这本来就是应该的。胡亥的这一套说辞说明了两点：一是他深受儒家思想影响，一切按照君君臣臣父父子子的规则来办事；二是胡亥原先并无弑兄篡位的想法。

二说胡亥。

人对诱惑的抗拒是有限度的。赵高看出的这个巨大政治漏洞足以改变秦国历史，实际上它最终也改变了中国历史。赵高怎么可能轻易放过这个大好时机呢？赵高扣下了秦始皇没有来得及发出的诏书，就是要决心颠覆这个诏书，改变秦国的历史。所以，他并没有因为胡亥的第一次反对而停止运作，而是继续对胡亥采取攻心战术：一是向他灌输天下可以改变的想法，二是让他明白为君和为臣差别极大。这两点的诱惑力都极大。

所以，赵高在这两个方面大力忽悠胡亥。一是"方今天下之权，存亡在子与高及丞相耳"，二是"臣人与见臣于人，制人与见制于人，岂可同日道哉"《史记·李斯列传》。这等于明白无误地告诉胡亥：遗诏可以篡改，当皇帝和当臣民差别太大。

人生的决定往往取决于片刻之间对利害的权衡。胡亥听了赵高这番话肯定动心，为君为臣全在自己与赵高、李斯手中。但是，胡亥又拒绝了。什么原因呢？他讲了三点：

一是"废兄而立弟，是不义也"；二是"不奉父诏而畏死，是不孝也"；三是"能薄而材谫，强因人之功，是不能也"。《史记·李斯列传》所以，胡亥认为："三者逆德，天下不服，身殆倾危，社稷不血食。"《史记·李斯列传》篡改遗诏，"天下不服"，不但自身危险，而且会危及国家社稷。这时胡亥的认识倒是很清楚的，而这一清晰的认识并没有能够阻挡住权力的巨大诱惑，大秦帝国的前景也正是循着巨大的诱惑发展的。

一个"不义"，一个"不孝"，一个"不能"，再次见出胡亥深受儒家思想的影响，再次彰显秦始皇"焚诗书坑术士"并没有废除儒学。胡亥的拒绝没有让赵高退却，赵高仍然要继续劝说胡亥。为什么呢？

因为事关重大，因为胡亥的话并未说绝。

什么叫事关重大？胡亥当皇帝和当公子，对于赵高来说事关重大。因为，胡亥当了皇帝，赵高可以一步步掌控胡亥，大秦帝国的江山就可以逐渐落入赵高的手里。扶苏当了皇帝，不但赵高掌控不了朝纲，而且连现有的位置都保不住。扶苏对赵高没有多少好印象，中车府令兼行符玺事这两个机要官肯定做不成了，更遑论掌握朝纲？做梦去吧！所以，这两位公子谁当皇帝对赵高来说实在是太重要了，他不能坐以待毙，必须为自己的权益奋斗！

什么叫话未说绝？

胡亥仅仅是拒绝，并未警告赵高再说这类话必将禀告丞相，加以严惩。这一点赵高心知肚明。所以，赵高两次碰壁之后并不灰心。

三说胡亥。

游说一个人成功的关键在于击中对方的软肋。胡亥两次反对都有自己的理由，赵高要说服胡亥必须有针对性地破解胡亥的理由。

赵高讲了两个历史故事：一是商汤杀夏桀，周武王杀商纣王；二是卫君弑其父。商汤灭夏，杀其亡国之君夏桀；周武王灭商，杀商纣王。但是，天下人对商汤杀夏桀、武王诛纣王并无异议，反而称赞他们做得符合道义。卫君弑其父，卫国人却称赞卫君的盛德，连孔子评论此事时都不认为子弑其父为不孝。

高曰：『臣闻汤、武杀其主，天下称义焉，不为不忠。卫君杀其父，而卫国载其德，孔子著之，不为不孝。』——《史记·李斯列传》

历史最有说服力。赵高非庸才，他讲的这两个历史故事对胡亥影响重大。因为这两组历史故事一是臣弑君，二是子弑父。以臣弑君"不为不忠"，以子弑父"不为不孝"。弑君弑父都能做，何况杀兄称帝呢？胡亥能听不进去吗？这些堂堂皇皇的历史事件，为其政变蒙上了一层正义的遮羞布，使胡亥不至于做贼心虚。

　　将神圣的灵光照在小丑的嘴脸上，借以行其奸，这似乎成了历史上一些奸邪小人掩盖其丑行的常规做法。

　　利害最能打动人。赵高说了这些还不算，他还从正反两面讲了一番利害。正面讲了两点：一是"大行不小谨"，二是"盛德不辞让"。什么意思？做大事就不要被小节约束，有能力就不要辞让；反过来讲，"顾小而忘大，后必有害；狐疑犹豫，后必有悔。断而敢行，鬼神避之，后有成功。愿子遂之"《史记·李斯列传》。赵高认为，胡亥是顾小忘大、犹豫不决，最终会导致"有害""有悔"。只有"断而敢行"，才能"后有成功"。

　　历史有时会玩弄一个恶作剧，让一个平庸可笑的人物去扮演一个英雄的角色。于是，善恶、忠奸、美丑在短时间内一下子都被颠倒，这样的错位甚至成为一个社会或者一个王朝土崩瓦解的重要原因。

　　赵高为了个人的利益托荫，为了傍上一个能够控制的政治"大款"，使出了浑身解数，摇唇鼓舌，胡亥终于败下阵来。

　　胡亥最终同意了赵高篡改遗诏的阴谋。沙丘政变由此拉开了序幕，开始进入实际的操作阶段。

　　但是，仅仅有赵高和胡亥两个人的合谋，此事断断难以完成，还有一个关键人物——李斯。李斯是左丞相，手握大权。如果没有李斯的首肯，谁敢篡改秦始皇的遗诏？李斯在沙丘即可抓捕赵高。那么，李斯对赵高的这一阴谋是什么态度呢？

请看：李斯变节。

秦始皇沙丘病亡后，他生前令长子扶苏速回咸阳处理后事的诏书并没有发出，而是被赵高扣押。赵高非常明白，一旦扶苏当上了皇帝，自己必定会受到冷落和排挤，所以，这道遗诏对自己是极为不利的。唯有扶苏对自己言听计从的胡亥，才有可能保证自己日后飞黄腾达。于是，一个恶毒的计划在赵高的脑海中逐步形成了。在大秦帝国最高权力瞬间真空之际，赵高为了一己之私，为了自己的政治野心，三劝胡亥，威逼利诱，胡亥终于被赵高说动。同时，胡亥也意识到，若无丞相李斯的允准，此事万万行不通。李斯的态度是这场政变的关键。但是，李斯是秦始皇身边的老臣、重臣，执掌朝政多年，对秦始皇忠心耿耿。易立皇储，篡改遗诏，发动宫廷政变，李斯会轻易答应吗？野心膨胀的赵高将会怎样说服李斯呢？

李斯变节

这相位你保不保

李斯的态度，是这场政变的关键与转折。但是，在赵高说服了胡亥后，李斯还蒙在鼓里。不明所以的李斯实际上已经陷入了一个进退维谷的尴尬境地。

赵高不废多大口舌就说服了胡亥，但这只是完成了篡改秦始皇诏书的第一步，李斯这道坎他也必须迈过去，否则前功尽弃。李斯是秦始皇身边的重臣、老臣，如果李斯不同意，胡亥同意了也是白搭。

李斯不比胡亥，没那么容易被说服。李斯久经宦海，对秦始皇忠心耿耿，而且手握重权。但是，李斯也是凡人，他也有权力欲望。

赵高和李斯经过了六个回合的往返搏杀。

第一个回合。

最简单的方法往往是最有效的方法。赵高并没有和李斯兜圈子，而是开门见山、单刀直入地对李斯说：皇上去世了，留下诏书让其长子扶苏进京主持丧事，丧事完毕后即位称帝，但是，这封诏书目前并没有发出去。而且，皇上驾崩一事他人并不知道，留下的那封赐给长子扶苏的诏书和玉玺在胡亥那里。只要你和我口径一致，我们就可以改立胡亥为太子继承大统。你看怎么样？

李斯听后大吃一惊，他没想到赵高如此胆大妄为，

高乃谓丞相斯曰：「上崩，赐长子书，与丧会咸阳而立为嗣。书未行，今上崩，未有知者也。所赐长子书及符玺皆在胡亥所，定太子在君侯与高之口耳。事将何如？」——《史记·李斯列传》

更没想到赵高与胡亥已经联手（本该赵高保管的遗诏和玉玺都在胡亥那里）。李斯从未考虑到事态会如此严重，他是怎么回答赵高的呢？

李斯斩钉截铁地说："安得亡国之言！此非人臣所当议也！"《史记·李斯列传》

李斯警告赵高，你这是"亡国之言"！这些事情不是我们当臣子的应该操心的。可见，李斯不为所动，赵高败阵。

第二个回合。

趋利避害是人的软肋。李斯也有弱点，他当年奔赴秦国的思想动机是"人之贤不肖譬如鼠矣，在所自处耳"，就是他的老鼠哲学。

所以，第一个回合赵高虽然碰了个大钉子，但他并没有泄气，这是早在他意料之中的。但是，他深知李斯也像常人一样知道趋利避害，所以第二个回合一开始，赵高一口气问了五个问题：

您的才能和蒙恬相比怎么样？

您的功劳和蒙恬相比怎么样？

您的谋略和蒙恬相比怎么样？

您的人气和蒙恬相比怎么样？

您与皇长子扶苏的关系和蒙恬相比怎么样？

狱吏出身的赵高思路清晰，问的这五个问题句句见血，直指李斯要害。才能、功劳、谋略、人气、与扶苏的

高曰："君侯自料能孰与蒙恬？功高孰与蒙恬？谋远不失孰与蒙恬？无怨于天下孰与蒙恬？长子旧而信之孰与蒙恬？"——《史记·李斯列传》

关系，李斯和蒙恬相比究竟如何呢？

李斯与蒙恬相比有三不如：一是家世功勋不如蒙恬，二是人心向背不如蒙恬，三是与扶苏的关系不如蒙恬。

李斯原本为上蔡布衣，起步时不过是一个小地方上看不到发展前途的公务员，他是单枪匹马来秦国独闯天下的，完全是依靠个人的努力与智慧，才得到秦始皇的赏识提拔而发迹的。蒙恬不同，蒙恬家族三代（蒙骜，蒙武，蒙恬、蒙毅）是兼并六国的功臣名将，是几代秦王的股肱之臣，为大秦帝国立下了卓著功勋，这种家族优势绝非李斯能够相比。这一点毫无疑问。

李斯力主焚烧诗书，在天下人尤其是读书人心中留下了难以清除的坏名声，这种恶劣印象甚至一直持续到了两千年后的今天，李斯一直主张以法治国，是强硬派。所以，他自己应当知道在得人心方面远远不及蒙恬。

皇长子扶苏和蒙恬的关系是李斯的一大心病。在李斯和扶苏的关系上，最大的问题是政见不同。扶苏和李斯共事是比较早的，秦始皇坑术士之时，扶苏进谏劝阻。可见，扶苏至少此时已经参与朝政了。如果此推论可以成立，那么，扶苏与李斯至少在秦始皇三十五年（前212）已经同朝共事了。当时秦始皇一怒之下坑杀术士，扶苏极力劝谏，而此时的李斯却沉默不语，他是支持，还是不敢表示反对？我们不得而知，但是，李斯支持秦始皇坑术士的可能性很大。从建言郡县制到主张焚诗书，秦始皇和李斯的见解都高度一致，他们都是极端独裁的提倡者和实践者。因此，在坑术士这一问题上，李斯与秦始皇意见一致的可能性远远大于有分歧的可能性。这种政见的不合自然导致了李斯与扶苏关系的不协调。

扶苏因为劝谏秦始皇不要坑术士而被贬边地，担任蒙恬统率的长城军团的监军。从公元前212年扶苏被贬到公元前210年秦始皇病故，扶苏在边地与蒙恬共事两年多，而且，蒙恬并不是焚诗书、坑术士的积极提倡者与支持者，因此也不可能在政见上与扶苏发生重大矛盾。所以，扶苏与蒙恬的关系自然远远胜过扶苏与李斯的关系。

至于功劳与谋略方面，蒙恬和李斯不大好相比，李斯至少并不比蒙恬差。所以，差距较大的是我们前面讲到的三点。

赵高这"五不如"击中了李斯的软肋！

李斯只能对赵高坦言：我在这五个方面都不如蒙恬，但是，您又何必这样苛求我呢？

第二个回合赵高仍然未能成功。

第三个回合。

赵高并不死心。第三个回合一开始，他就直接挑明了三点：一是秦国被罢免的丞相、功臣没有一位最终有好下场；二是扶苏称帝一定会重用蒙恬；三是胡亥适合当皇帝。

赵高说：我入秦宫二十多年来从没见过被秦王罢免的丞相、功臣有封爵而且还能传给下一代的，他们大都以被杀而告终，几乎都没有好结果。在秦始皇

斯曰：『此五者皆不及蒙恬，而君责之何深也？』——《史记·李斯列传》

高固内官之厮役也，幸得以刀笔之文进入秦宫，管事二十余年，未尝见秦免罢丞相功臣有封及二世者也，卒皆以诛亡。——《史记·李斯列传》

的二十多个儿子中，长子扶苏最有本领，扶苏一旦即位称帝定会重用蒙恬为丞相，您就不可能封侯还乡了。

我受皇帝之命教育胡亥习学法律已有多年，从没见过他有什么错。在秦始皇的儿子中，没人能赶得上他，他是最合适的皇位继承人，可以让胡亥承继大统。

李斯回答：您该干什么就干什么去吧！我李斯只知道"奉主之诏，听天之命"。我只按照皇帝的诏令去办事，至于自己的命运，还是听从上天安排吧，我考虑这些干什么呢？

赵高在这第三个回合最为厉害。因为他明确讲的这三点都是关系李斯利害的问题：秦国被罢免的丞相自古没有好下场，扶苏将会重用蒙恬，胡亥最适合当皇帝。篡改遗诏的意图非常明白！但是，李斯不为所动，明确表示自己坚决执行秦始皇遗诏是他的神圣使命。

赵高的第三个回合又告失败。

第四个回合。

赵高铁了心，一定要拿下李斯。因为他篡改遗诏的意图已经暴露无遗，他已经没有了退路。李斯如果以此治他的罪，他可吃不了兜着走。

三次失败的赵高又用怎样的手段攻克李

皇帝二十余子，皆君之所知。长子刚毅而武勇，信人而奋士，即位必用蒙恬为丞相，君侯终不怀通侯之印归于乡里，明矣。——《史记·李斯列传》

高受诏教习胡亥，使学以法事数年矣，未尝见过失。慈仁笃厚，轻财重士，辩于心而诎于口，尽礼敬士，秦之诸子未有及此者，可以为嗣。——《史记·李斯列传》

斯呢？

利害！赵高深信只有"利"与"害"才可以攻克李斯。所以，赵高以"安"与"危"的相互转换为话题继续进攻李斯。赵高说："安"可以转化为"危"，"危"可以转化为"安"。如果一个人连"安"与"危"都辨不清，根本谈不上聪慧。

李斯继续坚持他的为臣底线——不背叛，赵高继续坚持他的谋反计划——不放弃。李斯的回答完全是从感恩的角度出发。他说：我本是上蔡的一介布衣，被皇上破格提拔成为丞相，封为彻侯《史记》中写作通侯，是避汉武帝刘彻的名讳），子孙都是因为我才有了尊位和丰厚的俸禄。皇上把国家存亡安危这样的重任交付给我，我怎么能够辜负先皇的重托！忠臣不避死，孝子不忧劳。我只知道守职。请你不要再说了，以免牵连到我。

赵高大讲安危，李斯大谈主恩。赵高第四个回合又遭惨败！

第五个回合。

赵高仍然死死缠住李斯。因为李斯是赵高篡国夺权的一座高地，而且是唯一的一座高地。如果拿不下李斯，一切努力都是徒劳；且机会一旦失去，也不会再有了，所以赵高无路可退。但是，安危利害都说不动李斯，赵高还能从哪方面突破李斯呢？

胡亥！这是赵高手中的一张王牌。

斯，上蔡闾巷布衣也，上幸擢为丞相，封为通侯，子孙皆至尊位重禄者，故将以存亡安危属臣也。岂可负哉！——《史记·李斯列传》

赵高明白无误地告诉李斯两点：一是当今天下的权力与百姓的命运都掌握在胡亥的手里，而胡亥最听我赵高的。二是与胡亥、赵高联手是从上控制下；外部势力要控制朝廷是妄想，下面的人要制服上头是造反。

赵高的这两点极为凶残，因为这是一个大势。李斯明白这个大势，再不屈从，赵高就可能与胡亥联手治李斯的罪。

李斯仍然不想束手就擒，尽管此时他的回旋余地已经非常小了。李斯坚持说不按正常的立嫡立长原则继位带来的必定是灾难。李斯熟读历史，他一口气举了三个例子：

一是晋献公因为宠幸骊姬而废太子申生，想立骊姬的儿子奚齐，结果奚齐被杀，晋国陷入五世内乱。

二是齐桓公兄弟俩争夺王位，导致互相杀戮。齐桓公的哥哥齐襄公被他的堂弟公孙无知所杀，齐人又杀了公孙无知。齐襄公死后，他的两位同父异母的弟弟争夺王位。一位是公子纠，一位是公子小白。公子纠先派人截杀公子小白，没有成功。公子小白于是抢先回国即位，就是历史上的齐桓公。他后来又派兵打败鲁国，杀了在鲁国的哥哥公子纠。

三是商纣王杀比干、囚箕子。比干、箕子是商纣王的叔叔，比干因为劝谏商纣王，被商纣王挖心而死；箕子因为劝谏商纣王，结果被商纣王囚禁。

方今天下之权命悬于胡亥，高能得志焉。且夫从外制中谓之惑，从下制上谓之贼。——《史记·李斯列传》

这三件事都违背天意，所以最终落得宗庙没人祭祀的下场。我李斯是个人啊，怎么能参与这些阴谋呢！

李斯仍然坚持，不愿屈从。

第六个回合。

李斯不从，赵高不走。赵高与李斯展开了第六个回合的生死大较量。赵高还是从"利""害"二字入手，他警告李斯：听我的话，可以让你长保封侯，永世相传；不听我的话，灾难不但降临到你的头上，而且还会祸及你的子孙。聪明的人善于转祸为福，你打算怎么办呢？

在赵高坚持不懈的威逼利诱、软硬兼施之下，李斯终于顶不住了。他仰天流泪，高声叹息说：遭逢乱世，我已经不能以死尽忠了，又能怎么办呢？也只能明哲保身了！于是，李斯依从了赵高。

经过六个回合的较量，赵高终获成功，欣喜若狂，得胜而归。他立刻兴冲冲地向胡亥汇报说：我奉太子之命去通知丞相李斯，他怎么敢不服从呢！

主动变节还是被动屈服

李斯是秦始皇的老臣、重臣，是随从秦始皇出巡的丞相。李斯变节，意味着大秦帝国的沙丘政变尘埃落定。除了赵高、胡亥、李斯，没有人知道秦始皇

三者逆天，宗庙不血食。斯其犹人哉，安足为谋！——《史记·李斯列传》

君听臣之计，即长有封侯，世世称孤……今释此而不从，祸及子孙，足以为寒心。善者因祸为福，君何处焉？——《史记·李斯列传》

斯乃仰天而叹，垂泪太息曰："嗟乎！独遭乱世，既以不能死，安托命哉！"于是斯乃听高。——《史记·李斯列传》

已死的内幕，没有人知道秦始皇遗诏传位给扶苏，玉玺又在赵高手中。所以，秦始皇的遗诏可以轻易地被篡改，李斯可以以重臣、老臣的政治身份证明秦始皇立胡亥为秦二世。他人即使怀疑也没有直接证据。

所以，李斯变节是一个极为重要的大问题！李斯变节直接改变了大秦帝国的发展方向。

李斯为什么会变节呢？

有两种说法：

一说李斯与赵高是在演双簧（简称"双簧说"）。焚诗书、坑术士之时，李斯和扶苏已经是政见不同了，所以，李斯对在外执掌兵权的扶苏本来就不想支持，他和赵高的六次过招，不过是个幌子。其实，他和赵高一样，想立胡亥而不想立扶苏。

另一说是李斯因私利而屈从赵高（简称"屈从说"）。

先谈"双簧说"。

"双簧说"的主要论据是李斯与扶苏的政见不合。焚书令是李斯的建议，扶苏对焚书令并未表示异议，因此，我们不知道扶苏对李斯建言的焚书令究竟是何看法。坑术士主要是方士们背后诽谤秦始皇，把秦始皇给惹火了，秦始皇才下令坑术士。坑术士不是李斯的建议，但是李斯未表示反对。扶苏极力劝谏，在这个问题上和其父秦始皇政见不合。因此，很难判断扶苏与李斯的政见是否一致。再说，李斯和赵高演双簧又是演给谁看的呢？政变本来就是在非常机密的状态下进行的。所以，赵高和李斯在改遗诏、立胡亥的问题上演双簧戏的说法恐怕站不住脚。

再谈"屈从说"。

赵高找李斯要求篡改遗诏、另立胡亥谈得并不顺利。利诱、威逼、恫吓、软硬兼施，如果我们细细地读一读《李斯列传》就会明白，赵高六次出招，李斯六次接招，忠君、爱国、报恩、有礼有节，最终无奈之下同意了赵高的意见。

从中不得不承认李斯是屈从而非迎合，是受到胁迫而非心甘情愿。虽然从实际效果上看，屈从与迎合的效果一样，胁迫与甘心等值；但是，这一问题涉及对李斯个人的评价，不可不辨。

选择应该选择的是勇敢，选择不该选择的是无奈，放弃不该放弃的是懦夫，放弃该放弃的是睿智。

贝多芬曾经说过："就是为了御座，也决不背叛真理！"可惜李斯不是贝多芬！

李斯变节的主要原因是怯懦与无奈，但是，李斯的变节也有着深刻的背景。

秦王政十年 (前237)，吕不韦罢相，李斯上《谏逐客书》，大受赵政宠爱，从此成为赵政身边的重臣。从这一年到公元前210年赵政沙丘病故，李斯主政二十七年。在这近三十年的主政期间，李斯一直深得秦始皇的信任与重用。李斯与秦始皇的关系是君臣遇合的经典，是缘分。

李斯力主先灭韩，秦始皇付诸实践，在秦始皇兼并六国、统一天下的过程中，李斯始终是秦始皇的坚定支持者，也是秦始皇统一天下的功臣之一。应当说，此时李斯的主张基本是正确的，它保证了秦始皇在这一过程中基本没有出现失误。

秦始皇统一天下之后，李斯力主郡县制，坚决反对分封制，保证了中央集权制的巩固。李斯奉命撰写了《仓颉篇》，成为秦始皇统一天下文字的范本之一，为中国文字的统一做出了重大贡献；但是，李斯力主焚诗书、废私学，促使秦始皇下达焚书令，造成了极其恶劣的影响。其实，李斯本人就是荀子所办私学的受益者，设想如果在先秦就取消了私学，李斯跟谁去学"帝王之学"呢？

秦始皇历次巡游天下，李斯都护驾随行，并成为秦始皇各地刻石的撰写者。李斯的书体历经千年保存了下来，使今人尚可一睹其书法的风采。

李斯的儿子个个"尚主"，娶了秦始皇的女儿为妻；李斯的女儿个个都嫁给了秦始皇的儿子。这是什么关系？姻亲关系。

可见，秦始皇与李斯的关系是如何不一般。

李斯的长子李由担任三川郡的太守，李由回京城咸阳，李斯在家中备酒宴，朝中文武百官全部到家中祝贺，门外的车马有数千辆。看到这盛大的场面，李斯都感到震惊，他感慨地说：我听我的老师荀子说，万物最怕过了头(物禁大盛)。我只是上蔡县的一介布衣，依靠圣上的擢拔，才有了今天，位极人臣，富贵已极。但是，盛极则衰，我都不知道我将来会停泊在哪儿。

诸男皆尚秦公主，女悉嫁秦诸公子。
——《史记·李斯列传》

斯长男由为三川守……告归咸阳，李斯置酒于家，百官长皆前为寿，门廷车骑以千数。李斯喟然而叹曰："嗟乎！吾闻之荀卿曰『物禁太盛』。夫斯乃上蔡布衣，闾巷之黔首，上不知其驽下，遂擢至此。当今人臣之位无居臣上者，可谓富贵极矣。物极则衰，吾未知所税驾也！"——《史记·李斯列传》

李斯为大秦帝国的创立建立奇功，秦始皇对建奇功的李斯深加笼络，这就是两家相互结为儿女亲家的根本原因。

但是，随着秦始皇的去世，李斯获得的一切可能随之而丧失；为了保住位极人臣的地位、荣华，李斯最终还是选择了背叛。

君臣同背锅

谁应当对李斯变节负责呢？

首先是李斯本人。

面对赵高的威胁、利诱，李斯如能舍弃自己的一切，立即行使权力，抓捕赵高，做拼死之争，行困兽之斗，赵高未必能够得逞。也许李斯因此要付出巨大的代价，甚至于在拥立扶苏之后被贬、被杀，但是，那样李斯无愧于大秦帝国，无愧于秦始皇。而且，未必一定会败！即使败了，虽败犹荣。然而，李斯最终没有这么做，他选择了妥协，选择了屈从。他暂时保住了自己的地位与荣华，而这次违背良知的背叛所造成的恶劣后果不久就会显现出来。李斯也为这次选择付出了惨痛的代价，最终使自己走上了不归之路。

人有言：大丈夫行事，论是非，不论利害；论顺逆，不论成败；论万世，不论一生。李斯在威逼利诱之下，不辨是非，不辨顺逆，不求万世，但求暂安，李斯岂是大丈夫哉？所以，他必须为自己的行为负责。

其次是秦始皇。

秦始皇在皇位继承人的问题上犯了一个不可原谅的错误——没有及早明确继承人。由此改变了他亲手建立的大秦帝国的发展方向，也使他幻想大秦帝国传至千秋万代以至无穷的蓝图在不久的将来就变成了泡影，灰飞烟灭。

其实，秦始皇可以有多种办法避免篡改遗诏事件的发生。

一是早立太子，公告天下；

二是临终前向随行大臣公布太子人选，让大臣们个个都知道自己的意愿；

三是设立辅政大臣班子，不能由李斯一人说了算；

四是迅速发出给扶苏的诏书，使赵高无空子可钻，无文章可做。

秦始皇为什么会犯下这样的错误呢？

一是对疾病心存幻想；由于心存长生之梦，迟迟不愿公开立太子；心存侥幸，幻想能逃过疾病这一劫，未能早发诏书，错过了立太子的黄金时段。

二是过于自负。秦始皇统一天下之后，觉得自己功高三皇，名过五帝，过于看重自己的权威，一句话总结就是，太把自己当回事了。他以为只要他说的话，他发布的诏令，谁都不会也不敢篡改。他活着的时候，这些可能都可以办到，但他不知道死后一切都无法掌控！

三是他根本就没有想到会发生政变，没有防范宫廷政变的心理准备。他是始皇帝，他是第一位创建了大一统帝国的皇帝，还缺乏统治这个大一统帝国的经验。

由于没有防范心理，秦始皇有三个想不到。

一是想不到赵高会首先发动政变。赵高出身卑微，但秦始皇并没有因为赵高的出身而埋没了他，而是发现并重用了他。因此，秦始皇从来没有想到身受重恩的赵高会率先发动政变，而且突破了胡亥、李斯的重重防守，最终获得成功。卑微者可以高尚，也可以永远卑微。

二是没有想到自己最喜爱的少子会背叛自己。秦始皇非常喜欢胡亥，所以他才同意让胡亥参与第五次大巡游。但是，这个生前自己最喜爱的儿子，竟然完全背叛了他，背叛了他的意愿，成为一个叛臣逆子！

三是没有想到李斯会变节。秦始皇对李斯是恩宠有加！两家互结姻亲，平日言听计从，临终前托以大事，最终李斯却在关键时刻背叛了秦始皇，使赵高的政治企图成为现实。

于是，以胡亥为首，以赵高为中心，有李斯参与的政变集团组成了。

胡亥在赵高的策划下，终于摆平了重臣李斯，为自己的登基做好了准备。那么，胡亥能够顺利登基吗？手握兵权的长子扶苏和大将蒙恬不会怀疑吗？他们会安心接受这个现实吗？

请看：二世诈立。

二世诈立

沙丘政变的始作俑者赵高第一步劝说胡亥，第二步威逼利诱李斯，顺利组成了沙丘政变的利益同盟。但是，三人成功联手只是政变开始，最终实现还需要摆平两个至关重要的人物：扶苏和蒙恬。扶苏是深受秦始皇器重的皇长子，也是秦始皇临终时明确指定的皇位继承人，他在朝臣与皇族中具有巨大的影响力，又是大秦帝国精锐之师长城军团的监军，手握三十万重兵。他会毫不怀疑地接受传位给胡亥的"遗诏"吗？如果扶苏一旦生疑，折腾起来，沙丘政变还能够成功吗？胡亥、赵高、李斯将怎样处理扶苏呢？蒙氏家族为秦国立下了卓越功勋，蒙恬是秦军长城军团的主帅，他的弟弟蒙毅是秦始皇最信任的重臣，蒙氏兄弟将怎样看待秦始皇的"遗诏"呢？赵高主导的政变集团会怎样处置蒙氏兄弟呢？

父要子亡　子不得不亡

李斯屈从之后，胡亥、赵高、李斯要对付的首要目标便是扶苏，因为扶苏占有的政治资源非常丰富。第一，他是皇长子；第二，他是秦始皇生前确定的丧事主持人，言外之意就是皇位继承者；第三，他在朝中拥有众多的支持者；第四，他与蒙恬拥有重兵，枪杆子里面是能够出政权的。

此时的秦帝国有两大军团：一是长城军团，二是南越军团。南越军团远在两广，远水不解近渴，根本派不上用场。即使在陈胜、吴广掀起反秦大起义之时，这支五十万人的南越军团也未能北归，所以，这个军团是指望不上的。长城军团则不同，它驻守的河南地，沿着直道南下，很快即可抵达关中之地。因此，长城军团一旦兵变，对秦帝国而言将是致命的。

扶苏尽管占有多重优势，但是，他有两个明显弱势：一是扶苏对其父秦始皇的病故与真正遗诏的内容毫不知情；二是赵高手中的皇帝符玺可以伪造遗诏。如果扶苏知道秦始皇已经病故，知道父皇的遗诏是传位给自己，那会怎么样？肯定会发生兵变啊！扶苏只要知道了真相，一定不会俯首听命。只要扶苏起兵，政变集团就会陷入极大的被动，乃至功亏一篑。可事实是，扶苏不知道真相，信息的不对称使扶苏陷入极大的被动，多重优势被两个明显的弱势击倒。

在扶苏毫不知情的情况下，政变集团伪造了一个专门对付扶苏的秦皇"遗诏"，这个"遗诏"的核心是赐死扶苏。只有让扶苏在这个世界上消失，他们才能心安，否则只会惶惶不可终日。

那么以什么理由让扶苏从这个世界上消失呢？

世界上什么都缺，唯独不缺少杀人的理由，欲加之罪，又何患无辞呢？在这场政变中，再也没有什么比捏造赐死扶苏的理由更容易的事了。以赵高为首的政变集团不但给出了理由，而且给出了充分的理由，列了足足四条，每条都冠冕堂皇。

一是守边无功。

守边无功，就是说扶苏与蒙恬不能开疆扩土，数十万军队只有损耗，没有为国争来一丝一毫的土地。

本来，大秦帝国对游牧民族采取的就是防范为主的方略，这才有万里长城。长城，就是阻隔农耕文明与游牧文明的一道屏障，是一种防御手段。所以，蒙恬尽管有数十万大军，但他主要的任务是防范，而不是去消灭一个民族，庞大的游牧民族一时也无从消灭。其实，只要能防住北方游牧民族的入侵，目的就已经达到了。由此看来，"守边无功"只不过是一个杀人的借口。

二是诽谤朝政。

政变集团赐给扶苏的"诏书"上指责扶苏"反数上书直言诽谤我所为"，你多次上书议论我，对我的行政措施指手画脚。可见，扶苏即使被贬到边地担任监军，也一直没有停止对秦始皇的劝谏。这恰恰是胡亥之流加在他头上的罪名。其实，扶苏完全是为了帝国的长远利益，为了秦始皇的历史声名。但是，对待不同政见可

今扶苏与将军蒙恬将师数十万以屯边，十有余年矣，不能进而前，士卒多耗，无尺寸之功。——《史记·李斯列传》

以从善如流，也可以指为诽谤。因此，"诽谤朝政"也是一个借口。

三是谋立太子。

胡亥指责扶苏"以不得罢归为太子，日夜怨望"，真是颠倒黑白！谁日夜盼望太子之位？扶苏如果真想当太子，他最好的办法是闭起嘴来，这样，也许他早就当上太子了。正是因为扶苏不刻意以当太子为人生目标，所以他才屡屡上书，即使被贬到边地，他也不忘进言。显然，这一条也是欲加之罪。小人的龌龊之处就在于无耻且光明正大地把自己的龌龊强加于对方，从而证明自己的高尚。

四是为人不孝。

胡亥给扶苏加了"不孝"的罪名，却并没有说明扶苏如何"不孝"。真正的"孝"是恪守父训，胡亥连父皇的遗诏都可篡改，还侈谈什么"孝"与"不孝"？叛臣逆子又有什么资格来谈"孝"呢？这是他们最害怕别人定在他们身上的罪名，所以急不可耐地先加在扶苏身上。扶苏最终坚守"父让子死，子不得不死"的古训而拔剑自刎，这恰好证明了扶苏恪守孝道。

政变集团矛头对准扶苏。看到这份"遗诏"的扶苏会怎么办呢？扶苏该怎么办呢？扶苏接到诏书后，如晴天霹雳，肝胆俱裂，痛心而泣，转身回到帐中就要拔剑自杀。一哭，二入，三自杀。扶苏的表现是对秦始皇的异常忠诚，但是，这种愚忠愚孝令人失望！扶苏并非孩童，

扶苏泣，入内舍，欲自杀。——《史记·李斯列传》

却有一颗童心。他屡屡上书劝谏秦始皇，他不辨诏书真伪，就想自杀了事。他根本没有思考过这份诏书是不是假的，更没有想到这个世界上还有人敢于伪造诏书。

扶苏的单纯令人敬重，亦令人吃惊。

诗人爱默生说过："没有一件事比伟大更为单纯，事实上，单纯就是伟大。"单纯是伟大，但是，单纯也可以是幼稚，甚至于单纯可以是愚蠢。

如此的政治阅历，如此的政治判断，证明扶苏只是一位"合法"的帝位继承人，而并不是一位"合格"的政治家，也不是一位"合适"的大秦帝国的二世皇帝。

秦始皇一生不立皇太子，临终时又选了一个"合法"但不"合适"的皇位继承人。这表明秦始皇尽管在兼并六国的过程中颇有识人之明，但是，在选拔帝位继承人时却又丧失了这种智慧。能处理好国事者，未必能处理好家事；而对于一位帝王来说，自古家事皆国事。

由于扶苏对这封假遗诏深信不疑，而且他觉得秦始皇既然都赐他死了，再请示还有啥意义呢？随即自杀。

与扶苏同时被赐死的还有一人，此人的反应就与扶苏大相径庭。此人是谁？他为什么敢抗旨不遵呢？

扶苏为人仁，谓蒙恬曰："父而赐子死，尚安复请！"即自杀。——《史记·李斯列传》

君要臣死　臣还不能死

此人就是蒙恬。在逼杀扶苏的同时，胡亥、赵高、李斯还要逼杀蒙恬。蒙恬是长城军团这支精锐的主帅，其弟蒙毅是秦始皇的正卿，蒙氏兄弟的存在对政变集团同样有严重威胁。所以，政变集团绝对不会放过蒙恬。

那么，他们给蒙恬加的罪名是什么呢？

一是知情不报，二是为臣不忠。扶苏既然图谋不轨，蒙恬自然就是知情不报；知情不报就是为臣不忠。所以，赐蒙恬死，将兵权交付副将王离（秦国名将王翦的孙子）。

但是，蒙恬可不是一个好忽悠的人。他虽然是武将，然而政治经验颇为丰富。他看到扶苏想自杀，立即进行劝阻。蒙恬讲了四点：

一是陛下在外，未立太子，不能轻易自杀。

二是我统重兵，你为监军，我们身负重任。

三是单车一使，怎能轻信？怎知没有阴谋？

四是请示皇上，确认以后，再自杀也不迟。

蒙恬比扶苏有政治经验，但是，蒙恬也没有想到会发生宫廷政变。蒙恬更不知道秦始皇已死，不知道胡亥、赵高、李斯发动宫廷政变已经将他和扶苏逼到了死亡线上——只要不起兵，任何请示都是白费；但

将军蒙恬与扶苏居外，不匡正，宜知其谋。为人臣不忠，其赐死，以兵属裨将王离。——《史记·李斯列传》

蒙恬止扶苏曰：『陛下居外，未立太子，使臣将三十万众守边，公子为监，此天下重任也。今一使者来，即自杀，安知其非诈？请复请，复请而后死，未暮也。』——《史记·李斯列传》

是，蒙恬坚持要再请示。

可见，信息的严重不对称使当事人的判断能力大打折扣。

扶苏的愚忠愚孝替政变集团清除了最大的障碍，也使蒙恬陷入孤掌难鸣的困境。但是，蒙恬坚持不自杀，坚持再请示，胡亥的使者只好将蒙恬先行关押。

使者回报胡亥。听说扶苏自杀，蒙恬被囚，胡亥、李斯、赵高都极为兴奋。赵高见最担心的障碍已除，马上决定了三件大事：

一是立即返回咸阳；

二是诏告天下秦始皇驾崩，办理丧事；

三是拥立胡亥称帝。

就这样，得到扶苏已死的准确消息之后，载有秦始皇臭尸的车队才快速返回都城咸阳（可见，在确认扶苏自杀之前，政变集团不敢返回咸阳！只能拉着秦始皇的臭尸在外瞎转悠，等待扶苏的消息）。一旦扶苏已死，他们才敢向外发丧，并立胡亥为秦二世皇帝。胡亥诈立成功后，立即任命政变策划者与组织者的赵高担任郎中令。郎中令是九卿之一，掌管宫廷警卫、统领皇帝侍从的重要官职，皇帝最信任的官员才能担任此官。

可见，政变集团最担心的是扶苏的生死。如果扶苏坚持不信，甚至举兵求见秦始皇，麻烦就大了。扶苏之死使政变集团彻底放了心，其他任何人都不可能再对

使者还报，胡亥、斯、高大喜。
——《史记·李斯列传》

胡亥的登基造成多少威胁。从此以后，这对暴君奸臣便在一起制造出了一幕又一幕令人发指的惨剧。貌似强大的大秦帝国，也由此分崩离析。

秦始皇有二十多个儿子，为什么政变集团对其他二十多个公子没有过多担心，偏偏盯住了扶苏一个人呢？两点：不重要，来不及。

秦始皇的其他儿子确实都有资格当"秦二世"，但秦始皇废分封、行郡县，导致他的儿子们个个都没有政治实力，无法和拥有"遗诏"的胡亥抗衡。这叫不重要。

胡亥当时最紧要的是处理唯一的一位合法继承人扶苏，然后正式登基称帝。至于其他兄弟，他还顾不上去处理，等秋后算账也不迟。这叫来不及。

政治制度决定一个人的政治能量，经济制度决定一个人的经济能量。秦始皇的儿子并非个个窝囊，而是郡县制、三公九卿制等一系列中央集权制限制了他们，使他们几乎没有政治资源，无法在政坛上呼风唤雨、一展拳脚。所以，只要法定继承人扶苏一死，胡亥的其他兄弟都不值一提。这就是我们前面多次讲到的分封制的危害在未来，郡县制的危害在当下。由于没有进行分封，秦始皇的儿子们个个都丧失了拥兵为王的政治权力，在面对至高无上的皇帝之时毫无反手之力，即使这位皇帝是假的、诈立的，他们也只能听之任之、毫无作为。

《史记·李斯列传》中记载扶苏自杀、蒙恬被囚的消息传来之后，"斯、高大喜"。李斯的"大喜"说明此时李斯已经从屈从赵高堕落到主动为政变清障；赵高的"大喜"是小人政变成功后的得意忘形。

难逃一死

野心是一把屠刀。一个利欲熏心、野心不断膨胀的人，时刻会挥舞着屠刀向一个个阻拦他达到狂妄目的的对象砍去。哪怕这个对象本来无心去阻拦他，但只要他认为这是一个绊脚石，谁都不能逃脱。

赵高的野心随着他阴谋的顺利得逞而不断膨胀。因此在除掉了扶苏之后，他又会把屠刀砍向谁呢？

胡亥做了皇帝，并不意味着大功告成。赵高仍畏惧：蒙恬手握重兵，宗室大臣窃有异议，这些都是他实现阴谋的严重阻碍。他要彻底实现自己的目的，还要除掉两个人，就是蒙氏兄弟。蒙恬、蒙毅在秦始皇生前颇受重用，屡建奇功，在朝中也权高位尊，因此是赵高平生最忌之人。

赵高为什么一定要在这场政变中除掉这两个人呢？

一是旧恨，二是担心。

先说旧恨。赵高曾经因为犯法受蒙毅审理，蒙毅不畏强权，按照秦律判了赵高死刑；后来因为秦始皇的干预，赵高才侥幸躲过一劫。但是，赵高从此对蒙毅恨之入骨，必欲除之而后快。

再说担心。赵高的担心有三个方面。

一是蒙毅审案秉公无私，赵高深感他可能不会像

高有大罪，秦王令蒙毅法治之。毅不敢阿法，当高罪死，除其宦籍。帝以高之敦于事也，赦之，复其官爵。——《史记·蒙恬列传》

李斯那样俯首听命，如果蒙毅"不为己"怎么办？因此，必须除掉蒙氏兄弟。

二是蒙恬与扶苏的关系不一般；蒙恬是长城军团的统帅，扶苏是长城军团的监军，这段经历使蒙恬和扶苏结下了友谊。现在扶苏已被假诏书赐死了，但与扶苏关系交好的蒙恬还在，这使赵高极不放心。

三是蒙氏兄弟如果再次受到秦二世胡亥的重用，这对赵高不利。蒙毅、蒙恬一文一武，一内一外，均为大秦帝国的重臣。胡亥只担心扶苏，他对蒙氏兄弟并没有必欲除之的想法，反而想释放蒙恬。胡亥的这种想法更坚定了赵高屠杀蒙氏兄弟的阴谋，也就是说如果蒙氏兄弟活着，被重新重用的可能性很大。所以，赵高有隐忧，赵高的隐忧不是没有根据的。以蒙氏在秦国的影响与功绩，东山再起的可能性极大。

使者还报，胡亥已闻扶苏死，即欲释蒙恬。赵高恐蒙氏复贵而用事，怨之。——《史记·蒙恬列传》

小人的"核武器"是诬陷。赵高"日夜毁恶蒙氏，求其罪过，举劾之"《史记·蒙恬列传》。赵高对胡亥说：先帝想立你为太子，但是蒙毅坚决反对，这是不忠，所以应当除掉这个不忠之臣。胡亥对蒙毅并无恶感，但是，在赵高不断的聒噪之下，他将祈祷山川回来的蒙毅囚禁在了代地。

原来，秦始皇在平原津病重之后，立即派当时随行的重臣蒙毅去名山大川为自己祈祷，渴望通过这种方式消灾治病。蒙毅到名山大川的祈祷最终也没有治愈秦始皇的病。直到秦始皇病死之时，蒙毅还在忙活，尚未归来。等到蒙毅任务完成回来交旨时，秦始皇早已不在人世。

此时的蒙氏兄弟双双被囚，赵高一心想要杀掉蒙氏兄弟。但是，赵高欲除掉蒙氏兄弟一事遇到了麻烦，有人为蒙氏兄弟说情。这个说情人是谁我们暂且不表，以后再补叙。

最有分量的话是刚刚发生的活生生的历史事实。这位说情人对秦二世讲了赵国和齐国的亡国原因：赵国的亡国之君赵迁杀了李牧而重用他人，齐王田建杀了老臣而重用后胜。结果，他们都因为杀错了人、用错了人而亡国。胡亥对十几年前发生的秦始皇兼并六国的事实应当非常清楚，这些话也最可能打动胡亥。蒙氏兄弟就是秦国的李牧，一旦杀了这样的忠臣良将，国家将会有亡国之危。

此人最后说：杀忠臣而重用没有节操的人，将会导致众叛亲离的局面。

胡亥能听得进去吗？

当然不能。

胡亥派了使者，到了关押蒙毅的地方，逼迫蒙毅自杀（赐死）。

什么理由呢？

"先主欲立太子而卿难之"，先皇想立我为太子但

臣闻轻虑者不可以治国，独智者不可以存君，诛杀忠臣而立无节行之人，是内使群臣不相信而外使斗士之意离也，臣窃以为不可。——《史记·蒙恬列传》

是你反对，你这是不忠。本来此事要牵连你的家族，但是我不忍心，现在只赐你一人自裁，这够宽大了吧。

今丞相以卿为不忠，罪及其宗。朕不忍，乃赐卿死，亦甚幸矣。——《史记·蒙恬列传》

蒙毅回答：要说我不了解先皇的心意，可我年纪轻轻就得到先皇的提拔赏识，一直到先皇仙逝。要认为我不了解您的才能，只有您陪侍先皇，周游天下，可见您远胜过其他公子，我怎么会怀疑呢？先皇重用您是多年来的深思熟虑，我怎么敢进谏！不是我找借口躲避死罪，只是担心羞辱了先皇的名声。秦穆公杀死车氏，"三良"为他殉葬，以不应得的罪名错判重臣百里奚，死后的谥号为"缪"。秦昭襄王杀死武安君白起，楚平王杀死伍奢，吴王夫差杀了伍子胥。上述四位国君，都犯了重大的错误，遭到天下人的非议，声名狼藉。

但是，胡亥的使者知道秦二世的意图是必杀蒙毅，所以根本听不进蒙毅的申诉，最终杀了蒙毅。

蒙毅被杀之后，其兄蒙恬能躲得过去吗？

肯定躲不过去！

杀蒙恬又有什么理由呢？

两点理由：一是"君之过多矣"，二是"卿弟毅有大罪"。你自己的罪多得很，你弟弟又犯了

以臣不能得先主之意，则臣少宦，顺幸没世，可谓知意矣。以臣不知太子之能，则太子独从，周旋天下，去诸公子绝远，臣无所疑矣。以臣不知先主之举用太子，数年之积也；臣乃何言之敢谏，何虑之敢谋！——《史记·蒙恬列传》

以其所举不得人，故加恶谥。缪者，妄也。——《汉书·张汤传》颜师古注

大罪，诛连到你。

蒙恬像蒙毅一样，坚持为自己辩护。他说：

我们家族三代有功于秦，而我统率三十万大军，即使现在被关押，我的力量也足够发动一场叛乱。然而，我不会做不义之事，我不能让我们蒙氏家族蒙受耻辱。

周成王即位之时年幼无知，他的叔叔周公旦背着周成王接受群臣朝见，最终平定天下。等周成王病危，周公旦剪下自己的指甲沉入黄河，祈福说：国君年幼，是我当权执政，如有罪过，上天应惩罚我。周公旦把祷词写下来，收藏在档案馆里。等周成王能亲理朝政时，有奸臣造谣说：周公旦早就想作乱了，大王若不戒备，一定会发生大事。周成王大发雷霆，周公旦逃到了楚国。后来，周成王在档案馆审阅档案，发现了周公旦当年的祷告书。看着这些昔日的文件，他流着眼泪说："孰谓周公旦欲为乱乎！"于是，杀了造谣的大臣，请周公旦回朝。

我蒙氏宗族，世代没有二心，最终落到这样的结局，一定是乱臣叛逆欺君罔上。周成王犯有过失而能改过，终于使周朝兴旺昌盛；夏桀杀死关龙逄，商纣杀死王子比干而不后悔，最终身死国亡。我说这些，不是想逃避罪责，而是忠心规劝，希望陛下深思熟虑。

使者会听蒙恬的这番话吗？不会。使者说：我只

自吾先人，及至子孙，积功信于秦三世矣。今臣将兵三十余万，身虽囚系，其势足以倍畔，然自知必死而守义者，不敢辱先人之教，以不忘先主也。——《史记·蒙恬列传》

是按照皇帝的旨意来执法，不敢把你这些话传达给皇上。

蒙恬喟然长叹：我在哪里得罪了上天，难道要我无罪而死吗？沉思良久，蒙恬想到一个罪过：修长城。这种无奈只是他的一种自我安慰，在使者的逼迫下，蒙恬服毒自杀。

蒙氏兄弟终于被赵高陷害而死。

没有公开审理，没有公平执法。制造这场冤案的人正在一步步摧毁着他们赖以生存的帝国大厦。

当局者迷

随着扶苏之死与蒙氏兄弟遇难，沙丘政变获得了成功。胡亥顺利地坐上了秦国二世皇帝的宝座，李斯保住了他难以舍弃的权力与地位，赵高不但飞黄腾达，做了九卿之一的高官郎中令，又借机屠杀了蒙氏兄弟，既报了先前旧恨，又除掉了潜在的威胁者，稳固了自己的地位。显然，他们都从这次政变中获得了实际的利益。但是，他们是沙丘政变的真正受益者吗？

历史的发展总是和那些企图掌握历史命运的人开着一个个不大不小的玩笑。

沙丘政变的受益者当然是胡亥、赵高、李斯三人。胡亥意外地当上了秦二世，赵高初步掌控了大秦帝国

蒙恬喟然太息曰：『我何罪于天，无过而死乎？』良久，徐曰：『恬罪固当死矣。起临洮属之辽东，城堑万余里，此其中不能无绝地脉哉？此乃恬之罪也。』乃吞药自杀。——《史记·蒙恬列传》

的权力，李斯则保持住了自己的权力与地位。但是，沙丘政变的三位受益者正在干的是一件埋葬大秦帝国的罪恶勾当，因此，他们都将是历史的匆匆过客，他们的悲剧命运正伴随着沙丘政变一步步展开。一场埋葬大秦帝国的政变最终必然会将因大秦帝国的灭亡而使受益的政变集团成为大秦帝国的掘墓人和殉葬人。所以，胡亥、赵高、李斯只能是沙丘政变的暂时受益者。

沙丘政变真正的受益者是此时正蛰伏在楚地的刘邦。沙丘政变之后，昏庸无道的胡亥当上了秦二世，他的倒行逆施加速了大秦帝国的崩溃，导致一场空前巨大的社会变革，为刘邦建国称帝提供了千载难逢的历史机遇。当然，刘邦此时并不知道自己将成为这个历史事件的真正受益人。此时他还叫刘季，在他的大秦帝国泗水亭长的任上优哉游哉地过着他的酒色生活。重大历史事件的最大受益者竟然对此浑然不觉。这就是历史的魅力！

沙丘政变另一真正的受益者是置身于民间的未来反秦起义者，比如萧何、张良、韩信等。这时的萧何在大秦帝国的沛县任主管人事的主吏掾，与刘邦友善，经常资助他；张良刺杀秦始皇失败后正隐匿在下邳县研读着兵书，行侠仗义；韩信还在过着他近似乞讨的寄食生活，被乡里小儿欺负着。这些蛰伏于危机四伏的大秦帝国中的民间草莽，都将因为沙丘政变逐步登上历史舞台，成为中国历史上第二个统一帝国——汉帝国的功臣良相。

那么，谁是沙丘政变的受害者？

首先是扶苏，他是皇长子，是长城军团的监军，也是秦始皇临终前钦定的"秦二世"，但是最终却被迫自杀。最为悲哀的是扶苏至死都不知道自己被骗了，死得糊里糊涂。一位重大历史事件的受害者竟然至死都蒙在鼓里。可悲！

其次是蒙恬、蒙毅兄弟二人，他们因为沙丘政变而被胡亥、赵高、李斯囚禁、杀害，至死也不知自己被赐死的真正原因。蒙恬死时还以为，他死是因为修筑万里长城而截断地脉。

但是，扶苏、蒙恬、蒙毅并不是沙丘政变最大的受害者，沙丘政变最大的受害者是秦始皇。秦始皇在三十五代秦国先君的基础之上，兼并六国，统一天下，建立了中国历史上第一个统一的帝国；秦始皇企图让他的帝国一世、二世直至千秋万代。但是，随着他的死去，他的意志得不到贯彻；他的遗体腐烂发臭，与鲍鱼为伍；他钦定的接班人被杀；他亲自创立的皇帝制度正在埋葬着他创立的帝国。但是，这位刚刚故去的沙丘政变的最大受害者连沙丘政变都不知道，更不知道他是沙丘政变的最大受害者，更是可悲！可叹！可哀！

三十六代秦国国君六百年的奋斗，最终却毁在了成功兼并六国的秦始皇手上，成也赵政，败也赵政。这到底是为什么呢？秦始皇的一生是成功的一生，还是失败的一生呢？

如果从结束战国乱象建立大秦帝国的角度而言，秦始皇当然是胜利者。从结束分封制创立以郡县制为基础的帝国来看，秦始皇也是胜利者；因为他创立的帝国制度传承了两千多年，直到孙中山领导辛亥革命成功才得以终结。这样看来，秦始皇在中国历史上可与孙中山相媲美，都是一个旧制度的终结者和一种新制度的创建者。但是，从大秦帝国二世而亡的角度来看，秦始皇又是一个失败者。

他追求长生却暴毙而亡，他企望大秦帝国万世长存却不知它只存在了十五年，成为中国历史上最短命的王朝之一。他钦定的接班人被赐死，他的亲信赵高率先背叛他，他倚重的大臣重臣李斯最终也成了大秦帝国的掘墓人，他宠爱的儿子胡亥杀死了他所有的儿子、女儿，不但国灭，而且家亡。

沙丘政变最终让胡亥当上了秦二世。当上秦二世的胡亥将怎样治理这么庞大的帝国呢？他能行吗？赵高的政治野心就此满足了吗？他会放下屠刀吗？

请看：巩固帝位。

胡亥无耻地篡改了其父始皇的遗诏，踏着兄长扶苏的鲜血卑劣地登上了"秦二世"的宝座。靠着这样血腥的手段胡亥诈立成功，他诚惶诚恐，在内心深处比任何人都清楚自己的这个皇位是怎么得来的。所以，即位以后，胡亥便跟自己的父皇当年一样，急不可待地首先要证明自己政权的合法性、皇位得来的正当性，他也是"奉天承运"。为此，他巡游天下，大兴土木，加强祭祀，把他爹走过的路线重新走了一遍。可是，做完这些之后，胡亥心里还是惴惴不安，满朝文武都是他爹的旧部，还有一伙对他了如指掌的兄弟姐妹，他能高枕无忧地享受人生吗？身居九卿之位、满腹坏水的赵高又会给胡亥出什么馊主意呢？

三十七

巩固帝位

狐假虎威

《史记·秦始皇本纪》和《史记·李斯列传》都记载了胡亥登上皇帝宝座后的所作所为，但是，这两篇传记的记载有所不同。

《秦始皇本纪》记载，秦二世一继位，立即做了两件事：一是强化祭祀；二是巡游天下。《李斯列传》记载，秦二世一继位，便开始享乐人生。

两篇传记对胡亥的记载差别很大，究竟哪一个更符合历史的真实呢？

笔者认为《史记·秦始皇本纪》的记载更为可信。

为什么呢？

从秦始皇开始，中国皇帝的继承主要有两种方式：一是顺承，二是逆取。所谓顺承，就是由先皇确定的继承人或皇位继承制确定的继承人来继承皇位；所谓逆取，则是通过非正常手段窃取皇位，秦二世篡改秦始皇遗诏，杀害皇长子——秦始皇钦定的皇位继承人扶苏，就是典型的逆取。

顺承与逆取只是表明帝位继承程序的合法与非法，并不能代表一位皇帝是明君还是昏君。比如人尽皆知的唐太宗李世民杀兄逼父夺得皇位是典型的逆取，但是，唐太宗却是中国历代皇帝中少有的开明君王，他虚心纳谏，政绩卓著，英明一世，成就了中国历史上赫赫有名的治世——贞观之治。

为什么唐太宗能够如此虚怀若谷，纳取他人之言？因为他深知自己是怎样当上皇帝、怎样夺得皇位、怎样杀兄逼父的。所以，他知道要夹起尾巴做人，而且要一辈子虚心、诚心、尽心、全心地做皇帝。不知好歹的魏徵数次劝谏唐太宗，数次惹得他龙颜大怒，但是唐太宗最终都忍了。为什么？因为自己是非法劫夺皇位，这就注定了逆取者必心虚。他必须用自己宽容的美德、空前的政绩为自己继承皇位的合法性给出一个雄辩的理由和一个不争的事实。当然魏徵的进谏保证了唐太宗政治上头脑的清醒，促使他不敢懈怠朝政。唐太宗在中国历史上之所以能够成为一代明君，和他这种清醒的认识密不可分。由此看来，逆取皇位者并不一定是昏君。有时候，正因为自己的皇位来路不正，反倒促使这位皇帝虚心纳谏，倾心治国。

靠不正当手段非法夺取皇位者，每每心虚。所以，这类皇帝登基之后都首先要迫切地证明自己也是"奉天承运"的合法继承人。证明自己的合法性有两种正当途径：一是靠规则，二是靠政绩。

胡亥是靠违反皇位继承规则当上皇帝的，这是他无法改变的事实。所以，胡亥不可能靠第一种正当的途径——规则，证明自己是合法的皇帝。

胡亥本来还可以依靠政绩来证明自己端坐皇位的合法性，可惜胡亥完全不懂这一点。一是因为胡亥继位之时尚且年轻，二是因为胡亥继位之时中国的皇帝制度也很年轻，所以，他完全不能得到充分的关于帝制的历史教训。如果胡亥深深懂得证明自己是一位合法继承人还有政绩这条路，也许他会如唐太宗一般敞开虚怀、恪尽职守，做一个尽职尽责的开明皇帝。

正因胡亥是中国历史上第一个逆取皇位的皇帝，他继位之后极度心虚，所以，他不可能一开始就无所顾忌，尽享人间欢乐，除非是脑子进水了，否则，他不会糊涂到这种程度！因此，笔者认为《李斯列传》记载的秦二世一继位便即刻享乐人生是不符合史实的。

两条能够证明自己继位是合法的正当路径，胡亥都不能采用，那么胡亥是怎么证明自己是合法的皇位继承人的呢？

胡亥玩了四把。

第一，加强祭祀。

国家历来注重两件大事，一是祭祀，二是战争。胡亥为了加强祭祀，不但增加了秦始皇祠庙里祭祀的牲畜数量，而且增加了山川祭祀的礼仪。胡亥试图通过加强祭祀证明自己敬畏先皇、感恩先皇，自己就是合理合法的"奉天承运"的继承人。

第二，尊崇始皇帝庙。

按照中国古代的礼制，天子可享七代祖先的祭祀。所谓七代祖先，即天子祖庙中间供奉的是开国太祖的神位，两边是与现任皇帝亲缘最近的六代先人，一边三位，共七位。开国太祖永远享受祭祀，其他六代受祭者随在位皇帝的变化而顺次更换。秦二世即位之后便立即召集大臣们廷议如何强化对始皇帝庙的尊崇。

怎么表示对秦始皇的尊崇呢？

经过严肃的廷议，胡亥把秦国先君的祖庙分为两类。一类是秦为诸侯时的祖庙，以秦襄公为始祖，因为秦襄公是秦国的立国之君；一类是秦始皇称皇帝后的帝庙，以秦始皇为始祖。如此一来，胡亥就把"直接传位"给自己皇位的始皇帝堂而皇之又不乏合理地并入了开国太祖之列，这样始皇帝就可以永享祭祀了。

秦为诸侯时的祖庙，以秦襄公为始祖，以下是秦孝公、惠文王、悼武王、昭襄王、孝文王、庄襄王等六代国君，这六位国君是距秦始皇最近的六代先君。

秦始皇称皇帝后的帝庙，以秦始皇为始祖。始皇帝庙设为"极庙"，永远享受祭祀，万世不得拆毁，天下人人都要贡献祭品，而且要做到礼数周到备至，后世永远不能超过。今后的历代天子都要亲自捧着酒祭祀始皇帝庙。而秦国列祖列宗的祖庙可以不用皇帝亲自去祭祀，派大臣去祭祀即可。这样的规定又让始皇帝的待遇超越了秦国真正的开国始祖。

秦二世胡亥确立如此隆重祭祀秦始皇的制度，不但要表明自己是秦始皇的合法继承人，更要为自己的心虚找到一个可靠的安慰。此外，还能用秦始皇的威严为自己造势。

胡亥这样做能使自己放心吗？

不能！那他还能做点什么呢？

第三，巡游天下。

秦二世和赵高有一番谈话很能说明问题。胡亥对赵高说：我太年轻（此时胡亥二十一岁），刚刚继位，天下百姓的心还没有归顺。先皇在时，多次巡行天下以彰显自己的强大。如果现在我不巡行天下，前后一对比，那等于是向天下人示弱，我就无法统治国家了，我也应该像先皇一样巡视天下。

于是在秦二世元年（前209）春，刚刚继位不久的胡亥效仿他父亲秦始皇开始了大规模的东巡，李斯随巡天下。帝国之内，从北到南，凡是秦始皇曾经到过的地方，胡亥都要去到；凡是秦始皇曾经刻石留名的地方，胡亥都要在刻石的侧面补上当年跟随秦始皇出巡的大臣的名字。他当然不能让自己的名字在石刻上与始皇帝并列，胡亥这样做并不是为了留下当年随同秦始皇巡行天下的大臣们的名字，而是通过某种手段留下自己的历史遗存。

第四，大兴土木。

秦二世大张旗鼓地表示自己感恩先皇，目的是让人们感到他是感恩先皇传位给他。所以，在做完上述三件事之外，秦二世开始大兴土木。他要修什么呢？一是始皇陵，二是阿房（ē páng）宫。有关秦二世大修始皇陵一事，我们还有专门的一章讲述，这里我们只谈谈修阿房宫。

秦始皇三十五年（前212）阿房宫开始修建。据《史记·秦始皇本纪》载，阿房宫"东西五百步，南北五十丈，上可以坐万人，下可以建五丈旗"，是一个巨型宫殿。但是，秦始皇在世之时并未建成。秦始皇死后，当务之急是赶快完成始皇陵，所以，阿房宫的修建就暂时停了下来。秦二世元年（前209），胡亥在大巡游回京之后，立即命令恢复阿房宫的修建。

胡亥为什么此时又要大修阿房宫呢？

当年，秦始皇认为咸阳人口多，宫殿狭小，又听说周文王当年建都在丰，周武王建都在镐（hào），丰、镐两城之间，才是帝王的都。于是就在渭水之南上林苑内修建朝宫。先在阿房建前殿，东西长五百步，南北宽五十丈，宫中可以容纳一万人，下面可以竖起五丈高的大旗。四周架有天桥可供行走，从宫殿而下一直通到南山。在南山的顶峰修建门阙作为标志。秦始皇病死之时，阿房宫还没有建成。原本计划等竣工之后，再选择一个好名字。因为是在阿房修筑此宫，所以人们就称它为阿房宫。秦二世认为，阿房宫是秦始皇要修的，如果现在停止修建，就是表明先皇修阿房宫是错误的。为了展现自己对先皇的尊崇，必须继续大规模修建。

先帝为咸阳朝廷小，故营阿房宫。为室堂未就，会上崩，罢其作者，复土郦山。郦山事大毕，今释阿房宫弗就，则是章先帝举事过也。——《史记·秦始皇本纪》

秦二世还征召了五万身强力壮的士兵守卫咸阳，让他们学习射箭，还要饲养供宫廷玩赏的狗马禽兽。这些士兵和狗马禽兽所需粮食很多，咸阳仓里的粮食不够用，就从下面各郡县征调，转运粮草、饲料的人都要自带干粮，咸阳周围四百里之内不准吃这些粮食。执法也更加严酷。

当秦二世强行大搞这些工程之时，一股强烈的反抗情绪正在帝国范围内大面积酝酿升腾。

有威胁的都除掉

秦二世胡亥继位之后，便立刻加强祭祀、巡行天下、大兴土木，意在通过这些举动，向天下人证明自己帝位得来的正当与合法。但是，费尽心机想让他人相信的事情，往往都是些无稽之谈。所以，尽管胡亥即位后就紧锣密鼓地张罗了这些大事，但做贼心虚的他内心仍然惴惴不安。

胡亥到底还怕什么呢？

一是怕大臣不服，二是怕皇子争位。

胡亥虽然当上了"秦二世"，但是，朝中官员都是秦始皇在位时的旧臣。胡亥偷偷问赵高：既然我可以坐上皇位，我的那二十多个兄弟都是皇子，也都有权利继承帝位，都可以和我一争天下。

大臣不服，官吏尚强，及诸公子必与我争，为之奈何？——《史记·秦始皇本纪》

说白了，根本原因还是在于他靠非法手段当上的皇帝，所以，坐上龙椅的胡亥心里一直不踏实。

忠实于胡亥的赵高听了他的心声之后会怎么办呢？

赵高献了两条毒计：一是杀旧臣、提新臣培植个人势力，二是杀皇子、除公主解除后顾之忧。

赵高心里也明白，他和胡亥一样地位不稳。虽然自己身居高位，但是朝中大臣们对他并不服气。原因是赵高原是个被人看不起的内臣，虽然秦始皇器重他，但他在朝中诸多大臣眼中毫无地位。沙丘政变之后，赵高一下子跃居高位，当上郎中令，位居九卿之列。大臣们虽然表面上不说，但心里并不服气。赵高深知自己跟胡亥一样在朝中毫无根基，要树立自己的威信，巩固自己的根基，只有除掉昔日不把他放在眼里的旧臣，然后培植自己的党羽。

所以，赵高的毒计可以概括为两点：一是杀，二是提。杀谁？杀旧臣，杀皇子。提谁？提拔无钱无势不受重用之人。赵高的理论是，这些人从来不受重视，没有地位，你现在一下子把他们提拔上来，他们会非常感谢你，为你效忠。

赵高这个"贱者贵之，贫者富之"的办法是古往今来一切培植个人势力的人使用得最普遍也最有效的方法，也是非常毒辣的一招。说白了，就是恩威并用，有破有立。

两个计划被采纳后，赵高得意地说：陛下这样做，天下就安定了，你也可以省省心好好享受一下人生了。

胡亥听完赵高的话，踌躇满志又不无感慨地说：人生一世，好像是坐着六匹骏马拉着的车子飞驰经过一个小小的缝隙，转瞬就是百年啊！我已经当上了皇帝，我想满足耳目的一切欲望，享受我所能想到的一切快乐，同时保证天下不乱，百姓安

贱者贵之，贫者富之。
——《史记·李斯列传》

今高素小贱，陛下幸称举，令在上位，管中事。大臣鞅鞅，特以貌从臣，其心实不服。今上出，不因此时案郡县守尉有罪者诛之，上以振威天下，下以除去上生平所不可者。——《史记·秦始皇本纪》

陛下则高枕肆志宠乐矣。
——《史记·李斯列传》

居乐业。

可见，胡亥继承君位之后的确是想充分享受人生，但他也想保证百姓安乐、江山不乱。昏君也并不是不考虑百姓，而是他们不知道百姓需要什么。当然，保证百姓的安乐也是保证自己享受的前提。

一个二十一岁即位的皇帝一上台就要享乐，疯了吗？

没有！他不是傻瓜。胡亥从一生勤勤恳恳的父皇的暴病而亡中悟出了这样一个道理：人生苦短！正如八百年后晚唐许浑在诗中吟唱的那样："莫道少年头不白，君看潘岳几茎霜。" [唐]许浑《途中逢故人话西山读书早曾游览》潘岳是西晋著名的好男儿，是中国古代著名的美男子，但是，年轻貌美的潘岳曾几何时已经变得华发满头了。也正如明代诗人刘玉所感叹的那样："莫道少年堪久别，高堂华鬓亦萧然。" [明]刘玉《寄咸肃兄》不要以为自己年轻就经得起岁月的磨砺，时光照样可以让"少年"变成"华鬓"。充分享受人生应当是昏庸但聪明的胡亥对人生的一种领悟。

阴险毒辣的赵高利用了胡亥的恐惧心理，开始对大臣、对胡亥的兄弟姐妹大搞白色恐怖。

胡亥认为赵高的话实在是太有道理，字字句句紧扣他的心扉，两人不谋而合。于是，胡亥下令重新修订法律。群臣和公子有罪，就交给赵高，让他审讯。秦始

夫人生居世间也，譬犹骋六骥过决隙也。吾既已临天下矣，欲悉耳目之所好，穷心志之所乐，以安宗庙而乐万姓，长有天下，终吾年寿。——《史记·李斯列传》

皇的十二位公子在咸阳街头被斩首示众，十位公主也在杜县被处死，财物没收，连带治罪的不计其数。

秦始皇的一个儿子公子高看到这种情况，知道难免一死，便想亡命他乡，但是，他担心自己逃走后，全家人会被满门抄斩。只好上书胡亥说：先帝在世之时，我备受先帝恩宠。我本该与先帝同死而没有做到，这是我为人之子的不孝，为人之臣的不忠。不忠不孝的人没有理由活在这个世上，请允许我随先帝死去，而且把我埋在骊山脚下。恳求皇上答应我。这叫什么？这叫主动找死。这个世界上如果真有这种人，只能有一个解释，那就是无奈！而且是万般无奈！

可怜的公子高实在是无路可走，才"主动要求"为秦始皇殉葬的。

这封奏书报上去以后，丝毫无手足之情的胡亥得意至极、兴奋至致，即刻传赵高，把此书向他展示，以此来享受两人狼狈为奸计划的成功，并且说：这是窘急无奈了吧？于是，胡亥答应了公子高的请求，赐给他十万钱予以厚葬。这样，公子高为秦始皇殉葬而死，因此保全了家人。可悲！

秦始皇另外的儿子——公子将间等兄弟三

二世然高之言，乃更为法律。于是群臣诸公子有罪，辄下高，令鞠治之。杀大臣蒙毅等，公子十二人僇死咸阳市，十公主矺死于杜，财物入于县官，相连坐者不可胜数。——《史记·李斯列传》

公子高欲奔，恐收族，乃上书曰："先帝无恙时，臣入则赐食，出则乘舆。御府之衣，臣得赐之；中厩之宝马，臣得赐之。臣当从死而不能，为人子不孝，为人臣不忠。不忠者无名以立于世，臣请从死，愿葬郦山之足。唯上幸哀怜之。"——《史记·李斯列传》

书上，胡亥大说，召赵高而示之，曰："此可谓急乎？"赵高曰："人臣当忧死而不暇，何变之得谋！"胡亥可其书，赐钱十万以葬。——《史记·李斯列传》

人被关押在内宫。秦二世胡亥派使者对公子将闾说：你们不遵守臣道，判处死罪。公子将闾说：宫廷的礼节，我们从来不敢不听从掌管司仪的官员；朝廷的位次，我们从来不敢有失礼节；奉命对答，我们从来不敢说错话。怎么能说不尽臣道呢？希望能知道我们的罪名再死。使者说：我不参与议罪，只是奉命行事。公子将闾仰天大呼：天啊！天啊！我们没有罪！兄弟三人流着眼泪拔剑自杀了。

大规模的杀戮让整个皇族震惊。若有大臣进谏便被定为诽谤，所以，战战兢兢的大臣们为了保住禄位，保住自己的性命，只得屈从讨好秦二世。朝中的大屠杀也使全国百姓震惊恐惧，整个大秦帝国笼罩在一片肃杀的白色恐怖之中。群臣震恐，百姓震恐，有叛乱之心的人越来越多。

胡亥就是坐在一座即将爆发的火山顶上开始了他人生短暂的寻欢作乐。

当必然巧遇偶然

诛手足，除旧臣，让整个大秦帝国陷于一片白色恐怖之中。无情残忍还自以为聪明的胡亥，浑然不知自己的所作所为已极大地危及大秦帝

二世使使令将闾曰：『公子不臣，罪当死，吏致法焉。』将闾曰：『阙廷之礼，吾未尝敢不从宾赞也；廊庙之位，吾未尝敢失节也；受命应对，吾未尝敢失辞也。何谓不臣？愿闻罪而死。』使者曰：『臣不得与谋，奉书从事。』将闾乃仰天大呼天者三，曰：『天乎！吾无罪！』昆弟三人皆流涕拔剑自杀。——《史记·秦始皇本纪》

群臣人人自危，欲畔者众。——《史记·李斯列传》

国的生存，他自己靠逆取劫夺的皇位也岌岌可危。而胡亥之所以能够这样为所欲为，根本原因在于胡亥是享受至尊万人之上的一国之君。按照秦始皇创立的皇帝制度，一国之君就可以肆意妄为。所以，大秦帝国面临的种种危机与沙丘政变关系极大。沙丘政变是中国历史上第一个中央集权的帝国发生的第一次宫廷政变，这次政变彻底改写了大秦帝国的历史，也彻底改写了中国的历史。

于是，有了一个重大问题：为什么会发生沙丘政变？沙丘政变和秦始皇有什么关系？

沙丘政变其实是偶然与必然结合的产物。

沙丘政变存在着太多的必然。秦始皇迟迟不立皇后、不立太子，秦始皇给皇长子扶苏的诏书变遗诏，赵高的敏感（发现了一个巨大的政治漏洞！）与操控得法（利害并用，一打一拉），李斯的变节，扶苏的愚忠愚孝，这些是发生沙丘政变的五大必然因素。但是，真正导致沙丘政变成为必然的深层原因还是秦始皇创立的皇帝制度。

打倒自己的往往是自己。皇帝制度确立了皇帝至高无上的权威。强化皇帝制度就使得大臣们不可能也不敢怀疑皇帝的决定。特别是经过焚诗书与坑术士两大事件之后，皇帝的专制一步步得到强化。所以，皇帝制度本身为野心家、阴谋家假皇帝之权威发动宫廷政变提供了条件。谁敢怀疑皇帝的"遗诏"？谁敢不遵从皇帝的"遗诏"？有了皇帝的"遗诏"，阿猫阿狗都可以当皇帝！如果有人像赵高、李斯一样在无人了解内情的情况下篡改遗诏，皇帝的遗愿也一样不可能得到忠实执行，同样能拥立他人当上秦二世。所以，正是秦始皇自己确立的皇帝制度导致了沙丘政变。这是秦始皇极力神化、圣化自己时所始料未及的。

偶然性是历史发展不可或缺的重要因素。

第一，秦始皇病死沙丘本身就是最大的偶然因素。假如秦始皇不是病死在沙丘，而是病故于咸阳，大臣们能够被赵高蒙蔽吗？大臣们都了解秦始皇的遗诏内容，李斯还敢变节吗？

第二，胡亥参加秦始皇第五次巡游是第二大偶然因素。如果胡亥没有参与巡游，赵高在得不到胡亥支持的条件下还能发动沙丘政变吗？

第三，蒙毅虽然随同巡游，却在沙丘政变之时出差在外，未能及时阻止沙丘政变是第三大偶然因素。蒙毅深得秦始皇信任，贵为上卿。如果秦始皇病故之时蒙毅在沙丘，他也应该是左右秦始皇诏书的关键人物之一。

蒙毅深得秦始皇信任有三大原因。

一是家族势力。蒙氏家族在秦始皇兼并六国过程中出力极大。

二是个人能力。蒙毅凭借个人能力，深得秦始皇信任，"出则参乘，入则御前"《史记·蒙恬列传》，是秦始皇的左膀右臂。

三是文武兼备。我们这里说的文武兼备不是说蒙毅本人文武兼备，而是指蒙毅在朝位居上卿，其兄蒙恬驻守边地，统领重兵。兄弟二人，分掌大秦帝国的朝政、军事。

蒙毅是制约赵高的强大对手。前文提到，秦始皇在世之时，赵高曾经犯法，蒙毅奉命审理此案。他刚直不阿，判处赵高死刑，并将他开除公职。但秦始皇认为赵高办事勤快，赦免了赵高，恢复了他的官职。

如果蒙毅未被派去为重病的秦始皇祈福，如果蒙毅在秦始皇病故之前就回到秦始皇身边，如果被派出去执行祈祷任务的是李斯，蒙毅留守在始皇身边，赵高能以威逼蒙毅变节吗？一切都不能假设。

经赵高策划、由胡亥实施的白色恐怖让秦始皇的众多子女死亡殆尽，秦始皇时代的诸多重臣相继被杀。杀了这么多心头之患，赵高、胡亥肯定是得意扬扬。因为，这次大屠杀本来就是他们两个人密谋策划发动，狼狈为奸实施，并自认为达到了他们极端自利的目的。但是，李斯呢？这场大屠杀既然是冲着秦始皇的子女与重臣来的，李斯是秦始皇最重要的大臣，他会不会受到波及呢？

请看：李斯之死。

李斯之死

秦二世二年（前208）七月的一天，秦国都城咸阳人头攒动，观者如堵。这一天，大秦帝国的丞相李斯身披枷锁，与他的中子被执行腰斩。同时被处死的还有李斯的父母、兄弟、姐妹、子女等几十口人。临刑之前，老泪纵横的李斯对他的儿子说：咱爷俩还能一块儿牵着黄狗，出上蔡县老家的东门去追兔子吗？说完之后，父子二人抱头痛哭。李斯身为秦始皇、秦二世两朝丞相，执掌朝政数十年。特别是沙丘政变，如果没有李斯的帮助，胡亥绝对不可能篡改遗诏登上皇帝的宝座。这么一位两朝元老、开国元勋，为什么落得这样一个下场呢？李斯之死与秦始皇有什么关系呢？

中了圈套：下狱

李斯之死和他的一封奏书有关。这封奏书让一代重臣李斯惨遭了"夷三族"的大祸。因为李斯的这封奏书涉及一个人和一件事。

这个人就是与李斯一块儿发动沙丘政变的赵高。

一天，赵高求见丞相李斯。两人一见面，赵高就满脸谄媚地对李斯说：丞相大人，关东群盗蜂起，天下形势非常危急。但是，皇上还忙着征调大批人员修阿房宫，我想给皇上提个醒，可是我的地位一向很低，这种有关国家大政的事，只能由丞相您这样的重臣说才合适。您为什么不给皇上提个建议呢？

关东群盗多，今上急益发繇治阿房宫，聚狗马无用之物。臣欲谏，为位贱。此真君侯之事，君何不谏？——《史记·李斯列传》

李斯一听，正中下怀，忙说：我早就想给皇上提个建议，但是皇上深居宫中，不见大臣，我想提建议苦于没有机会。

固也，吾欲言之久矣。今时上不坐朝廷，上居深宫，吾有所言者，不可传也，欲见无间。——《史记·李斯列传》

赵高说：假如丞相愿意进谏，我可以为丞相找机会。

君诚能谏，请为君侯上间语君。——《史记·李斯列传》

李斯非常高兴地说：好。

这样，赵高就为李斯安排了三次进谏。

一天，秦二世正和几位嫔妃亲热，赵高一看机会来了，赶快派人给李斯送信说：皇上正闲着，赶快来。李斯一听，急匆匆赶到宫门，求见秦二世。秦二世正搂着几个嫔妃玩得兴起，守宫门人报告，丞相求见。秦二世满脸不高兴，只得放下美女，去见一脸老态的李斯。秦二世被迫中断寻欢作乐，一肚子的不愉快，在他看来，李斯这是吃饱了撑的，没事找事。李斯说了什么，秦二世一句也没听进去，满脑子都是美女。于是，秦二世糊弄一番把李斯支应走了。李斯的第一次进谏失败。

过了几天，秦二世又搂着几个嫔妃玩得兴致勃勃。赵高一看，又派人迅速通知李斯，说皇上现正闲着没事。李斯又急匆匆地赶到宫门，求见秦二世。和美女玩得正在兴头上的秦二世，一听说丞相李斯又来了，气都不打一处来。但是，他仍然强忍着一肚子怨气见了李斯，当然，见归见，李斯的话他仍然一句也没听进去。

又过了几天，又是秦二世和妃嫔玩得正在兴头上，赵高又派人通知李斯，李斯又匆匆赶来。这一次，秦二世勃然大怒说：我平时有空丞相不来，我刚刚乐和乐和你就来了。丞相难道是因为我年龄小看不起我，还是认为我平庸而鄙视我？

中国人常说，事不过三。李斯这可是第三次来扫秦二世的兴，秦二世能高兴吗？

赵高一看秦二世真恼了，立即趁机上前说了李斯

于是赵高待二世方燕乐，妇女居前，使人告丞相：「上方间，可奏事。」丞相至宫门上谒，如此者三。二世怒曰：「吾常多间日，丞相不来。吾方燕私，丞相辄来请事。丞相岂少我哉？且固我哉？」——《史记·李斯列传》

三条坏话：

第一，李斯妄想封王。沙丘之事，丞相是参与者。如今陛下已经当了皇帝，但是丞相却认为自己没有得到什么好处，他日夜想的是"裂地而王"。

夫沙丘之谋，丞相与焉。今陛下已立为帝，而丞相贵不益，此其意亦望裂地而王矣。——《史记·李斯列传》

第二，李斯包庇陈胜。秦二世元年（前209）九月，关东爆发了陈胜、吴广的起义。赵高说：李斯是楚人，陈胜也是楚人，他们是邻县的老乡。李斯的儿子李由担任三川郡郡守，陈胜的部队经过三川郡时，李由听之任之，不阻击他们。听说他们之间还有书信往来，因为不知道详情，所以我也不敢报告。

丞相长男李由为三川守，楚盗陈胜等皆丞相傍县之子，以故楚盗公行，过三川，城守不肯击。高闻其文书相往来，未得其审，故未敢以闻。——《史记·李斯列传》

第三，李斯权力太重。李斯身处外朝，权力太大，远远超过了陛下。

赵高所说这三条，直取李斯命门，立即说动了秦二世。秦二世马上就想逮捕审查李斯，但又怕没有确证，于是从查李斯的儿子李由入手，先查其通"贼"一事。这个"贼"指的是谁呢？

且丞相居外，权重于陛下。——《史记·李斯列传》

又中圈套：身死

原来，秦二世元年（前209）七月，陈胜、吴广在大泽乡（今安徽宿州市东南）率领八百戍卒起兵反秦。这是中国历史上第一次大规模的反抗中央集权专制的一场巨大民变。

这场民变是怎么引发的呢？

官逼民反。秦二世元年，陈胜、吴广等九百戍卒被征发到渔阳（治今北京密云区）戍边，由于大雨误期，无法按时到达。秦法严苛，"失期当斩"。面对赶到渔阳是死、造反也是死的困境，陈胜、吴广选择了造反。

这场民变，最初只有陈胜、吴广率领的九百戍卒，人数少，装备差。但是，陈胜、吴广的这场民变顺应了整个大秦帝国子民长期积聚的不满情绪，星星之火速成燎原之势。陈胜、吴广振臂一呼，天下"云集响应"。整个大秦帝国的境内，特别是山东六国立即掀起了一场声势浩大的反秦大起义。

六国被秦兼并之后，六国王族的后裔一直没有死心。陈胜、吴广起兵反秦后，响应最积极的是两类人：一是最苦的农民，二是六国王族的后裔。农民最苦，所以反抗性最强；六国后裔素有威望，所以他们迅速开展了各自的复国运动。一时间，六国后裔纷纷重建自己的国家，楚国、齐国、赵国、魏国、韩国、燕国全部复国，整个函谷关以东一片混乱。

陈胜、吴广还派出一支大军向大秦帝国的心脏——关中进军。李斯的长子李由担任三川郡郡守，郡治洛阳（今河南洛阳市），扼守通往关中的咽喉。但是，由于起义军的声势非常浩大，李由无法阻挡来势汹汹的起义大军。于是，赵高借此诬陷李由通"贼"。

李斯在朝中一向势力强大，所以秦二世审查李由通"贼"一事很快被李斯知道了。

李斯当然不可能坐以待毙。他想求见秦二世说明真相，但是秦二世此时在甘泉宫休假，李斯见不着。于是，李斯便写了一封奏书状告赵高可能谋反。

李斯这封奏书引用了历史上非常有名的两个事例：

第一，子罕篡国。宋国有个叫子罕的人，他对宋桓侯说：老百姓最喜欢的是嘉奖赏赐，最讨厌的是杀戮惩罚。你是国君，以后嘉奖赏赐全由你来，杀戮惩罚全由我来。这样，你在百姓之中肯定落个好口碑，我肯定口碑很差。宋桓侯一听，有道理啊，就照此办理了。只用一年，子罕就杀了宋桓侯，篡夺了君位。因为掌握了杀罚予夺的权力就能够控制各级官员，控制了各级官员就等于掌握了朝政，所以，子罕杀宋桓侯是水到渠成的事。

第二，田氏代齐。齐国有个人叫田常，他父亲在世时，对百姓贷粮之时大斗放出，百姓还粮之时用小斗收进，这一大一小，实际上是向齐国百姓让利，最终赢得了齐国的民心。到田常之世，他还用他父亲那套办法，最终民心所向的田常杀了齐简公，逐渐取代姜姓王族，最终自己的后代当了齐国国君。这就是中国历史上非常有名的"田氏代齐"。

李斯说：赵高现在既有子罕一样专任杀戮刑罚的权力，又有田常一样非比寻常的地位，我担心他会假借陛下的威信图谋不轨。

秦二世看了李斯的上书之后说：赵高只是个贱臣，国家安定他不会放纵自己，国家有难他也不会改变忠诚。我非常信任他，你为什么怀疑他呢？我年少丧父，不懂得治国，丞相年龄又大，我倚靠不了多久。我不倚靠赵高，又该倚靠谁？赵高精明勤奋，下知人情，上体我意，你不要猜忌他。

李斯反驳：不对！赵高是个卑贱之人，不懂事理，地位、权势是一人之下，万人之上，且贪得无厌，所以我认为他非常危险。

秦二世不但听不进李斯的话，而且担心李斯会利用丞相之权杀了赵高，于是私下里把李斯的话告诉了赵高。赵高听后，对秦二世说：丞相最怕的就是我赵高。如果我一死，丞相就将真正成为那齐国弑君夺位的田常了。

秦二世一听赵高这话，立即下令逮捕李斯，并让赵高审理李斯一案。

李斯一封实名举报信让他蹲进了秦国大牢。

李斯入狱之后，悲愤填膺，仰天长叹，老泪纵横。他此时的感情非常复杂：

一是冤屈。李斯出于对国难的忧虑才冒死进谏，当然这之中有自保的成分。但是，他没有想到秦二世竟然是无道昏君，是杀关龙逢的夏桀，杀王子比干的商纣，杀伍子胥的吴王夫差。而且，秦二世的无道昏庸超过了夏桀、商纣、夫差！

二是愤怒。秦二世杀兄弟，害忠良，大修阿房宫，横征暴敛，天怒人怨；国家稳定在于

且朕少失先人，无所识知，不习治民，不知人情，上能适朕，下知人情，上能适朕，老，恐与天下绝矣。朕非属赵君，当谁任哉？且赵君为人精廉强力，下知人情，上能适朕，君其勿疑。——《史记·李斯列传》

李斯曰：『不然。夫高，故贱人也，无识于理，贪欲无厌，求利不止，列势次主，求欲无穷，臣故曰殆。』——《史记·李斯列传》

高曰：『丞相所患者独高，高已死，丞相即欲为田常所为。』——《史记·李斯列传》

安民，如今无限度扰民，天下百姓已经极度不满。自己是为大秦帝国的江山社稷考虑才冒死进谏，竟然被捕入狱，愤怒之情溢于言表。

三是焦虑。李斯认为，天下造反者已经过半，但是秦二世仍不觉悟，还重用赵高，杀戮忠臣，如此下去大秦帝国不久必亡。李斯是大秦帝国的创建者之一，大秦帝国的生死存亡和他自己的身家性命息息相关，他能不焦虑吗？

不管李斯如何一心为国，审理此案的赵高必置李斯于死地。

李斯不是一般的臣子，他是国家重臣，以什么罪名杀李斯呢？

李斯和他的长子李由谋反！

赵高以此为罪名，抓捕了李斯的宗族、宾客。赵高对李斯用毒刑拷打，李斯实在受不了毒刑之痛，只好被迫承认谋反。

> 责斯与子由谋反状，皆收捕宗族宾客。赵高治斯，榜掠千余，不胜痛，自诬服。——《史记·李斯列传》

这次和李斯一块儿向秦二世进谏的还有右丞相冯去疾与将军冯劫。但是，冯去疾和冯劫认为自己身为将相，义不受辱，未入狱就自杀了。只有李斯一人入狱。

李斯为什么不自杀呢？

李斯希望出现奇迹。李斯凭什么希望出现奇迹呢？

一是自负文才出众，二是自以为功劳很大，三是确无反叛之心。他希望像当年上《谏逐客书》一样，说服秦二世，一书定乾坤。所以，李斯宁可入狱也不自杀。

李斯在狱中写了一封著名的奏书。

这封奏书，正话反说，列举自己协助秦王赵政的"七大罪状"：

一是兼并六国，统一天下；

二是南平百越，北逐胡人；

三是善待功臣，拥立皇帝；

四是建立社稷，修建宗庙；

五是统一制度，统一文字；

六是修筑驰道，大兴楼观；

七是轻刑薄赋，获取民心。

上述七罪，足以处死，侥幸至今，已是万幸，希望陛下明察。

李斯自述的"七条大罪"实际上是李斯协助秦王赵政统一天下的七件大功，但是，这封奏书可不像《谏逐客书》一下子就打动了秦王赵政，对秦二世根本未起任何作用。

为什么呢？这封奏书可是李斯意图力挽狂澜的最后一搏啊！

因为秦二世根本没有看到这封奏书。

李斯的奏书报上去之后，赵高说：一个囚犯怎么能上书？于是，扣压奏书不上报。所以，李斯倾注了全部心血写就的奏书石沉大海。

赵高可以扣压李斯的奏书，但是，李斯身为丞相，这么大的案子可不是主审官赵高一人说了就算数的，秦二世一定会派人复审。

赵高精通秦法，当然知道这是必过的一道坎。所以，赵高派他的十多个门客假扮成秦二世的御史、谒者、侍中，轮流审问李斯。

这些门客假扮成秦二世的复审官，提审李斯。李斯信以为真，立即翻供，实话实说。赵高知道后就让人再用严刑拷打李斯。李斯这才知道上了赵高的当。这种猫捉老鼠的游戏赵高可不止玩了一次两次，而是玩了好几次，每一次都让李斯付出了血的代价。

当秦二世真派人去验证李斯口供时，李斯反倒以为又是赵高的鬼把戏，不敢再翻供，而是认罪服罪。使者回去汇报给秦二世，秦二世高兴地说：没有赵君(赵高)，我几乎被丞相出卖了。秦二世再派使者到三川郡调查李由时，李由已经战死。

秦二世验证李斯承认谋反后，李斯的"夷三族"罪自然成立。

秦二世二年 (前208) 七月，李斯在咸阳被"夷三族"，走完了他一生流血的仕途。

独善其身　难得善终

李斯是两朝老臣，又曾经帮助秦二世登上皇帝宝座，那么究竟是什么原因导致李斯的死呢？

有三大原因：一是赵高野心勃勃；二是李斯自取其祸；三是难抗皇帝制度。

先说赵高的野心勃勃。

赵高之所以能够发动沙丘政变，很大程度上是因

后二世使人验斯，斯以为如前，终不敢更言，辞服。斯当上，二世喜曰：「微赵君，几为丞相所卖。」——《史记·李斯列传》

为得到了丞相李斯的支持。所以，李斯与赵高同因沙丘政变而受益。李斯原本就是秦始皇的丞相，手握大权，沙丘政变只是保住了李斯的丞相之位，其他则无变化。赵高则不同，他在秦始皇手下虽受信任，但他是近臣而不是重臣，地位、权力、声望都远远不及李斯。所以，赵高在沙丘政变中的受益远远大于李斯，沙丘政变之后他当上了地位特殊的郎中令。

但是，赵高的野心并未得到满足，相反，他的野心越来越大。李斯也成为他"进步"道路上的绊脚石。所以，赵高才设计陷害李斯，借此除掉李斯，以便取而代之。

李斯死后，秦二世拜赵高为中丞相，国事无论大小，一律决于赵高。

赵高的目标至少是威震天下的权臣、重臣。李斯在位，赵高的目的难以得逞，所以，不仅蒙恬、蒙毅兄弟在必诛之列，李斯也在必诛之列。但是，李斯直到赵高向自己开刀之时才发现赵高的阴谋，其时，李斯想通过以攻为守保全自己，却为时已晚。

论政治才干，赵高根本不能和李斯相提并论；论搞阴谋诡计，李斯远不及赵高。赵高看出了秦始皇留下的政治漏洞，将胡亥、李斯先后制服，实现了沙丘政变，最终又设计杀害了李斯。

再说李斯的自取其祸。

第一，助纣为虐篡改遗诏。

人生在世不可能不犯错误，但是有的错误可以挽回，有的错误则终生无法挽回。李斯在沙丘政变中背主变节，直接导致昏庸无道的胡亥继承帝位。这一大错一旦铸成就终生无法挽回了。李斯变节虽然出于无奈，但是毕竟让胡亥这么个人登上皇帝之位，他杀扶苏、诛兄妹、戮功臣，使李斯的政治盟友一个个被送上了断头台。当赵高所有的政敌都被杀戮殆尽之时，李斯就成了他最后的屠杀对象。

李斯身陷囹圄之时，仰天长叹，慨叹人世不公。但是，与其诅咒黑暗，不如点燃光明。诅咒黑暗，并不能清除黑暗；点燃光明，方能使黑暗消失。如果李斯在沙丘政变中宁死不从，至多也是个死，但是死得其所，赵高的阴谋却未必能够如此顺利得逞。

李斯不懂得，人生需要追求卓越，但是，更应当接受平淡。不追求卓越，可能只会不够优秀；不接受平淡，则很可能误入歧途。在人生的征途中继续辉煌固然是人生的成功，急流勇退，亦未尝不是一种人生的解脱。

即使扶苏即位重用了蒙恬、蒙毅，自己失去了相位，但是大秦帝国仍能存在。李斯自己虽然可能失去权力、荣耀，却带来了整个帝国的安宁，带来了整个帝国调整政策的一个契机。

唐代诗人胡曾在《上蔡》一诗中咏叹李斯的一生：

> 上蔡东门狡兔肥，李斯何事忘南归。
>
> 功成不解谋身退，直待云阳血染衣。

胡曾从功成身退的角度解读李斯悲剧结局的一生时，认为李斯知"进"而不知"退"。其实，懂得进退是人生的大智慧。人生懂得"退"比懂得"进"更难，因为"进"是人性的本能追求，"退"则是人生的生存智慧。

第二，鼓励秦二世严刑峻法。

面对如火如荼的反秦大起义，李斯急啊！李斯多次想面见秦二世奏明情况，但此时的秦二世仍然不认为天下已经到了危急存亡的关键时刻，反而躲在深宫不见大臣，只和赵高商量国政。所以，李斯身为丞相却见不到皇帝。

李斯虽然被胁迫参与了沙丘政变，但他的头脑仍然非常清醒。他知道秦二世大修皇陵、阿房宫，滥用民力，会惹出大麻烦，会拖垮秦帝国，因此，他要进谏。此时的李斯已从沙丘政变的变态恢复到常态，恢复到一个重臣的角色上来。但是，秦二世不是秦始皇，他不但不检讨自己的过失，而且严责大臣们办事不力。

秦二世责备李斯：我听韩非说过，尧治天下，宫殿极其简陋，吃的是粗米，喝的是野菜汤，生活条件赶不上今天的看门人。禹治大水，腿都累细了，手掌脚底长满厚茧，面孔漆黑，最后累死在外，葬在会稽山，活得比奴隶都累。统治天下的人如果过这种生活，绝不是贤者。贤人治理天下，一是能安定天下，二是能为自己争得利益，否则，怎么治天下？所以，我想扩充自己的欲望，长久地享有天下而没有危害。

恰在此时，李斯的儿子又添了乱。秦二世下令彻查李由失职一事，李斯害怕了，担心儿子，也担心自己受

夫所谓贤人者，必能安天下而治万民，今身且不能利，将恶能治天下哉！故吾愿赐志广欲，长享天下而无害，为之奈何？——《史记·李斯列传》

到牵连，于是，曲顺二世的意旨，给秦二世上了著名的《行督责书》。

李斯当年曾上过著名的《谏逐客书》，并且凭借此书为秦王赵政挽留了大批六国人才，为大秦帝国立下了不世之功，也使自己一举受到重用，成为赵政的股肱之臣。所以，《谏逐客书》流芳百世，成为中国历代文章选本中最为著名的篇章之一。

这篇《行督责书》同样青史留名，不过它为李斯留下的却是千古骂名。

《行督责书》到底讲了什么呢？

"督责"，就是督察处罚。李斯这篇文章里说，皇帝对臣民要进行严厉的监督惩处，以确保皇帝至高无上的权威。如此严厉的监督惩处可以达到两大目的：一是皇帝可以"独操主术"，天下臣民"救过不及"，绝对不敢对皇位有非分之想了；二是皇帝可以随心所欲地享受生活，还能操控整个天下。

李斯这篇《行督责书》完全屈从于秦二世的淫威，让秦二世在专制、独裁的路上走得更快更远，大秦帝国的危机也更深更重。表面看来，朝中大臣不敢不竭尽全力为君主尽忠，天下士人不敢不竭尽全力为君主效命了，皇帝的权威得到更大的强化。但是，这种强化却是以牺牲大臣权力、大秦帝国的长远利益及天下百姓利益为代价的。

李斯恐惧，重爵禄，不知所出，乃阿二世意，欲求容。——《史记·李斯列传》

臣不敢不竭能以徇其主矣……天下贤不肖莫敢不尽力竭任以徇其君矣。——《史记·李斯列传》

《行督责书》还给秦二世任意享乐人生提供了理论依据。依照李斯的意见，皇帝可以不受任何约束，否则就是"以天下为桎梏"《史记·李斯列传》。在这种督责制度下，让别人为自己献身，自己尊贵；让自己为别人献身，自己卑贱。献身的人卑贱，接受献身的人尊贵，从古至今，无一例外。秦二世看到李斯认为皇帝可以任意驱使臣民，自己可以独享人间欢乐，怎能不兴高采烈？

所以，《行督责书》一上，秦二世大喜，但大秦帝国危矣！

李斯上《行督责书》导致的后果是：更加严厉地督责，向百姓收税越多的越是贤明的官吏，杀人越多的越是忠臣。百姓的赋税负担加重，路上的行人有一半是犯人，街市上每天都堆积着刚刚被杀死的人的尸体。

李斯为自保而上了《行督责书》，但是，《行督责书》却极大地强化了秦二世的个人独裁，而秦二世的个人独裁又成为李斯被杀的主要原因之一。

最后说皇帝制度难抗。

秦始皇创立的皇帝制度，使皇帝高高凌驾于群臣之上，大臣的生死荣辱完全取决于皇帝的一句话。尤其是秦始皇的晚年，专横独裁，使群臣完全丧失了进谏的可能。昔日虚心纳谏的秦王赵政，已变成今天独裁专制的秦始皇。对于李斯等大臣来说，只能阿从，不得进谏。专制制度使大臣们无法行使臣子的职责，一切只能

夫以人徇己，则己贵而人贱；以己徇人，则己贱而人贵。故徇人者贱，而人所徇者贵。——《史记·李斯列传》

于是行督责益严，税民深者为明吏。二世曰：『若此则可谓能督责矣。』刑者相半于道，而死人日成积于市。杀人众者为忠臣。——《史记·李斯列传》

以皇帝的是非为是非，一切只能以皇帝的好恶为好恶。大臣们只能揣摩皇帝的意图来行事，这是秦始皇的悲剧，是大臣们的悲剧，也是大秦帝国的悲剧，更是秦始皇创立的专制独裁制度的悲剧。后世亡国之君无不因此而一个个丧失了自我调整、挽救国运的机会。

当李斯和所有大臣们只能考虑怎样去迎合皇帝，而无法考虑帝国的兴衰之时，这个帝国实际上已经丧失了活力。弥补专制帝国制度的这一漏洞，或者是皇帝的去世，或者是皇帝的觉悟，或者是改朝换代才有可能，别无良法。

自断臂膀　大厦将倾

在秦始皇兼并六国的过程中文臣武将各有贡献，但是这种贡献是有区别的。有的贡献是全局性、战略性的，有的贡献是局部的、战役性的。

在秦王赵政众多的人才之中具有全局性、战略性贡献的大臣只有三个人，一是吕不韦，二是尉缭，三是李斯。至于王翦、王贲、李信、蒙恬等，他们的贡献是局部的，非关战略全局。

吕不韦发展了秦国的东进战略，调整了秦兵重首虏的政策，大大减少了屠杀，也减少了六国军民的反抗，为秦兼并六国的顺利进行做出了重大贡献。

尉缭是一位杰出的军事战略家，他提出了收买六国权臣从内部瓦解六国政权的策略。作为军事家，如此重视金钱战，显示了尉缭的过人智慧。

　　李斯参与了秦始皇兼并六国的全过程，他最早提出军事、金钱并用的方针，并与尉缭一起具体实施了这一计划。在秦始皇兼并六国成功之后，他参与了政治、军事、文化等全方位的帝国构建工作。

　　所以，李斯是大秦帝国的构建者之一，是大秦帝国安危存亡的护法使者，当李斯自身难保继而被冤杀之时，大秦帝国自身已经是命悬一线、岌岌可危了。

　　只有群星璀璨，天空才会如此灿烂夺目；只有众才兼备，事业才能蒸蒸日上。凝聚人才难，摧残人才易。自古皆然。

　　当年，李斯、顿弱、王翦、王贲、蒙恬、蒙毅等一批英才聚集在秦始皇周围，秦始皇的统一大业才势如破竹，气吞山河。当王翦下世，蒙恬、蒙毅相继被杀，只剩下李斯一人之时，已经是孤掌难鸣了。

　　李斯被杀是大秦帝国政坛发生的一场剧烈地震，此时离秦始皇沙丘病故刚刚一年。大秦帝国政坛的局面会因李斯被杀、赵高掌权而稳定下来吗？风雨飘摇中的大秦帝国还会发生什么变化？

**　　请看：指鹿为马。**

秦始皇死后，大秦帝国的宫廷就像是中了魔咒一样，发生了一系列被杀事件。先是秦始皇钦定的继承人皇长子扶苏被杀，接着重臣蒙恬、大将蒙毅被杀，再是秦二世的二十多个兄弟姐妹被杀，然后两朝丞相李斯也被杀。在这血雨腥风的氛围下，大秦帝国的政坛会稳定下来吗？当然不会！不但不会，接下来还要有人被杀。那么，谁将是下一个被杀的人呢？秦二世。这至少有两点不可思议：第一，秦始皇建立的皇帝制度使皇帝成为至高、至大、至尊、至上的君王，秦二世是皇帝，他怎么会被杀呢？第二，秦二世是赵高辅佐登基的，赵高刚刚当上丞相，位高权重，赵高力挺的秦二世怎么会被杀呢？但是，偏偏秦国政坛上下一个将要被杀的人就是秦二世，这里究竟隐藏着怎样的玄机呢？

指鹿为马

到底谁说了算

秦二世三年 (前207) 八月的一天，秦二世正在朝堂主持朝议，突然，丞相赵高示意一位侍从上殿，只见这位侍从牵着一头鹿缓缓走上大殿。大臣们见状，面面相觑，不知道又将要发生什么祸端。只见丞相赵高笑盈盈地对秦二世说：这是一匹良马，臣谨献给皇上。

秦二世定睛一看，笑呵呵地说：丞相看走眼了吧，这明明是一只鹿嘛，丞相怎么说是马呢？赵高笑而不答，秦二世忙问左右的侍从、大臣，他们有的说是马，有的说是鹿，有的一言不发。秦二世不知道是自己眼花了，还是赵高和大臣们脑子进水了，他是一头雾水。这就是中国历史上著名的"指鹿为马"！莫名其妙的秦二世草草结束了这一天的朝会。

"指鹿为马"事件之后，赵高找各种理由将那些说是"鹿"的大臣先后处死，大臣们发现讲真话的人一一被杀；从此人人畏惧，噤若寒蝉，不敢再违抗赵高之意。

此时，秦末反秦主力之一的刘邦已经率数万之众从今陕西西南部的武关进入秦地。武关失守，关中无险可据。刘邦派人与赵高私下谋划亡秦。大秦帝国处于风雨飘摇之中。

八月己亥，赵高欲为乱，恐群臣不听，乃先设验，持鹿献于二世，曰：『马也。』二世笑曰：『丞相误邪？谓鹿为马。』问左右，左右或默，或言马以阿顺赵高。或言鹿，高因阴中诸言鹿者以法。后群臣皆畏高。——《史记·秦始皇本纪》

但是，位高权重的赵高却一天比一天担心起来。赵高权势熏天，杀人无数，他会怕谁呢？

秦二世。

赵高害怕秦二世什么呢？《汉书·高帝纪》记载：

八月，沛公攻武关，入秦。秦相赵高恐，乃杀二世，使人来，欲约分王关中，沛公不许。

赵高怕秦二世追究他"缉盗"不力的责任，加罪于己。

赵高首先是和已经攻入关中的刘邦商量，自己想据关中部分土地为王，但刘邦不答应。史书没有记载赵高凭什么可以向刘邦提此要求。但是我们可以分析一下，赵高如果在灭秦过程中毫无"贡献"，他岂敢向入关灭秦的刘邦要关中部分土地称王为回报？赵高一定要有所"表现"。这个"表现"只有一个答案，就是协助刘邦杀掉秦二世，灭秦。

刘邦断然拒绝了赵高的要求，因为刘邦此时已经攻入武关，凭借自己的力量完全有把握独立灭秦，有没有赵高的协助都无关紧要，这是其一。其二，刘邦自己还想灭秦当关中王，岂能将关中王拱手让给赵高？刘邦和项羽二人在楚怀王面前有一个约定：先入关破秦者为关中王。项羽当时陷入巨鹿之战的主战场，无法迅速入关。刘邦则绕过秦军主力，从武关一路北上，进入关中。刘邦此时一

怀王与诸将约曰『先破秦入咸阳者王之』。——《史记·项羽本纪》

心想的就是先攻入咸阳，自己好当关中王。所以，赵高当"半个"关中王的如意算盘肯定过不了刘邦这一关。既然如此，赵高怎么办呢？

《史记·秦始皇本纪》记载：

> 章邯等军数却，上书请益助。燕、赵、齐、楚、韩、魏皆立为王，自关以东，大氐尽畔秦吏应诸侯。诸侯咸率其众西乡。沛公将数万人已屠武关，使人私于高，高恐二世怒，诛及其身，乃谢病不朝见。

赵高装病不上朝。

赵高深知秦二世的为人，知道他必定会追究自己的责任。果不其然，秦二世听说关东"盗贼"不止，秦二世派使者问责赵高。这让赵高非常恐惧，立即和他的女婿咸阳令阎乐、弟弟赵成商议发动第二次宫廷政变——诛杀秦二世。

赵高说：皇上不听大臣们的进谏，现在天下形势非常危急，皇上不责怪自己却想归罪于我。我想废掉胡亥，另立新君。阎乐、赵成立即赞成。

他们首先让掌管禁中的郎中令为内应，诈称有"大贼"。然后派阎乐率领一千多士兵到秦二世居住的望夷宫追杀胡亥。事关重大，赵高担心阎乐中途变卦，先派人将阎乐的母亲劫持为人质，使阎乐没有退路。

使使责让高以盗贼事。——《史记·秦始皇本纪》

望夷宫在今陕西泾阳县，南距咸阳市有十六里。为什么秦二世不住在咸阳宫殿之中，偏偏跑到望夷宫呢？

原来，在赵高发动第二次政变之前，秦二世莫名地做了一个奇特的梦，梦中有一只白虎咬死了自己左边驾车的马。秦二世梦醒之后非常紧张，不知道为什么会有这样奇怪的梦，于是他召见了占梦博士。占梦博士解梦说：这是泾水之神作祟。于是，秦二世移驾到望夷宫，想通过祭祀泾水之神来避祸。

阎乐率领叛军追到望夷宫，先把防卫望夷宫的卫兵司令抓起来，严厉斥责他说：盗贼都进望夷宫了，你为什么不抓捕？望夷宫的警卫司令回答：周围全是警卫部队，哪有什么盗贼私闯入宫？阎乐一听，立即杀了警卫司令，率兵直入宫中。阎乐率领的叛军一边往里闯，一边逢人就射箭。秦二世身边的卫兵、宦官，哪见过这个阵势，胆大的抄家伙和叛军搏斗，胆小的立即就逃了，抄家伙反抗的卫兵全部战死。郎中令和阎乐一同闯进望夷宫，对着秦二世的床帐一阵急射。

秦二世看见这个架势，勃然大怒，立即召唤左右侍从。左右侍从看见这种局面，没有人敢迎击，纷纷逃散。其中，有一位宦官没敢逃，秦二世进入内殿，对他说：你怎么不早点告诉我？这位宦官怯怯地说：

二世梦白虎啮其左骖马，杀之，心不乐，怪问占梦。卜曰：『泾水为祟。』二世乃斋于望夷宫，欲祠泾，沈四白马。——《史记·秦始皇本纪》

陛下，臣不敢说才活到今天。如果我早说了，早已经被皇上杀了，怎么能够活到今天？秦二世一听，哑口无言。

阎乐走上前来，指着秦二世说：陛下骄奢淫逸，诛杀无数，所以天下人都背叛陛下，请陛下为自己安排一下吧。秦二世问：我可以见见丞相吗？阎乐说：不行。二世又问：我只想做个一郡之王，可以吗？阎乐还是不答应。秦二世再问：我当一个万户侯，可以吗？阎乐还是不答应。秦二世悲凉地说：我和我的妻儿做普通百姓，可以吗？阎乐回答：我受丞相之令，为天下百姓除害。陛下不要多讲了，陛下讲得再多，我也不敢答应。于是，阎乐指挥叛军持刀上前，秦二世万般无奈，只好拔剑自杀。

骄奢无道的秦二世当了两年多皇帝就走完了他二十三年的人生之路。

关于秦二世之死，《史记·李斯列传》的记载与此稍有不同。

《李斯列传》记载，李斯死后，赵高被秦二世任命为中丞相，朝中大事小事全决于赵高。赵高知道自己已经权倾天下，于是在朝堂之上献上一头鹿，并说这是一匹良马。

秦二世看见这匹"马"明明是一头鹿，丞相偏

二世入内，谓曰：『公何不蚤告我？乃至于此！』宦者曰：『臣不敢言，故得全。使臣蚤言，皆已诛，安得至今？』——《史记·秦始皇本纪》

二世曰：『丞相可得见否？』乐曰：『不可。』二世曰：『吾愿得一郡为王。』弗许。又曰：『愿为万户侯。』弗许。曰：『愿与妻子为黔首，比诸公子。』阎乐曰：『臣受命于丞相，为天下诛足下，足下虽多言，臣不敢报。』麾其兵进。二世自杀。——《史记·秦始皇本纪》

偏说是"马",他满腹疑惑地对身边的人说:这是鹿啊。结果,秦二世身边的人都说:陛下,这是马。秦二世大惊失色,不知道自己得了什么病,连马和鹿都分辨不清了。

于是,秦二世赶快召集太卜(专管筮卜的官)询问,让他卜一卦。太卜卜完卦说:陛下祭祀宗庙之时,斋戒得不够恭敬,所以才出现这种现象。要治此病,必须效法古代的圣王,隆重举行祭祀。于是,秦二世赶快移驾上林苑斋戒。

上林苑是皇家的御花园,秦二世的任务既然只是祭祀,当然有的是时间。所以,他天天在苑中打猎。一天,秦二世正在苑中打猎,有一位行人从苑中经过,秦二世抓起弓箭一箭将这位行人射死。

赵高知道这件事之后,先让他的女婿咸阳令阎乐上报,不知谁在上林苑杀了人,接着让阎乐给上林令写了司法文书,要他捉拿凶犯。这是给秦二世传达一个信号,先恫吓一番。

然后,赵高向秦二世进谏说:天子无缘无故杀人,这是上天严禁的。发生这种事,鬼神都不保佑皇上,上天将会降灾。皇帝应当远离京城和上林苑。于是,秦二世移驾望夷宫。

三天之后,赵高假托秦二世的命令,让士兵们都穿着白色服装,手持兵器,杀向望夷宫。

李斯已死,二世拜赵高为中丞相,事无大小辄决于高。高自知权重,乃献鹿,谓之马。二世问左右:『此乃鹿也?』左右皆曰『马也』。二世惊,自以为惑,乃召太卜,令卦之。——《史记·李斯列传》

日游弋猎,有行人入上林中,二世自射杀之。——《史记·李斯列传》

赵高进入望夷宫，对秦二世说：山东盗贼的军队已经杀入关中了。秦二世登台一看，大批穿着白色衣服的士兵围住了望夷宫，心里十分害怕，赵高借机逼迫秦二世自杀。

其实，赵高在朝堂之上搞什么"指鹿为马"，就是想当面试一试自己到底有多大权威，看看大臣们还敢不敢说实话。说白了，就是挑战秦二世的权威。这件事让赵高看到自己对朝臣的控制能力已足以发动第二次宫廷政变。由于此前大规模的杀戮，朝中大臣已经无力和赵高的权威相对抗。所以，"指鹿为马"事件给了赵高极大的信心和力量。

欲令其亡　必让其狂

赵高杀了李斯之后已经是一人之下万人之上，为什么还要杀死秦二世呢？

权力与避险是他铤而走险的两大原因。

先说权力。

赵高在秦始皇去世之后立即说服胡亥、胁迫李斯发动沙丘政变，目的就是想利用胡亥除掉扶苏，保住自己的地位，进而攫取更大的权力。胡亥登基之后，赵高当上了郎中令，成为九卿之一。但是，赵高并不满足，他还要继续扩大自己的权力。因此，赵高陷害李斯，最

赵高诈诏卫士，令士皆素服持兵内乡，入告二世曰：『山东群盗兵大至！』二世上观而见之，恐惧，高即因劫令自杀。——《史记·李斯列传》

终借胡亥之手杀死了李斯，自己当上了中丞相。所谓"中丞相"，就是可以自由出入禁中的丞相。但是，赵高即使当上了中丞相，还是不能为所欲为，他的权力还有一个不可逾越的上限——皇权。

再说避险。

自古权力无顶峰。当上中丞相，与当年一个小小的中车府令相比，简直是天壤之别。但是，赵高的仕途还有政治风险，因为在他之上还有一位拥有生杀大权的秦二世。秦二世是天下公认的至高、至尊、至大、至上的皇帝，拥有主宰天下的绝对权力，一句话就可以杀掉权势熏天的赵高。对于这样一位皇帝，赵高也害怕。虽然他可以操纵秦二世，但是秦二世毕竟不是一个可以随便任人摆布的玩偶，他有一定的政治头脑。因此，只要秦二世存在一天，赵高就存在着一天的危险。

司马迁说秦二世是"人头畜鸣"的蠢材，确有一定道理，但也不尽然。

为什么说秦二世有一定的政治头脑呢？

第一，秦二世有巩固帝位的明确指向。秦二世一即位就采取了强化祭祀和巡游天下等多项措施，证明自己是秦始皇的合法继承人。这说明秦二世并非毫无政治头脑。

第二，赵高对秦二世怀有畏惧心理。赵高杀秦二世的原因之一是担心秦二世追究他当丞相之后天下大乱的责任。秦二世曾指责赵高为政不力，导致天下"盗贼"日益增多，这使赵高非常恐惧，促使他下决心杀秦二世。如果秦二世完全是一个受赵高任意摆布的傀儡，赵高还会吓得不敢上朝吗？

第三，秦二世处理李斯案件相当谨慎。秦二世受赵高挑拨抓捕了李斯，并交由赵高审理，但是秦二世并没有在收到赵高的报告后立即处死李斯，而是亲自派人去复审此案。赵高也知道秦二世会派人复审案件，所以才玩起了猫捉老鼠的游戏。秦二世看到李斯"认罪"，才下令处死李斯。

所以，赵高认为，要想从根本上解除自己的从政风险，必须先下手为强，在秦二世准备收拾自己之前先除掉他。这就是主动规避政治风险。

秦二世虽然有一定的政治头脑，但是却受到了赵高的愚弄。

赵高怎样一而再再而三地愚弄秦二世的呢？

第一，隔绝。

赵高愚弄秦二世的第一手就是隔绝秦二世和大臣们的联系。秦始皇从发动兼并六国的战争开始，一直非常注意和大臣们共商大事。秦国兼并六国的大政方针都是在秦王赵政和大臣们的议论中形成的。比如兼并六国从何入手，大臣们意见并不统一，秦王赵政就在朝堂之上让韩非、李斯等充分表达自己的主张，他作为总裁判长，最终支持了李斯灭韩的主张。可见，秦王赵政历来有非常完备的朝议制度。由于有了大臣们的参与，秦王赵政的决策才有了更广阔的视野、更坚实的基础，最大限度地避免了赵政个人的独断专行和决策错误。

但是，秦二世胡亥即位之后，赵高对秦二世说：先帝统一天下的时间长，所以大臣们不敢任意妄为。你刚刚即位，又非常年轻，千万不能和大臣们一块儿议事，因为你对朝政不熟悉，假如你处理朝政稍有失误，说了外行话，等于在朝臣面前示短献丑。皇帝称"朕"，应当独揽朝纲，所以，你一定不要多和朝臣们接触，最好的办法是不见大臣，在宫中决断大事。于是，秦二世便常常在宫中与赵高决断朝中事务。

赵高的这个主意将秦二世和大臣们的联系完全斩断，秦二世成了孤家寡人。

赵高为什么会出这样的馊主意呢？

一是害怕大臣告状。因为赵高从沙丘政变当上郎中令之后，杀了那么多人，报了那么多私仇，他怕有人向秦二世告状。

二是便于控制秦二世。秦二世不上朝，他怎么处理朝政呢？和赵高拍板决定。赵高自然对秦二世的影响力大大增强。

秦二世为什么会听信赵高的这番"理论"呢？

一是信任，二是方便，三是示高。

先说信任。赵高和秦二世关系亲密在于他们的师生之谊。赵高教秦二世法律，这是其一。赵高又首议篡改遗诏让秦二世当上了皇帝，秦二世能不信任赵高吗？这是其二。秦二世不懂朝政，处理朝政他须事事依靠赵高，这是其三。有了这三条，足以使秦二世对赵高深信不疑。

再说方便。秦二世是一个贪图安逸的人。他刚

今陛下富于春秋，初即位，奈何与公卿廷决事？事即有误，示群臣短也。天子称朕，固不闻声。——《史记·秦始皇本纪》

初，赵高为郎中令，所杀及报私怨众多，恐大臣入朝奏事毁恶之。——《史记·李斯列传》

——《史记·秦始皇本纪》于是二世常居禁中，与高决诸事。

一即位就想到了享乐，认为：人活一世，那是转瞬即逝啊，想停都停不住。所以，要充分享受人间的一切荣华富贵。

此时的秦二世刚刚二十一岁，正是风华正茂之际，为什么对人生看得如此悲观？因为他从父皇一生勤劳执政、五十岁撒手人寰中汲取了教训。如果不能增加生命的长度，就一定要增加生命的密度。

理解了的未必能够深刻地感受，感受到的才能深刻地理解。秦始皇短暂的一生对秦二世来讲可谓刻骨铭心。秦始皇第五次大巡游唯一随游的儿子即是秦二世，但是刚刚五十岁的秦始皇，出发之时还非常健康，毫无得病的症状，仅仅几个月的光景就一病不起，魂归九泉。胡亥目睹了父亲由生到死的全过程，这对于一位刚刚二十一岁的年轻人来说太残酷了。只有亲身经历过这种刺激的人才会有如此深刻的感触。

由于秦二世把人生看得如此悲观，赵高建议他居禁中处理朝政，可以说是大得其心。

不上朝，仅仅在宫中和他最信任的老师一起处理朝政，这比起上朝听政，自然是又快捷、又方便、又省时、又省事。和老师赵高商议朝政，没有了杂七杂八的议论，耳根清净，赵高又善于阿从，这等于取消了坐班制，变成弹性工作制，居家办公。秦二世何乐而不为？但这就为赵高控制秦二世提供了极大的方便。

最后说示高。秦二世在禁中就能处理天下万事，充分显示了皇帝的万能和高明。这明明是赵高给秦二世胡亥戴的高帽，但是胡亥就是喜欢这样的高帽。

第二，断臂。

李斯是沙丘政变的支持者，也是秦二世一朝的中流砥柱。但是，秦二世不上朝之后，李斯见秦二世一次也非常不易。李斯只有到宫中通报，得到允许，才能见到秦二世。正是这一背景，断送了李斯的性命。如果秦二世正常上朝，李斯完全有时间、有机会向秦二世进谏，李斯的悲剧也许不会发生。赵高正是利用隔绝秦二世和朝臣甚至是丞相见面的机会，秦二世才会听信谗言，误杀李斯。杀了李斯，也就断了秦二世的臂膀，赵高代替李斯当了丞相。

到了秦二世杀尽了所有的兄弟姐妹，杀尽了所有的忠臣志士之时，秦二世自己的生死已经掌控在赵高手中了。他的死期也就到了。

宫外洪水滔天　宫内做只鸵鸟

秦二世被杀的直接原因是他责备赵高处理关中"盗贼"不力。

陈胜、吴广起兵反秦直接引发了秦末如火如荼的大规模民变。秦二世如何应对这一局面呢？据《史记·李斯列传》载：

谒者使东方来，以反者闻二世。二世怒，下吏。

听闻天下大乱，秦二世实行鸵鸟政策。他根本不相信，更不愿听到各地民变的消息。所以，从关东来的使者报告说山东民变，他勃然大怒，直接把使者下到狱中。

上有政策下有对策。后来的使者汲取了前面使者讲真话被关入狱中的教训。所以，当秦二世再向使者问及山东状况时，使者们全都说了谎话：只是一些小毛贼，各地的郡守把他们全都抓起来了，不值得皇上担心。秦二世一听，乐坏了。

最典型的例子是叔孙通。叔孙通是秦始皇的待诏博士，陈胜、吴广发动民变之后，使者迅速把这个消息报告给了秦二世。秦二世召集博士、儒生问道：楚地戍卒攻城略地，大家对这件事怎么看？博士、儒生等三十多人说：聚众是造反，这是死罪不能宽赦，希望陛下赶快发兵镇压。秦二世一听就火了。叔孙通走上前说：各位的话都不对。当今天下已合而为一，毁城池，销兵器以示天下不再会有战争。更何况如今明主君临天下，还有完备的法令，哪有敢造反的！这只是一伙盗贼罢了，何足挂齿？郡守们正在搜捕他们，严加惩处，不值得忧虑。

秦二世一听，高兴地说：好啊。又问了一遍众博士、儒生，有人说是造反，有人说是盗贼。秦二世下令，凡说是造反的一律治罪，说是盗贼的都免掉职务。独独赐给叔孙通二十匹帛、一套服装，并授给他博士职位。退朝后一些儒生问叔孙通：先生为什么只说讨好的话？叔孙通说：各位不知道，我几乎逃不出虎口！随后，得到赏赐的叔孙通立即逃离都城，辗转投奔了几位"老板"，最后投靠了汉王刘邦，成为刘

后使者至，上问，对曰：『群盗，郡守尉方逐捕，今尽得，不足忧。』上悦。——《史记·秦始皇本纪》

叔孙通前曰：『诸生言皆非也。夫天下合为一家，毁郡县城，铄其兵，示天下不复用。且明主在其上，法令具于下，使人人奉职，四方辐辏，安敢有反者！此特群盗鼠窃狗盗耳，何足置之齿牙间。郡守尉今捕论，何足忧。』——《史记·刘敬叔孙通列传》

邦手下的要臣。

叔孙通是中国历史上一个善于自全的经典人物。他得到秦二世的褒奖，这说明秦二世面对遍及全国的反秦大起义不愿意也不敢承认这是一场民变，只有叔孙通的"盗贼说"最能满足秦二世的心态，所以，见风使舵的叔孙通受到秦二世的厚赏。叔孙通看透了秦二世的鸵鸟心态，所以，他在讲真话丢命、讲假话受赏的朝堂上，先讲假话后逃命。至于叔孙通逃出秦都咸阳投奔反秦义军，最后辗转到刘邦手下，成为刘邦的功臣一事我们姑且不讲。但是，叔孙通受赏事件让我们知道了秦二世面对威胁大秦帝国生存的反秦大起义的真实心态。

一个政权如果沦落到了官员们只能通过讲假话才能生存下来的地步，说明这个政权的腐朽已经到了非下猛药不可的时候了。因为官员普遍讲假话，必然会使最高决策人完全不了解真实民情；如果最高决策人不了解真实的民情，这个政权能不陷入危机吗？

秦二世采取这样的心态处理天下民变，岂能不败？

正是秦二世的错误态度、错误决策导致这场民变最终酿成轰轰烈烈的大起义。李斯当丞相摆不平这场民变，赵高当丞相更摆不平这场民变。所以，秦二世责难李斯，李斯被杀；秦二世责难赵高，秦二世被杀。

秦二世被杀还有一个重要原因是秦末这场大规模民变引发了大秦帝国的宫廷内乱。

赵高杀了秦二世，从秦二世身上摘下皇帝的玉玺戴在身上，但是宫中的侍从、文武百官都不顺从。据说，赵高走上大殿，大殿竟然一次一次地摇晃起来。赵高明白这是天意不让他当皇帝，而且大臣们也不同意。

引玺而佩之，左右百官莫从；上殿，殿欲坏者三。高自知天弗与，群臣弗许。——《史记·李斯列传》

关于赵高想坐上龙椅大殿摇晃一事，《史记》的记载言之凿凿。但是，事实上不会发生这种事。龙椅不就是一把椅子吗？谁不能坐啊？如果赵高真感到大殿震荡，那也只是他的一种心理感受。赵高以臣弑君，继而想自己称帝，心理压力一定非常巨大。在这种巨大的心理压力之下，赵高走向龙椅之时内心战战兢兢、如履薄冰，这才会有如此感受。所以，赵高所理解的天意，其实是赵高内心极度心虚的反映。

既然赵高知道天意难违，群臣反对，他该怎么办呢？谁会成为大秦帝国的新君呢？

请看：赵高之死。

贤能者见乱则忧，奸佞者见乱却喜，赵高无疑属于后者。大秦帝国在天下反秦的大潮中风雨飘摇、岌岌可危，赵高则乘乱而动，一步步进行着他最擅长的阴谋活动，进行着最后的疯狂——向着窃取最高权位的目标疯狂奔去，也向着自己的生命终点疯狂奔去。设计杀死秦二世后，赵高迎来了自己一生梦寐以求的权力巅峰。然而，神鬼不佐，赵高心虚。权衡轻重，琢磨人心，他觉得自己还是当不了皇帝，无奈的赵高决定另立他人为秦王。但是，恰恰是赵高意欲新立的秦王，干净利落地结果了赵高的性命，并夷灭其三族。他是谁？为什么他能有这么大的本事？为什么他能将害人无数的赵高杀死呢？

赵高之死

子婴是谁

杀掉赵高的是秦王子婴。

这句话带出了两个问题：一是秦国自秦始皇起，秦王已改称"皇帝"，为什么又冒出来一个"秦王"？二是"子婴"是谁？

先说第一个问题。

赵高虽然杀死了秦二世，但是他自己没有称帝。赵高走上龙椅，咸阳宫殿颤抖，这是《史记》记载的，虽然这可能不是事实，然而却反映了中国古人极为强烈的正统观念，更重要的还在于赵高多行不义，遭到正义力量的无言反抗。所谓神鬼不佐，无非反映了天怒人怨，反映了赵高内心深处邪恶对正义的恐惧心态。

赵高没有称帝，当然不是他不愿称帝，而是大臣们无言的反抗让赵高心虚，他不敢在这种情况下贸然称帝。因此，他必须再立一个皇帝。于是，赵高召集朝中大臣和公子开会，公布了秦二世胡亥无道伐诛的情况，并且宣布秦国本来就是一个诸侯国，从始皇帝开始才称皇帝。如今天下大乱，六国纷纷建国，大秦帝国的土地已经迅速缩水，再称皇帝就是一个空名，与事实不相符，应当像原来一样改称"秦王"。这样，秦始皇建立的"皇帝"制仅仅实行了十五年就被赵高废掉了。

再说第二个问题：

杀赵高的子婴是谁？

文献记载中，子婴的身份有三种说法：

第一种，秦二世的侄子。《史记·秦始皇本纪》记载："立二世之兄子公子婴为秦王。""兄子"可理解为"兄之子",所以,子婴是秦二世哥哥的儿子,也就是秦二世的侄子。

第二种,秦始皇的弟弟。《史记·李斯列传》记载:"高自知天弗与,群臣弗许,乃召始皇弟,授之玺。"

第三种,秦二世之兄。《史记·六国年表》记载:"赵高反,二世自杀,高立二世兄子婴。子婴立,刺杀高,夷三族。"这里的"二世兄子婴"应当理解为"二世兄""子婴",下文"子婴立"紧接上文,表明"子婴"二字不能拆开理解。

上述三种说法中,"二世兄子"说最为流行。东汉班固的《汉书·高帝纪》即用此说,近现代学者也多采用此说。中国目前最为通行的工具书《辞海》和《辞源》也都将子婴释为秦二世的"兄子",并进一步指出是扶苏之子。

但是,近年来有学者指出子婴为"二世兄子"一说有问题。

第一,年龄不符。如果子婴是秦二世的侄子,是秦始皇长子扶苏的长子,秦始皇只活了五十岁,即使他十七八岁生扶苏,扶苏十七八岁生子婴,秦始皇死时,子婴也只有十六七岁。秦二世胡亥在位三年,子婴继位为秦王时,最多不过二十岁。这时候他的儿子能有多大?三四岁吧。但是,《史记》却有几处记载着子婴被赵高立为秦王时,曾与其子商量诛杀赵高之事。如《秦始皇本纪》记载赵高立子婴为秦王后,要求子婴斋戒五天,但是子婴和他的两个儿子商议诛杀赵高。可见,当时子婴不仅有两个儿子,

子婴与其子二人谋。——《史记·秦始皇本纪》

而且年龄都已经不小，能够参与谋划诛杀赵高之事。子婴如果是秦始皇的孙子（二世兄子），不可能有这么大的儿子。

第二，地位不称。《史记·秦始皇本纪》记载，赵高在谋杀秦二世另立新君时说："吾欲易置上，更立公子婴。子婴仁俭，百姓皆载其言。"赵高的话可能有不实之处，但如果没有一点根据，恐亦难以服众。这说明子婴是具有一定社会影响力的。如果子婴是二世的侄子，年龄不过十六七岁，参与社会生活的程度肯定不深，在社会上的影响力也不会这么大，因此，"百姓皆载其言"就不大可能。

总之，子婴不可能是秦二世的侄子、秦始皇之孙。

子婴是不是秦二世兄呢？《史记·六国年表》非常明确地记载子婴是秦二世之兄，但此说亦有问题。

从年龄上看，秦二世是二十三岁被杀，如果子婴是秦二世之兄，必然在二十三岁以上。但是，秦始皇是五十岁病故，其子最大可能三十岁左右，因此他只可能有十多岁的儿子，与其子商议诛杀赵高勉强说得过去，但有两点无从解释。

第一，何以苟活？秦二世继位之后，大搞白色恐怖，将自己的兄弟杀戮殆尽，子婴如果真是秦二世之兄，焉能在大屠杀中得以幸免？

第二，凭何进谏？据《史记·蒙恬列传》记载，秦二世继位之后，赵高第一个要除掉的就是蒙恬、蒙毅兄弟。子婴向秦二世进谏：我听说赵王迁杀了他的大将李牧，燕王喜派荆轲刺始皇帝，齐王建杀忠臣而重用后胜。最终，这三位国君都因此而亡国，还搭上了自己的身家性命。蒙恬、蒙毅就是大秦帝国的重臣，如果杀了他们，将会内失臣心，外失民心，万万不可啊！秦二世不听，最终逼杀了蒙氏兄弟。

子婴一是敢于劝谏，二是劝谏的话说得很重，三是秦二世竟然不予计较。这说明什么？这说明子婴的身份非常特殊。

我们不妨看一下子婴劝谏秦二世的原话：

> 臣闻轻虑者不可以治国，独智者不可以存君。诛杀忠臣而立无节行之人，是内使群臣不相信而外使斗士之意离也，臣窃以为不可。《史记·蒙恬列传》

大家仔细看看这几句话，等于在指责秦二世是"轻虑者"，杀蒙氏兄弟是"诛杀忠臣"，是"立无节行之人"。谁敢对杀人成性的秦二世如此讲话？如果子婴是秦二世的哥哥，不被杀就是万幸了，岂敢如此进谏？

所以，子婴绝对不可能是秦二世之兄。

那么，只剩下"秦始皇弟"一说了。这种说法能成立吗？

此说仅见于《史记·李斯列传》，但相对于前二说，此说比较合理。

第一，年龄相符。子婴如果是秦始皇的弟弟，一定有年长的儿子，所以，子婴与其二子商议诛杀赵高就比较合理。

第二，进谏有据。作为秦二世的叔叔，子婴自然敢于进谏，即使话说得重了，秦二世也不大好计较。因为，秦始皇之前的六位秦国国君，只有秦武王故后因为年轻无子才选了他的兄弟继位为昭襄王，其他各代秦王都是父死子继。所以，从秦国国君的继承制度上看，作为秦始皇的弟弟，子婴不可能继位。正因为如此他说话就较少顾忌。秦二世继位之后将他的兄弟姐妹视为最大政敌,作为秦二世叔叔的子婴不是他的政敌,又是他的父辈,所以子婴敢于进谏,胡亥也不予追究。

第三,声望相合。赵高杀了秦二世,自己又无法继位。秦二世的兄弟已经被胡亥屠戮殆尽,因此秦国国君的人选就顺理成章地在秦始皇的兄弟们中产生了。作为秦始皇的弟弟、秦二世的叔叔,又有非常好的人气,子婴的这种身份非常符合赵高拥立的理由。

多行不义必自毙

赵高确立子婴继承大统之前,已经放出话来,秦帝国的国土大幅缩水,山东六国相继立国,因此,子婴只能继位称秦王,不得再称皇帝。

赵高让子婴斋戒五天之后,再到祖庙中举行典礼,接受玉玺,继承王位。

子婴得知秦二世胡亥被杀,赵高立自己继承王位。斋戒之时,他和两个儿子及宦官韩谈商议:赵高在望夷宫杀了二世皇帝,担心群臣会杀了他,所以才拥立我继位。我还听说,赵高已经和楚人商议联合灭秦而在关中称王。现在他要我斋戒五天之后到祖庙中去继承大统,这是想在祖庙中对我下手。我如果称病不去,赵高一定会亲自来。他一来,我就杀了他。

令子婴斋,当庙见,受王玺。斋五日,子婴与其子二人谋曰:『丞相高杀二世望夷宫,恐群臣诛之,乃详以义立我。我闻赵高乃与楚约,灭秦宗室而王关中。今使我斋见庙,此欲因庙中杀我。我称病不行,丞相必自来,来则杀之。』——《史记·秦始皇本纪》

赵高派了几拨人来催子婴，子婴拿定了主意就是不去。赵高急了眼，新国君在宗庙受命是国家大事，子婴怎么能不来？于是，他亲自到子婴斋戒的宫中来"请"。子婴听说赵高求见，立即召赵高入宫。赵高一入宫，子婴趁机指使韩谈在斋戒的宫中刺杀赵高，太监韩谈眼疾手快，一刀就将他砍死了。之后，子婴趁机灭了赵高三族。

沙丘政变以来一直顺风顺水的赵高终于走完了他罪恶的一生。

赵高万万没有料到自己最终竟然死于子婴之手，并像李斯一样被灭三族。

至此，沙丘政变的三巨头胡亥、赵高、李斯都退出了历史舞台。

赵高设计杀了那么多人，特别是杀扶苏，戮蒙恬、蒙毅，族李斯，弑胡亥，难度都相当大，但赵高却做得都得心应手，为什么最终却栽在了子婴的手里呢？

赵高低估了子婴，赵高完全没有想到子婴竟然敢拿自己开刀。如果赵高充分估计到了这一点，子婴就不可能得逞。

赵高立子婴是因为他在和子婴长期的相处之中，深知子婴是一个没有任何政治野心的人，但他却不知道子婴虽无政治野心但也绝不是一个没有作为的人。

子婴杀赵高，一是不愿自己被赵高所杀，二是不愿

高使人请子婴数辈，子婴不行，高果自往，曰：『宗庙重事，王奈何不行？』子婴遂刺杀高于斋宫，三族高家以徇咸阳。——《史记·秦始皇本纪》

大秦帝国因赵高而败亡。子婴和赵高之间的矛盾是生死之争。子婴有谋略、有胆识，只是这种谋略与胆识长期没有展示的平台。赵高虽然擅长搞阴谋，但是赵高认真对付的是扶苏，是蒙恬、蒙毅，是李斯，是胡亥，对于子婴，赵高从来都没有放在眼里。

恩格斯说：在历史上活动的许多个别愿望，在太多的场合下得到的完全不是预想的结果，往往是恰恰相反的结果。赵高推着阴谋的车轮，踩着他一手铺就的血腥道路，登上了直达权势高位的台阶，也为自己挖掘了粉身碎骨的万丈深渊。机关算尽太聪明，反误了卿卿性命。赵高亲手把自己钉在了历史万劫不复的耻辱柱上。

亡秦功臣还是乱秦罪人

自秦亡之后，谈到秦朝的灭亡，赵高总是被不断提及。自古至今很多人都认为，赵高和秦朝的灭亡关系极大。

那么，我们究竟应当怎样评价赵高呢？

有两种近乎对立的观点：一是认为赵高是乱秦亡秦的罪人，二是认为赵高是"亡秦报赵"的功臣。

哪一种看法更接近历史的真实呢？

我们不妨看一看赵高对秦帝国的灭亡起到了什么作用。客观地讲，赵高对后秦始皇时代大秦帝国的灭亡发挥了至关重要的作用。

第一步，沙丘政变。赵高是沙丘政变的主谋，他把胡亥作为自己的政治筹码、豪赌工具，并通过沙丘政变除掉了秦始皇钦定的继承人扶苏，为自己攫取最高权力扫清了第一道障碍。

第二步，诛杀蒙氏。蒙氏兄弟是秦帝国的功臣世家，也是阻碍赵高夺取秦帝国最高权力的障碍，是赵高的心腹大患。因此，蒙恬、蒙毅被赵高毫不犹豫地除掉，赵高为自己攫取秦帝国最高权力扫清了第二道障碍。

第三步，清除诸公子。赵高利用了胡亥的猜忌心理，鼓动胡亥大开杀戒，残忍地杀害了胡亥所有的兄弟姐妹，造成秦始皇直系血亲完全被剪灭殆尽的局面。所以，当赵高在望夷宫逼杀秦二世之时，胡亥毫无还手之力，没有一人可以帮他应对赵高的弑君叛逆。

第四步，陷害李斯。李斯是大秦帝国的柱石，是著名的政治家，李斯最大的缺点是过于计较个人的利害得失。因此，赵高利用李斯的自私威逼他就范，成功地发动了沙丘政变。但是，李斯对于赵高来说，只是一个临时的合作伙伴，没有李斯的配合，赵高本事再大也不可能让群臣"相信"秦始皇的遗诏是传位给胡亥的。赵高陷害蒙恬、蒙毅之时，子婴挺身而出，仗义执言，为蒙氏兄弟辩诬。此时的李斯竟然一言不发。李斯被迫同意篡改秦始皇遗诏的原因之一就是担心扶苏继位后会重用蒙氏兄弟，所以，在赵高迫害蒙氏兄弟时他袖手旁观。赵高在秦二世本不想杀掉蒙恬、蒙毅的情况下杀死了他们，李斯此时是赵高一乱再乱的帮凶。

等到蒙恬、蒙毅兄弟，秦始皇诸公子、公主，右丞相冯去疾、将军冯劫等人一个个被赵高逼杀之后，李斯就成了赵高夺取最高权力的最大障碍，此时的李斯已经是赵高的政治对手；但是，李斯始终没有认识到这一点。所以，赵高才设计陷害李斯，致使李斯被灭三族。

第五步，逼杀胡亥。李斯被杀之后，赵高已经可以为所欲为了，这才上演了"指鹿为马"的一幕，成为中国历史上相权愚弄皇权的经典案例。大臣们经历了"指鹿为马"事件以后，已经无人敢对抗赵高，赵高夺取最高权力的机会终于来临了。望夷宫逼杀秦二世以后，赵高一跃成为中国历史上中央集权体制下弑君第一人。

此时的赵高已经梦想自己当皇帝了，只是他内心的极度空虚和大臣们的无言反抗，让他感到了一种巨大的压力。所以，赵高出于权宜之计才立了子婴为秦王。

赵高的权力至此已臻巅峰，同时他的一只脚也迈进了地狱之门。历史从来都是这样：上帝要他灭亡，一定先让他疯狂。当一个人疯狂到极点，他也就走到了地狱的门口。

看看上面的五步，就像一首赵高亡秦的"钢琴协奏曲"。

所以，后人评价秦朝速亡之时往往认为赵高是最重要的亡秦者。

第二种观点认为赵高是"亡秦报赵"的大功臣。

赵高是赵人，赵高对大秦帝国的速亡又发挥了很大作用。

唐人司马贞的《史记索隐》佚文说：

高本赵诸公子，痛其国为秦所灭，誓欲报仇，乃自宫以进，卒至杀秦子孙，而亡其天下。[清] 赵翼《陔余丛考》卷四十一

司马贞认为：赵高是赵国公子，因为痛感赵国为秦所亡，所以"自宫"而入秦，最终诛杀嬴秦子孙，灭亡秦国。如果历史真像司马贞所说的那样，那么赵高就是郑国第二，是赵国的大功臣。

因此，后人谈起刘邦亡秦，认为赵高的功劳在刘邦手下的所有大臣之上，比如《赵高》一诗：

当年举世欲诛秦，哪计为名与杀身。

先去扶苏后胡亥，赵高功冠汉诸臣。

诗云当年整个天下都想诛灭暴秦，甚至于没有人计较诛灭暴秦的得失。可见，暴秦是多么不得人心，灭秦又是何等艰难！但是，赵高先杀了扶苏，又杀了胡亥，整个大秦帝国因为赵高的杀戮而轰然崩塌。如此看来，赵高的功劳远远胜过刘邦手下任何一位功臣。因为谁也不可能取代赵高从内部瓦解秦帝国的地位与作用。

又如《阅古逸史》一诗：

大贾灭嬴凭女子，奇谋兴汉讵萧曹？

留侯椎铁荆轲匕，不及秦宫一赵高。

诗中说，吕不韦灭亡嬴秦王朝靠的是赵姬，促使汉朝兴起的不是刘邦手下的大功臣萧何、曹参。张良的博浪沙刺秦，荆轲的秦廷刺秦，都赶不上赵高乱秦亡秦的功劳大。

这两首诗一致认为，赵高的一系列动作最终加速了大秦帝国灭亡的步伐。

客观上讲，这两首诗讲的的确都有道理。赵高从内部瓦解大秦帝国所发挥的作用是任何人不可能代替的。

但是，判断赵高是"功臣"还是"罪人"，不能以赵高在大秦帝国灭亡中所发挥的客观作用为标准，而是要看赵高所作所为的目的是什么。

第一，从赵高亡秦的动机看。赵高的乱秦、亡秦并非是为了"报赵"，而是为了个人的私欲。沙丘政变是乱秦、亡秦的关键第一步，赵高为什么要发动沙丘政变呢？

《史记·蒙恬列传》记载：

> 始皇至沙丘崩，秘之，群臣莫知。是时丞相李斯、公子胡亥、中车府令赵高常从。高雅得幸于胡亥，欲立之，又怨蒙毅法治之而不为己也，因有贼心。

据此可知，赵高的亡秦"贼心"一方面是想立胡亥为帝，另一方面是怨恨蒙毅曾经判过自己死刑。

赵高是胡亥的老师，只要胡亥即位当了皇帝，赵高就有了出头之日。

如果遗诏发出，扶苏即位，扶苏重用的一定是蒙恬、蒙毅兄弟。这样，赵高报仇的机会就没有了。

这样的动机，何曾有一点点为赵复仇之意？完全是为自己牟私利。所以，我们不能因为赵高是赵国人，赵国为秦所灭，就说赵高是"亡秦报赵"。这种推论完全是一厢情愿的主观臆测，并非事实。

第二，从赵高执政的作为看。赵高发动政变成功后，既没有为大秦帝国的长治久安着想，又没有为天下苍生着想，他的作为可以概括为两点：一是不断攫取权力，二是引诱纵容胡亥。

为了不断地攫取权力，赵高挑唆秦二世杀蒙恬、蒙毅，杀秦始皇诸公子，杀李斯及诸位重臣，最后发展到杀秦二世。赵高自己则从中车府令摇身一变成为九卿之一的郎中令，族灭李斯之后又当上了中丞相，杀了秦二世之后甚至想当皇帝。赵高的政治野心不断膨胀，大秦帝国的中枢被赵高变成了一个屠宰场。

为了不断攫取权力，赵高千方百计地诱使秦二世荒淫无度，不理朝政，肆无忌惮地滥用民力，大修始皇陵、阿房宫，闹得民不聊生。

这种作为于民何利？于国何利？因此，赵高尽管客观上加速了大秦帝国的速亡，但绝对不能将其视为"英雄"，他不是"亡秦报赵"，而是"亡秦为己"。

总之，赵高是一个心地极坏之人，世界上的坏人有两种：一种是对谁都使坏，一种是对大多数人坏，只对某些人友善。

显然，赵高属于第一种坏人，他不仅对蒙氏兄弟不好，对李斯不好，对秦二世不好，对所有和他打交道的人都不好。就连他的女婿阎乐，奉命去杀秦二世，赵高还怕他变卦，先扣押阎乐的母亲作为人质。如果子婴不杀赵高，赵高将来必杀子婴。

赵高的这种心理可能源于他的经历。赵高生于"隐官"，从小为人所不齿。这种生存状态使他从小就不知道什么叫爱，他是在恨水中浸泡长大的。他恨这个社会，恨所有看不起他的人。在这种心理的驱使之下，赵高懂得要爬到人上人的地位必须靠自己，他练习书法，学习秦法，为的就是有朝一日能够改变自己的生存状态。一旦有了机会，爬上了一定的位置，他就像一头贪婪的野兽，拼命地吞噬着一切。他渴望权力，他知道只有权力能够让他出人头地。可他在攫取权力的道路上渐行渐远，他的人性一点点在泯灭，兽性却一天天在膨胀。当他的兽性发挥到极致之时，他也就为自己挖好了坟墓。这是赵高最后的疯狂。

就在大秦帝国上层政权极度不稳的时候，反秦起义军已对大秦帝国形成四面楚歌之势。在大秦帝国处于风雨飘摇之际，秦王子婴临危受命，除掉了乱秦、亡秦的赵高，但是，面对汹涌澎湃的反秦义军，子婴还能有所作为吗？

请看：子婴亡国。

子婴设计杀死赵高，夷灭了赵高三族，除掉了乱秦、亡秦的元凶。按照常理，秦帝国此时才完成了最高权力的正确交接，秦国的政坛开始走向稳定，帝国的命运应当得到扭转了。但是，山东六国如火如荼的反秦战争已经使秦帝国彻底丧失了重整山河的良机，历史没有再给大秦帝国重生的机会，子婴仅仅当了四十六天的秦王，刘邦率领的义军就从武关攻入关中，很快打到了咸阳，驻军霸上（今陕西西安市东南）。刘邦派人招降秦王子婴。子婴白马素车，身着丧服，捧着皇帝的玉玺、符节，在轵道（亭名，今陕西西安市东北）向刘邦投降。兼并六国、空前强大的大秦帝国就这样走完了它的历史征程。子婴诱杀赵高，除去国贼，显示了他的气魄、智慧与胆略，可见子婴并非是个无能之辈。为什么这么一个有魄力、有计谋的子婴最终却未能保住大秦帝国的江山呢？

四十一

子婴亡国

养虎为患　积重难返

从"秘不发丧"一章开始，我们的主要精力一直用在讲述后秦始皇时代大秦帝国中央政权的杀戮、清洗，但是，在大秦帝国上层中枢为争权夺利忙得热火朝天的时候，天下的形势已经发生了巨大的变化。

秦二世元年（前209）七月，陈胜、吴广在大泽乡首举义旗，攻郡县，杀秦官，建号"张楚"，一场规模空前的反秦大起义迅速在全国范围内形成燎原之势。陈胜、吴广起义爆发后，大秦帝国的形势出现了两点截然相反的重要变化：一是秦二世对关东的地方起义漠然置之，二是关东形势已然发生巨大变化。

秦二世胡亥并不傻，但他面对这场声势浩大的起义不但不以为意，而且竟然采取了鸵鸟政策。按照常理，帝国一旦出现严重的政治危机，帝国的元首都会在第一时间迅速做出反应并启动紧急预案，但是秦二世竟然不予承认，这是为什么呢？

首先是盲目自信。大秦帝国以武力天下第一的优势兼并六国、统一天下，大秦帝国的虎狼之师是六国根本无法匹敌的。陈胜、吴广起义之时，秦始皇刚刚去世一年，大秦帝国在此前并未经历过大的战争重创，军事力量完整地保存了下来。秦二世继位之时刚刚二十一岁，虽然他没有参与大秦帝国的创建，但是大秦帝国用十年时间横扫六合、一统天下的赫赫战绩他还是非常清楚的。大秦帝国军事力量的强大他也是非常清楚的。秦二世自以为"老子天下第一"，这是他敢于蔑视反秦武装的重要原因之一。

其次是盲目乐观。秦始皇兼并六国、统一天下之后，收缴了天下的武器，全部集中到咸阳，铸成十二个人形的钟架，每一个重千石（shí，一石相当于今六十斤），置于宫中。秦始皇在全国范围内收缴、销毁武器是为了"弱天下之民"。这一手确实很见成效：陈胜、吴广起义时，也的确没有像样的武器可用，陈胜、吴广是"斩木为兵，揭竿为旗"，因为他们手中没有像样的武器，开始也只能用木棍之类的兵器。秦始皇统一中国之后大力收缴民间的武器使反秦力量在起义初期受到一定的限制，但是，这绝不是左右起义成败的关键。伴随着大秦帝国郡县一个个被攻占，起义军的武器自然得到改善；此时的秦二世成了反秦义军的军火运输与补充的大队长。但是，秦二世不这样看，他认为六国的武装力量被消灭，天下的武器被收缴，怎么可能还有大规模的反秦武装呢？

秦二世既然不相信关东起义军如星火燎原，已成气候，自然也不会把对付关东起义军放到军国大事的地位上来抓。那么，他在忙活啥呢？

一是残害据实而报的使者。据《史记·秦始皇本纪》记载，陈胜、吴广起义之后，天下大乱。原六国百姓对大秦帝国的地方官员恨之入骨，所以，陈胜、吴广一举义旗，各地的年轻人率先行动，他们纷纷杀了本地的县令郡守，响应陈胜、吴广，自立为王。这种义军，在广

> 收天下兵，聚之咸阳，销以为钟鐻，金人十二，重各千石，置廷宫中。——《史记·秦始皇本纪》

阔的六国土地上数不胜数，而且这些义军并非只是占地称王，而是相互联合起来，向西进军，直捣秦帝国的根据地关中。

出巡东方的使者将这种全国性失控的局面报告给秦二世，他却将报告真实情况的使者抓起来投入狱中。自此，谁还敢把关东反秦大起义的真实情况上报朝廷？

秦二世不愿承认天下大乱的消息，大臣们不敢说关东义军之事，而把这场遍及全国的大起义说成是少数"盗贼"为乱。秦二世的这种鸵鸟心态只能使大秦帝国在面对如火如荼的反秦大起义时无所作为。

二是遁入深宫享乐。大秦帝国面临生死存亡的危急关头，秦二世却听信赵高的胡言乱语，遁入深宫，不见大臣，纵情声色，及时享乐。这不是在即将爆发而是已经爆发的火山口上寻欢作乐。

三是不断责难大臣。秦二世自己不愿承认天下大乱的形势，也没有召集朝中大臣全力应对关东起义军的进攻，只是在宫中和只懂阴谋不懂朝政的赵高商酌，自己忙于与嫔妃寻欢作乐。一旦得到关东不利的消息，就责难大臣。李斯受到责难，上了《行督责书》；章邯受到责难，率兵投降；赵高受到责难，干脆把秦二世杀掉。可见，面对秦二世的责难，谁都心惊胆战，因为秦二世杀人毫无顾忌，谁都怕哪天秦二世怪罪到自己头上，身首异处。

自毁长城　独木难支

秦二世身为大秦帝国的最高统治者，妄自尊大、盲目自信，对关东局势不以为意，漠然置之，对六国的反秦运动采取鸵鸟心态，所有这些已经使大秦帝国危如累卵。更令人扼腕的是，秦朝中央政府在关键时刻还犯了一个致命的重大错误：佞臣赵高自毁长城。

秦二世二年冬，陈胜的部下周文（也作周章）率领大军杀进关中，进军到戏（今陕西西安市临潼区）。此地离秦都咸阳已近在咫尺，大秦帝国的形势一下子变得严峻起来。周文的大军有数十万人之众，此时的秦二世才得到真实的消息。秦二世的"大惊"，说明在起义军杀到关中之前，他对关东的形势判断完全建立在主观臆测上，完全不知道国事严重到这种程度。"与群臣谋"，道出了秦二世并不傻，关键时刻他的第一反应是与群臣商议应对之策。

在秦帝国危急存亡之秋，谁能站出来拯救秦帝国呢？

章邯。

章邯是秦帝国的少府。少府，秦帝国的九卿之一，专门掌管帝国宫廷制作的官府长官。章邯建议，敌兵已到，近在咫尺，人数众多，调集临近各县的军队已经来不及了，只有修郦山（即骊山）陵墓的刑徒人数众多。现在唯一的办法是立即赦免他们，发给他们兵器，我率领他们去迎击。

章邯是唯一一位在秦帝国危急时刻提出切实可行

二世大惊，与群臣谋曰：『奈何？』
——《史记·秦始皇本纪》

少府章邯曰：『盗已至，众强，今发近县不及矣。郦山徒多，请赦之，授兵以击之。』
——《史记·秦始皇本纪》

办法的大臣，秦二世当然立即准奏。因为章邯的方案解决了两大问题：一是兵员，二是将领。

章邯统兵之后，不负众望，首先击败了已经进入关中的陈胜手下的大将周文的数十万大军。周文战败，退出函谷关，解了大秦帝国的燃眉之急。秦二世又派官员增援章邯，章邯乘胜追击，又在渑池大败周文，周文自杀。陈胜在连续战败之后，被其部下杀害。此后，章邯又杀了南方义军中势力最为强大的项梁，灭了魏国，杀了新立的魏王。章邯率领这么一支临时组织起来的军队，击败了江南所有的义军，进而又在巨鹿包围了新立的赵王。可以说，章邯出兵，一路凯歌高奏。章邯成为在大秦帝国危亡关头挽救大秦帝国命运的第一人。

章邯的战绩充分证明他是能够帮助秦帝国力挽狂澜的难得人才。秦国从来不缺乏名将，从昭襄王时期的白起，到秦王赵政时的王翦、王贲、李信、蒙恬，秦国战将如云，但是，秦二世继位之后首先残杀了蒙恬。此时王翦等老将已相继故去。章邯就是白起在世、王翦重生。如果重用章邯，再调集大兵，即使不能扑灭关东的燎原烈火，退保关中应当是没有问题的。所以，从这个意义上来讲，章邯是秦帝国危亡关头的万里长城。

但是，秦二世三年冬，章邯率领秦军主力会合南下的王离率领的长城军团，与起义军上将军项羽在巨鹿进行生死决战之时，赵高不但不以国事为重，反而在此时谋杀了李斯，折断了大秦帝国政坛的一条臂膀。这年夏天，章邯数战不利，秦二世派人责难章邯。章邯担心秦二世不信任自己，特派长史司马欣回朝说明情况，希望缓和自己与秦二世的关系。时任中丞相的赵高听说章邯派司马欣来了，迟迟不见，司马欣等了三日，感觉形势不妙，连夜逃走。赵高果然派人追杀司马欣，幸亏司马欣走的不是"故道"，才躲过一劫。逃回大营的司马欣对章邯说：赵高掌权，将军若有功，赵高必然嫉妒要杀你，无功则更要杀你，愿将军早做打算。这一番话大大动摇了章邯拱卫秦帝国的决心与意志。适逢巨鹿之战打得不顺利，长城军团的总指挥王离被杀，长城军团崩溃。于是，章邯选择了投降。

大秦帝国原有两大主力军团，一是长城军团，二是南越军团。长城军团由王翦之子王离统率，在巨鹿之战中长城军团被项羽歼灭。楚地爆发大规模反秦起义之后，南越军团五十万人接不到大秦帝国中央政府的指令，只能封锁五岭，防止义军南下，但是，不能擅自做主北上救援。

除了这两大军团，大秦帝国可以依赖的是临时组建的章邯军团。巨鹿之战中，章邯作战不利，赵高又从中作祟，章邯面临内外交困的险境。最终，他在胜亦死不胜亦死的无奈情况下决定率部投降项羽。

章邯是大秦帝国后期最有战斗力的将领，也是在王翦、王贲、蒙恬离世之后涌现出来的新一代杰出军事将领。信任、重用章邯是挽救大秦帝国的唯一出路。随着长城军团的被歼，南越军团因为楚地烽火连

夏，章邯等战数却，二世使人让邯，邯恐，使长史欣请事。赵高弗见，又弗信。欣恐，亡去，高使人捕追不及。欣见邯曰："赵高用事于中，将军有功亦诛，无功亦诛。"——《史记·秦始皇本纪》

天的起义军的阻隔不能北上，只有章邯军团独撑残局。如果章邯军团投降，大秦帝国将无兵可用。此时章邯作战不顺，上书请援。关东局势已经非常严重，韩、赵、魏、齐、楚、燕都已经复国，整个关东都已造反。各路义军纷纷派人向西进军，进攻大秦帝国的腹地。刘邦已经攻入武关，派人和赵高暗中谈判灭秦事宜。

面对这种局势，只有增援章邯、重用章邯才是唯一出路。但是，赵高却因为想把关东大乱的原因嫁祸于章邯，逃避秦二世对自己的责难，逼得章邯无路可走，导致章邯投降了项羽。这是大秦帝国迅速灭亡的重要原因之一。

章邯投降项羽注定了大秦帝国走向灭亡，但此时赵高却在秦都咸阳宫殿上演他人生中最为经典的"指鹿为马"大戏，企图夺取最高权力。

如果不是赵高作祟，章邯岂能投降？章邯统率的二十万秦军是此时中原地区秦军唯一的主力军团，加上章邯本人能征善战，这是一支非常可观的武装力量。即使章邯率部投降项羽之后，项羽对这二十万大军仍然放心不下，最终在今河南渑池县东将此二十万降兵全部坑杀。这成为人们指责项羽残暴的最重要的例证。项羽不知道这样做会留下千古骂名吗？项羽不知道这会让关中父老仇恨自己吗？项羽

章邯等军数却，上书请益助。燕、赵、齐、楚、韩、魏皆立为王，自关以东，大氐畔秦吏应诸侯，诸侯咸率其众西乡。沛公将数万人已屠武关，使人私于高。——《史记·秦始皇本纪》

应该知道，因为项羽实在是对这二十万善战之军不放心啊！项羽的不放心恰恰从反面证明了章邯军团的作战能力。

回天乏术 开城请降

子婴掌握大秦帝国政权之时，帝国的主力军团已经完全消亡。这个时候，子婴还能做些什么？

子婴在做最后的努力。《史记·高祖本纪》记载：

> 及赵高已杀二世，使人来，欲约分王关中。沛公以为诈，乃用张良计，使郦生、陆贾往说秦将，啗以利，因袭攻武关，破之。又与秦军战于蓝田南，益张疑兵旗帜，诸所过毋得掠卤，秦人喜，秦军解，因大破之。又战其北，大破之，乘胜，遂破之。

子婴派兵严守峣关，阻止已经通过武关的刘邦进入关中。此时的刘邦也已经有些忘乎所以，打算与子婴派来的秦军正面交锋。但是，精明的张良深知秦兵训练有素，战斗力尚强。所以，他建议刘邦先派人在四面的山上到处插上旗帜，造成一种满山遍野都有重兵的假象；然后派了两个最能说会道的人去游说秦将。这两个人非同小可，一个是郦食其，一个是陆贾。郦食其后来在楚汉战争的最后时刻成功地游说了齐王归降刘邦，陆贾则在刘邦建汉之后万里迢迢去往今广东，拜见了南越王赵佗，成功地游说赵佗归汉。这都是后话。

刘邦一次性派出了两位顶级说客，晓以利害，秦将最终答应与刘邦联合。刘邦当时就想答应，张良再次劝告刘邦，这只是秦将为了自己的利益想和，但他们手下的士兵未必想和。不如趁秦军将领打算联合灭秦的良机，发动突然袭击。刘邦听信了张良之计，带兵绕过峣关，从背后攻击秦军，在蓝田大败秦军。然后，又趁秦军战败之机，再次实施打击，再败秦军。

可见，子婴并非无能之辈，可惜他生不逢时，历史没有给他机会。当子婴真正掌权之时，大势已去。为什么秦将听信了郦食其、陆贾的游说，根本原因是大秦帝国大厦将倾，每一位秦帝国的官员都在寻找退路。如果没有关东巨变，没有大秦帝国中枢的一系列内耗，秦将怎么可能听信刘邦说客的游说呢？到了此时，刘邦已进兵至秦都咸阳，子婴最后的努力宣告失败。他还能做什么？只能请降。

任何英雄都是时势英雄。没有时势，就没有英雄施展才华的舞台，也就没有英雄功成名就的辉煌。所以，仅仅具有成为英雄的潜质而没有机遇，永远都不会产生英雄。

子婴再有能力、再有魄力、再有智慧，也都无从施展了。他就像被秦王赵政灭掉的六国的亡国之君一样，除了投降，无路可走。毕竟时代没有给亡国之君提供施展才华的舞台，只提供了投降亡国的时机。

子婴诛灭赵高，遣将将兵距峣关。沛公欲击之，张良曰：『秦兵尚强，未可轻。愿先遣人益张旗帜于山上为疑兵，使郦食其、陆贾往说秦将，啗以利。』沛公引兵绕峣关，踰蒉山，击秦军，大破之蓝田南。遂至蓝田。又战其北，秦兵大败。——《汉书·高帝纪上》

生不逢时　身死国灭

在大秦帝国中央政权、军事力量江河日下的时候，关东正在发生着巨变。

陈胜、吴广首义之后，关东形势陡然巨变。这场巨变表现最突出的是两点：一是响应者众多；二是山东六国纷纷建国。

陈胜、吴广的起义得到了天下百姓的强烈回应。当时，各地郡县的百姓深受秦朝苛法之苦，一听说陈胜起兵反秦，纷纷起义杀了本地的县令郡守，响应陈胜。这股力量非常巨大。这就是我们前面屡次讲过的燎原之火。

怎么知道关东义军的力量巨大呢？《史记·陈涉世家》记载："当此时，楚兵数千人为聚者不可胜数。""数千人"是大股武装，尚"不可胜数"，"数千人"以下者岂不更多？可以说整个楚地全部动员起来了。这不是因为陈胜、吴广有多么大的号召力，而是民众心中压抑已久的怒火实在太大太旺。秦朝各地郡县的武装根本应付不了烽烟四起的形势。这就叫势不可当！楚地是首举义旗之地，反秦力量最多最强。

除了楚地，天下还有两个地区——齐地、赵地反秦力量也十分强大。

陈胜、吴广首义之后不是割地为王，而是迅速派兵

诸郡县苦秦吏者，皆刑其长吏，杀之以应陈涉。
——《史记·陈涉世家》

进攻关中，想要一举灭掉大秦帝国。关中之地是大秦帝国的发祥地，是大秦帝国中央政权的核心地区。此时，当年楚国最后战死的大将项燕手下的周文毛遂自荐，主动请缨进攻关中。陈胜、吴广刚刚起事，他们手中亲自掌握的军队数量并不算多，只给了周文一个将军印，让他自己招募军队。周文一面进兵，一面招兵，到达关中之时，已经有了几千辆战车，数十万大军，而且一直打到戏水之西。

周文进军关中说明了三点：一是周文得到了天下百姓的大力响应，二是周文大军进军十分顺利，三是秦军的战斗力大为减弱。周文并非名将，只是当年项燕手下一名普通军官，但由于有了陈胜的将军印，一路上就得到了众多百姓的拥戴，军力迅速扩张。函谷关是秦军重兵把守之地，当年六国联军数次合纵攻秦，很少能够打入函谷关，甚至只敢在函谷关外逡巡，不敢进击。现在周文这支边打边组织起来的起义大军竟然能迅速攻入函谷关，而且《史记》根本未记载秦军在函谷关有什么大仗恶战，这说明起义军攻入函谷关极其顺利。周文的军队无论是数量、战斗力、将领素质、武器装备，都无法与六国军队相比，但此时周文却轻而易举地攻入函谷关，只能说明此时大秦帝国军队的战斗力已经大不如前。

这是关东形势巨变的第一点。

第二点是六国的复国运动。

六国虽然为秦所兼并，但是六国王族的后裔尚在，他们复国之心始终未死。陈胜、吴广起义，天下百姓纷纷响应，对六国旧王族来说当然是一种福音。他们纷纷借着烽火燎原的大势，开展各自的复国运动。

六国的复国分三种情况：一是反秦力量需要借助六国国君的名义动员百姓；二是起义军首领据六国之地称王；三是六国后裔借反秦大势复辟。

第一种情况如楚国。从秦兼并六国到陈胜、吴广起兵反秦仅仅只有十三年，尽管秦始皇对六国王族进行了残酷镇压，但是，六国王族并未完全被消灭。楚怀王的孙子熊心就活了下来，在民间为人牧羊。这位放羊娃当然不会有复国之心，但是，楚地反秦领袖项梁听从了范增的建议——起义军需要一位楚国王族后裔作为一面旗帜，因此找到了熊心，拥立他为楚王，而且仍用楚怀王的称号。因为楚怀王是被骗入秦而客死秦地，所以，楚国的百姓怀念楚怀王。这样，立一个"楚怀王心"，楚国就重新立国了。

第二种情况如赵国、燕国。陈胜派手下大将武臣到赵地扩兵，武臣到了赵地之后，在手下将领的"劝说"下，自称赵王。结果惹得陈胜十分恼火，但又怕逼反了武臣，只好封武臣为赵王。武臣接着又派手下的韩广去燕地扩兵，韩广到了燕地，又被手下"劝说"自立为燕王。武臣也不敢杀韩广的家室，于是封韩广为燕王。赵国、燕国就这样"复国"了。

第三种情况如齐国。齐国灭亡是不战而降，当年齐王田建降秦之后被活活饿死。但是，齐国王族田氏的后裔尚在。齐国王族后裔田儋首先举兵，杀回齐地，自立为齐王，齐国复国成功。田儋与他的堂弟田荣、田横，都是极能得齐地民心之人。所以，田儋的复国迅速成了气候。田儋战死之后，田荣又立田儋的儿子田市为齐王。

这场声势浩大的复国运动促成了六国的重生。

六国复国大大加剧了秦帝国的危机，章邯不得不疲于奔命地四处用兵。

这就是秦二世对天下大事不以为意、赵高自毁长城的必然结果。

到了秦王子婴杀死赵高继位为王之时，天下的形势对大秦帝国更为不利：一是整个关东已非大秦帝国所有，二是大秦帝国的主力兵团全军覆没，三是刘邦已从武关攻入关中。大秦帝国已是风雨飘摇，朝不保夕。

贾谊在他著名的《过秦论》中认为，子婴如有"庸主之才"，也足以退入关中自保。这只是贾谊的想象之

山东虽乱，秦之地可全而有。
——《史记·秦始皇本纪》

辞、书生之见。此时，子婴统治的地区只有关中一带，而且无兵可用。子婴绝非庸主，只是生不逢时。

大秦帝国的灭亡最不能怪罪的人就是子婴。如果我们用一句话概括大秦帝国灭亡的原因，只能说老班子难辞其咎（秦始皇难辞其咎），新班子无所作为（秦二世养虎遗患），国亡在子婴手上，但是根子却不在子婴身上。子婴已经尽了他作为末代秦王的责任，只是积重难返的局面使他有心杀"贼"却无力回天了。

子婴投降两个月后，项羽入关。项羽得到刘邦手下曹无伤的告密，说刘邦要封子婴为相国，自己做关中王，非常恼火。本来项羽就与秦王朝有世仇，现在新仇旧恨一起算。先是杀了秦降王子婴，又在咸阳城大开杀戒，放火烧毁宫室，珍宝财货抢掠殆尽，与诸侯分之，秦地一分为三，号曰"三秦"。秦始皇梦想的万世永传的帝国，仅仅过了十五年，就在血腥的刀光剑影和连绵不绝的火海之中，化为滚滚的浓烟，灰飞烟灭了。

请看：皇陵之谜。

皇陵之谜

公元前210年，秦始皇病死在第五次巡游的路上，五十年的人生从此谢幕。这位生前不可一世的中国首位皇帝，以一具发臭的尸体进入他修建多年的骊山陵墓——一座充满神秘的地宫。据说陵墓里面气象万千，一如始皇帝亲手创建的帝国，但这一切也只是道听途说而已。经过了两千多年的猜测和探寻，人们终于逐渐开始依靠高科技手段来透视这座永恒的帝陵。正如秦始皇的一生有着诸多谜团一样（生父之谜、不立太子之谜、不立皇后之谜、死因之谜等），秦始皇陵也充满了各种谜团。比如说这座规模宏大的皇陵到底修建了多少年？修建秦始皇陵到底征用了多少民力？秦始皇陵的地宫真如司马迁在《史记·秦始皇本纪》中所描写的那样吗？秦始皇为什么要如此张扬地大修皇陵？

时间与人力　都是问题

　　谈起规模居于中国帝王陵墓之首的秦始皇陵，第一个问题就是秦始皇陵到底修建了多长时间？

　　《史记·秦始皇本纪》中有如下三段关于秦始皇陵的记载：

　　始皇初即位，穿治郦山，及并天下，天下徒送诣七十余万人，穿三泉，下铜而致椁。宫观百官奇器珍怪徙臧满之。令匠作机弩矢，有所穿近者，辄射之。以水银为百川江河大海，机相灌输，上具天文，下具地理。以人鱼膏为烛，度不灭者久之。

　　（秦二世元年）四月，二世还至咸阳，曰："先帝为咸阳朝廷小，故营阿房宫。为室堂未就，会上崩，罢其作者，复土郦山。郦山事大毕，今释阿房宫弗就，则是章先帝举事过也。"复作阿房宫。

　　（秦二世）二年冬，陈涉所遣周章等将西至戏，兵数十万。二世大惊，与群臣谋曰："奈何？"少府章邯曰："盗已至，众强，今发近县不及矣。郦山徒多，请赦之，授兵以击之。"二世乃大赦天下，使章邯将，击破周章军而走。

　　根据第一条记载中"始皇初即位，穿治郦山"九字，可知秦始皇陵修建于秦始皇"初即位"。秦始皇是什么时候"初即位"的呢？公元前 247 年秦庄襄王下世，赵政即位，这就是所谓的"初即位"。所以，秦始皇陵的修建是从赵政即秦王位时就开始了。中国历代皇帝的陵寝一向是"生命不止，战斗不息"，只要皇帝不死就不能竣工。所以，秦始皇陵在他生前一直在修建着。

公元前210年七月，秦始皇突然病死沙丘（今河北广宗县），当时秦始皇陵还没有完工。九月，已经腐烂的秦始皇遗体不得不匆匆下葬。此时，距秦始皇"初即位"已有三十七年。

根据第二条文献记载，秦二世元年（前209），"会上崩，罢其作者，复土郦山。郦山事大毕，……复作阿房宫"。可见，秦二世在得知扶苏自杀之后，立即将已经腐烂的秦始皇遗体迅速运回咸阳，并从阿房宫的工地上抽调大批人力为秦始皇陵回填土与修封土堆（复土）。这一年，复土基本完工后，又将大批人力调回继续修阿房宫。

如果仅从这两条文献来看，秦始皇陵在秦二世元年已经完工。

如果从第三条文献来看，秦二世元年，陈胜、吴广突然在大泽乡揭竿而起。秦二世二年冬，陈胜部将周文率领的数十万大军攻入关中。惊慌失措的秦二世不得不采纳章邯的建议，赦免了正在骊山修秦始皇陵的数十万刑徒与役夫，发给兵器，让他们在章邯的带领下迎击反秦大军。

第三条文献特别强调了"郦山徒"三字，那么，这个"郦山徒"是修皇陵的刑徒呢，还是修阿房宫的刑徒呢？

如果据第二条文献看，秦陵工程已经结束，人力都已调至阿房宫了，"郦山徒"应当是修阿房宫的刑徒。但是，《史记·秦始皇本纪》有"隐宫徒刑者七十余万人，乃分作阿房宫，或作丽山"一句。从这句话可以明显看出，"作阿房宫"与"作丽山"是分开来谈的。凡是与"郦（丽）山"有关的都是指秦陵工程，所以这里的"郦山徒"也应理解为修秦陵的刑徒。因为，秦始皇下葬之后，特别是复土工程完成之后，秦陵还有诸多事宜（比如陪葬墓）需要善后，也就是说，复土完成之后，秦陵工程并没有结束。

当周文率领的义军攻入关中之时，修秦始皇陵的主力都上了前线（卫国比修陵更重要），秦陵的修筑只能草草结束了。所以，从秦始皇即位到他去世，秦始皇陵整整修了三十七年，秦始皇死后秦二世又至少修了两年，秦始皇陵应当总共修建了三十九年。

再来看另一个问题，修建秦始皇陵一共动用了多少人力呢？

《史记·秦始皇本纪》出现了两次关于秦始皇修皇陵动用人数的记载。一次是"隐宫徒刑者七十余万人，乃分作阿房宫，或作丽山"；一次是秦始皇在兼并六国之后，"及并天下，天下徒送诣七十余万人"。另外，东汉卫宏撰写的《汉旧仪》记载："使丞相李斯将天下刑人徒隶七十二万人作陵。"《文献通考》卷一百二十四按照《史记·秦始皇本纪》的第一条记载，秦始皇动用了七十多万人修建阿房宫与骊山皇陵，这七十多万是修建阿房宫和骊山皇陵的总人数。《史记·秦始皇本纪》的第二条记载，明确说明在兼并六国之后动用了七十多万人修建皇陵。《汉旧仪》则记载李斯统领七十二万人修建皇陵。

从这三条文献来看，史书对修建秦始皇陵人数的记载并不明确。

那么，修建秦始皇陵到底动用了多少人力呢？这是一个可以讨论的话题。

我们可以算一算。

先看秦国兼并六国之前。此时秦国的主要人力用于兼并战争，秦国不可能将全国人力放在秦始皇陵的修建上。如果赵政倾全国人力修陵，他就很有可能无法完成兼并六国的宏伟大业。比如说秦国灭楚国，初败后胜。初败的原因就是李信率领的二十万秦军无法对付强大的楚军，最后只好派出王翦率六十万大军用了两年时间灭掉了楚国。试想一下，如果赵政此时动用七十万人力修建自己的陵寝，他可能再组织起六十万大军灭楚吗？更何况灭楚动用了六十万大军，后勤保障尚需多少人力？所以在赵政兼并六国之前，他不可能动用七十万人力修陵寝。

那么，秦始皇兼并六国之后呢？此时不用大规模用兵了，有没有可能动用七十万人力大修皇陵呢？

秦始皇二十七年（前220），即大秦帝国成立的第二年，秦始皇开始大规模修建从咸阳通往各地的驰道，这是大秦帝国的"高速公路"，也是保障秦始皇统治天下的快速通道，其工程量之大毋庸多言。修这么一项巨大的工程，得耗费多少人力？此时秦始皇能集中七十万人修筑皇陵吗？似乎不可能。

三十二年（前215），秦始皇派大将蒙恬率三十万大军北击匈奴，并开始修筑万里长城。秦长城尽管是在战国时期秦、赵、燕三国长城的基础之上连缀修建而成的，但是在崇山峻岭之中修筑长城，动用民力之巨也是不言而喻的。用如此多的人力大修万里长城，还能够同时派七十万人修建皇陵吗？似乎也不可能。

三十三年（前214），秦始皇调集五十万大军征南越。这场南征之战长达四年，五十万大军需要多少人力做后勤保障呢？在这种情况下，秦始皇还能动用七十万人修建皇陵吗？似乎也不可能。

三十五年 (前212)，秦始皇开始修建阿房宫。阿房宫工程巨大，终秦始皇一世都没有完工。修建阿房宫是为了现世的享受，修建皇陵是为了下世的享受。因此，秦始皇修建阿房宫动用的民力一定比修建皇陵的更多。

三十七年 (前210) 七月，秦始皇突然病故，此时皇陵还没有竣工。已经腐烂发臭、面目全非的秦始皇遗体必须立即安葬。这年九月，秦始皇下葬了。当时秦二世想通过修建秦始皇陵来证明自己是合法的继承人，所以秦二世非常卖力地继续修建皇陵。下葬前后，动用大量民力加班加点是完全可能的。因此，只有在这一时期动用七十万劳役与刑徒修建秦始皇陵才比较可信。

秦二世元年 (前209) 四月，秦二世在完成第一次大巡游之后，安葬完秦始皇，开始将大部分人力调往阿房宫。"郦山事大毕""复作阿房宫"即指此。在秦二世看来，修建阿房宫是先帝遗愿，不继续修建阿房宫，就等于向天下彰显先帝修阿房宫是错误之举。

秦二世元年，陈胜、吴广揭竿而起。二年冬，陈胜、吴广起义军到达关中，惊慌失措的秦二世采纳章邯的意见，紧急释放修骊山皇陵的劳役和刑徒，应对杀到关中的反秦大军。从此，大秦帝国陷入日益严重的帝国危机之中不可自拔，直至灭亡。无论秦二世还是秦王子婴，都顾不上再修建秦始皇陵了。秦始皇陵的修建工程至此只能草草结束了。

所以，修筑秦始皇陵的人数，仅仅是在秦始皇死后紧急施工阶段，可能达到了七十万人之多。历史文献中记载的应当是这一时期的徭役、刑徒及工匠的总人数。

最神秘的皇陵

作为中国历史上第一位皇帝的陵寝，秦始皇的皇家陵园到底是个什么样子呢？

秦始皇陵坐落在今陕西西安市临潼区城东5千米的骊山北麓。南依骊山，北临渭水，坐西向东。整个陵园由城垣以内的核心区与城垣以外的陵属区组成，总面积达56.25平方千米。

秦始皇陵园仿照都邑的标准建造。整个陵园以封土为中心，外面有两道夯土城垣，象征着都城与皇城。陵园内城面积78.59公顷，外城面积203.51公顷。

外城四面各设一门。东门在封土正中的东西轴线上，门阙规模宏大。内城除北墙开两门外，其余三面各开一门。内城南门的阙门遗址至今仍屹立于封土之南，非常壮观。

秦始皇陵园的核心区，总面积近8平方千米，封土和地宫位于内城的南部。

裴骃的《史记集解》引《皇览》曰："坟高五十余丈，周回五里余。"可知秦始皇陵最初的封土有五十余丈，约合今115米。经过两千多年的风雨剥蚀，如今的秦始皇陵封土只剩下55米左右，相当于原高的二分之一。

今天，高大如山的秦陵封土仍然屹立于骊山旁边，当年的内外夯土城垣已经残缺不全，仅能看到内城西墙残存的一段城墙。宏伟的地面建筑在两千多年前遭到项羽的焚烧，残存的废墟上仍有当年陵寝建筑群的遗址，规模宏大。封土的北侧、西侧有大片建筑，模仿的是逝者生前"前朝后寝"的制度。

秦始皇建立了完备的陵寝制度，当年曾迁徙"三万家"到陵园居住，负责修护陵园。

有关秦陵概貌，《史记·秦始皇本纪》记载得最为翔实，也最为可靠：

> 始皇初即位，穿治郦山，及并天下，天下徒送诣七十余万人，穿三泉，下铜而致椁，宫观百官奇器珍怪徙臧满之。令匠作机弩矢，有所穿近者，辄射之。以水银为百川江河大海，机相灌输，上具天文，下具地理。以人鱼膏为烛，度不灭者久之。

这段记载说，秦始皇陵的地宫穿透了多层地下水，并用熔化的铜水浇灌地宫的石缝，以防堵地下水。地宫中修建了宫殿百馆，有大量陪葬俑，安放了各种珍宝。地宫中安放了可以自动射箭的机关（机弩矢）。一旦有盗贼擅自进入地宫，通过机发装置连接起来的弩机可以自动连射。地宫中用大量的水银做成百川、江河、大海，而且用机械的方式让它们流动不息。墓室上方绘制了天文星宿，下方制作成山脉河流。整个地宫用"人鱼膏"做灯，可以长期燃烧而不熄灭。

东汉卫宏撰写的《汉旧仪》记载：

> 使丞相李斯将天下刑人徒隶七十二万人作陵。凿以章程。三十七岁锢水泉，绝之塞，以文石致以丹漆，深极不可入。奏之曰："丞相臣斯昧死言，臣所将隶徒七十二万人治骊山者，已深已极，凿

之不入，烧之不然，叩之空空如下天状。"制曰："凿之不入，烧之不然，其旁行三百丈乃止。"《文献通考》卷一百二十四

　　《史记》仅记载秦始皇陵"穿三泉"。《汉旧仪》的记载比《史记》更详细些：地宫挖到"深极不可入""凿之不入，烧之不然"的地方。这是一个什么样的地方呢？应当是挖到岩石层，凿不动，无法再挖下去了。

　　《史记》记载："大事毕，已臧，闭中羡（yán），下外羡门，尽闭工匠臧者，无复出者。"这段文字透露了地宫的三道大门，同时还写出秦二世为了保密而以工匠殉葬的残酷。

　　当秦始皇陵的修建进入尾声之时，工匠正在地宫中门以内干活，突然"闭中羡，下外羡门"。辛辛苦苦的工匠最终竟然一个也没有逃出，全部成为殉葬品。

　　这段记载谈到了"中羡门""外羡门"，因此还应当有"内羡门"，地宫当有三道门。司马迁写"中羡门"用了一个"闭"字，写"外羡门"用了一个"下"字。这说明"中羡门"是可以左右开合的，而"外羡门"则是能上下启动的。那么"内羡门"是怎么开合的呢？我们无法得知。它可能与"中羡门"相仿，也可能和"外羡门"相似。三道羡门当在一条直线上。

　　耗资如此巨大的地宫又位于什么地方呢？

　　《汉旧仪》明确记载"其旁行三百丈乃止"，是指秦皇陵地宫是在墓圹之侧"三百丈"远的地方。这是否意味着地宫并不在封土堆下，而是在封土堆之侧的某一处呢？比如说骊山某处。

2002 年中国政府第一次把秦始皇陵的考古工作纳入"863 计划"《国家高技术研究发展计划纲要》之中，并且由中国地质调查局与陕西省考古研究所联手开展大规模的秦始皇陵考古勘察工作。这项"863 计划"实际上是利用遥感考古与物探勘察相结合的方法，利用现代数字技术让地下文物映现在显示屏上，在不进行实际挖掘的基础上探测秦始皇陵的地下遗存。此次勘察动用了八大类二十二项物探方法，经过一年的努力，这项工程获得突破性成果。

为了保证科学探测的精确，考古工作者还十分艰难地在封土堆上用洛阳铲连续勘探，即用传统方法验证高科技手段的可靠性。

洛阳铲原是一种专门用于盗墓的工具。它的形状是一半为圆柱形的铁铲，直径 5～20 厘米，长20～40 厘米。使用时掌握好洛阳铲的弧度非常重要，稍不留神，它就不能带起地下的泥土，无法发挥它的功能。洛阳铲的一端有柄，柄上可以接木杆。使用时垂直向下夯击地面，深度可以到达20米，利用这种半圆形的铁铲可以轻松地打入地下并将地下泥土带出地面，并挖成一个直径为十几厘米的深井。盗墓者可以根据土质判断地下是否有墓葬，有经验者甚至可根据声音判断有无墓葬。

20世纪20年代末，考古工作者发现洛阳铲的实际作用之后，将其用于考古工作。今天的洛阳铲有了很大的发展，原来作为铲柄的白蜡条杆改为一节节可以套装的钢柄，可以开挖到几十米的地下。

考古工作者先后使用现代化的科考设备与传统的洛阳铲对秦始皇陵的封土堆进行了勘测。两种方法的考察结果表明，秦始皇陵的地宫就在今秦始皇陵封土堆之下，距地面35米深。地宫东西长170

米，南北宽145米，主体和墓室均呈矩形状。墓室位于地宫中央，高15米，相当于一个标准足球场。

封土堆下墓室周围有一圈很厚的细夯土墙——宫墙。宫墙东西长约168米，南北长约141米，南墙宽16米，北墙宽22米。宫墙用多层细土夯实而成，每层有5～6厘米，精致且坚固。宫墙顶面高出当时秦代地面很多，向下直到今封土下33米。土墙内侧还有一道石质宫墙。墓室没有进水，整个墓室也没有坍塌。

墓圹边沿建造的这圈巨大而精细的夯土宫墙，高出地面30米，顶部距封土表面最浅处只有1米左右。外墙面的9级台阶上（每级宽2米），都钻探出残瓦碎片，这说明埋入土下的墙侧台阶修有9圈长廊。

科学探测设备是如何勘探出封土堆下存有地宫的呢？

在自然界中，物体的导电性各不相同，例如空气的电阻率高，水和金属电阻率低，因此空气的导电性弱，水和金属的导电性强。在封土堆中，人工夯土的导电性强，含气孔较多的非人工夯土的生土导电性弱。

考古人员先在封土堆上的东西和南北两个走向上，每隔50米列为一条剖面，沿着剖面把用来测量电阻率的仪器插入土中来接收数据。这就相当于把封土堆作为一个大导体，选择不同的位置作为正负极进行电击，以测定封土堆深处不同部位的电阻率。

最后，把每条剖面上收集到的数据输入电脑，合成为一个电阻率异常图。根据图中高电阻体的位置和大小，可以看到封土堆中心下方有一大片深蓝色，这说明此处一定是一个椭圆形的高电阻体，以此能够推断出它是由墓室的空洞产生的。

因此，可进一步推断封土堆下方是一个巨大的地宫。从电阻率之高还可以推测出，地宫没有塌陷，也没有进水。因为水易导电，一旦进水，电阻率就会降低。地宫如果塌陷，里面的空气就会减少，也不会形成较高的电阻率。

这种测量可靠吗？会不会有什么意外呢？

当然可能有意外。那怎么办呢？用传统的方法验证。

当科学考察确定了秦始皇陵地宫的位置之后，考察小组在秦始皇陵封土堆以东的一片灌木林中，派了两名考古人员紧握一把洛阳铲奋力向下夯击。这个挖掘点就是曾用现代物理方法挖掘的编号第八的钻孔，一直挖到30米深时，地下突然传来"咚咚"的响声——洛阳铲碰到了硬物。这两名考古人员立即兴奋不已。

过去的几十年中，考古人员用洛阳铲在近60平方千米的秦始皇陵区试探性地钻探了70多万个钻孔，希望能够发现秦始皇陵的地宫，然而由于没有一个准确的定位，一直收效甚微。

但是，这一次洛阳铲像长了透视眼，准确地找到了神秘的秦始皇陵的地宫。

两名考古人员兴奋地把洛阳铲从钻孔里提出，铲尖的泥土上黏着几块青石碎屑。经过仔细辨认，碎屑是石灰岩。秦始皇陵位于陕西骊山，此处出现最多的是花岗岩和片麻岩。石灰岩在整个骊山地区非常罕见，但在渭北却分布极广，这恰恰和史料中秦陵地宫的石材取自渭北的记载相吻合。这意味着他们用洛阳铲挖到的就是极为神秘的秦始皇陵地宫。

当然，仅靠这一点还不能完全确认封土堆下存在地宫，且地宫没有遭到破坏。考古人员还做了另一项测试。

《史记·秦始皇本纪》中有关秦始皇地宫的记载提到"水银为百川江河大海"。汞（水银）是一种具有挥发性的金属，如果地宫中存放有大量的汞，封土堆表面土壤的汞含量应高出周围土壤中的汞含量。土壤化验结果表明，封土堆上的汞含量是普通值的10倍左右，最高的达20～30倍。用取样机插入土中抽取土壤中的空气测量，同样显示汞异常。

秦始皇为什么要在地宫里放入这么多水银呢？一是以水银制作成"百川江河大海"的形状，营造出一个恢宏的自然景观；二是为了防止盗墓，因为汞气有剧毒，人一旦吸入高浓度的汞气，即可导致精神失常、肌肉震颤而瘫痪，以致死亡；三是可以使尸体和随葬物品保持长久不腐。

封土堆下汞的含量异常也恰恰证明地宫未被盗掘的可能性较大。如果秦陵地宫真的被盗掘过，那么地宫中的汞早就挥发殆尽了。

最奢华的皇陵

秦始皇陵在两千多年的中国历代帝王陵里非常引人注目。

第一，陵园面积广大（达到五十多平方千米）；第二，修陵工匠众多（曾达七十多万）；第三，陪葬墓众多；第四，宝藏太抢眼。

《史记》是"二十四史"之首，《史记·秦始皇本纪》详细记载了秦始皇陵地宫中的宝物。在中国古代，特别是两汉之后，《史记》流传极广。从此书得知秦始皇陵埋藏宝物的人难以计数，即使是没有读过《史记》的人，也会从别的渠道得知秦始皇陵地宫的宝藏。所以，秦始皇陵的宝藏之多，无人不知、无人不晓。这为秦始皇陵带来了巨大的盗掘风险。

秦始皇陵为什么要修得如此豪奢呢？修得简朴一点不是可以避免树大招风吗？

在笔者看来，秦始皇陵修得如此豪奢的主要原因有四点：

一是思想观念。中国古人一直相信灵魂不灭，相信厚葬可以让死者在身后享受荣华富贵，所以自商周开始，历代帝王就一直非常重视修筑寿陵，注重厚葬。中国古代最早的墓葬是"不封不树"（不起坟，不种树）。至春秋战国，厚葬之风愈演愈烈，并且开始封土（堆土起坟）。秦始皇不可避免地也相信人死之后灵魂不灭，他为了死后再享荣华富贵就大修陵寝，实行厚葬。

二是秦始皇重视。这一点容易理解。秦始皇是第一位在位时就为自己修陵的皇帝，而且是一位兼并六国、统一四海的皇帝。秦始皇是中央集权制度的开创者，是中国历史上第一位皇帝。他自认为德高三皇，功过五帝，要称皇帝，要称"朕"。如此看重自己，当然会非常重视修建自己的皇陵。

三是秦二世重视。秦始皇去世时他的陵寝并未竣工，秦二世对秦始皇的陵寝修建格外上心。为什么呢？前文已述，因为秦二世想通过大修陵寝证明自己继位的合法性。

四是秦始皇根本未想到大秦帝国会灭亡。极强的自负感在秦始皇身上表现得非常充分。在两千多年的中国帝制历史上，秦始皇的自负无人可比！因为每一个成功的人都有极强的自负感，而且，一个人自负的程度是由他在历史上创下的功业大小所决定的。有多大的历史贡献，就有多自负。秦始皇自称始皇帝，以下分别称为二世、三世，直至万世。正因为他根本没有想到大秦帝国会灭亡，所以，他丝毫不忌惮会有人盗掘他的陵寝。大修陵寝又怎么样？我是皇帝，我怕谁？谁敢盗掘我秦始皇的陵寝？

李连杰曾经拍过一部有关秦始皇陵的电影——《木乃伊3：龙帝之墓》。这部电影讲述的就是有人千方百计想挖掘秦始皇陵的宝物，剧本源于秦始皇陵的神秘地宫中存有令人叹为观止的宝藏。

这么一个富丽堂皇的地下宝藏，两千多年来，难道没有人觊觎吗？史籍所记载的秦始皇陵被盗之事是否属实呢？

请看：盗陵毁陵之谜。

盗陵毁陵之谜

《四十三》

根据《史记·秦始皇本纪》记载，秦始皇的陵墓里埋藏着"奇器珍怪"，而且数量大得惊人。存放着无数珍宝的地宫，无疑会让盗墓者垂涎三尺。据有关人员统计，在我国已知的数百座帝王陵墓中，保存完好的几乎没有，绝大多数都历经盗掘。有些陵墓的封土上，密密麻麻地遍布着数十乃至上百个盗洞，令人触目惊心。秦始皇陵里数量巨大的珍宝埋在地下，历经两千多年的岁月洗礼，它能不成为历代盗墓人的首选对象吗？骊山脚下的秦始皇陵是否躲过了这些劫难？秦始皇陵被人盗掘过吗？奢华的地宫是否已被扫荡一空了呢？

盗墓嫌疑人之一：项羽

秦始皇陵既然埋藏着这么多宝贝，难道不怕贼偷吗？就算没偷，难道不怕贼惦记吗？

据历代文献的记载，秦始皇陵不但被人盗掘过，而且被人有意无意地毁坏过。而盗掘过秦始皇陵的人有项羽，有"天下盗贼""关东贼"，还有无名之贼；毁坏秦始皇陵的则是一个牧羊人。

这些记载可靠吗？

我们不妨考察一番。

我们的考察先从有名有姓的项羽开始，至于"天下盗贼"、"关东贼"、无名贼、牧羊人，我们很难确指这些人是谁，因此把他们暂且放到后面再谈。

《史记·高祖本纪》记载，汉四年(前203)，刘邦、项羽荥阳对峙之际，刘邦历数项羽十大罪状，其中第四条即是："项羽烧秦宫室，掘始皇帝冢，私收其财物。"这是中国历史上传世文献中第一次披露项羽盗掘秦始皇陵。

《汉书·高帝纪上》也有记载："怀王约入秦无暴掠，羽烧秦宫室，掘始皇帝冢，收私其财，罪四也。"

司马迁和班固都记载了刘邦在广武对峙之时痛斥项羽的十大罪状的第四条大罪即焚烧秦宫室，盗掘秦始皇陵。

但是司马迁的《史记·项羽本纪》没有关于项羽盗掘秦始皇陵的记载，只记载项羽入关之后对大秦帝国做了三件事：一是"杀秦降王子婴"；二是"烧秦宫室，火三月不灭"；三是"收其货宝妇女而东"。没有涉及盗掘秦始皇陵。

《史记·高祖本纪》也没有记载项羽盗掘秦始皇陵一事，只有刘邦、项羽在荥阳广武山间对阵之时，刘邦历数项羽十大罪状，其中有"掘始皇帝冢"一大罪名。但是，这一说法是值得商榷的。

第一，刘邦有可能夸大其词。

谁说项羽盗掘秦始皇陵都可信，唯独刘邦之说最不靠谱，因为刘邦与项羽是你死我活的政敌。在楚汉战争中刘邦一直高举着正义的旗帜，声言项羽犯有十大罪状。刘邦列举项羽的十大罪状完全是为自己夺取天下的政治目的服务的，所以，他会不惜一切地从政治上诋毁项羽。因此，刘邦说项羽盗掘秦始皇陵不靠谱。尤其是刘邦这个人，一贯谎话连篇，说谎技能世界一流，虽然他未必在盗掘秦始皇陵一事上也说谎，但是至少对刘邦这么一个说谎不眨眼的家伙说的话，我们得慎重听之，不可尽信。而且，两汉史书中的此类佐证极少。所以刘邦指责项羽盗掘秦始皇陵一事未必是真。

第二，项羽没必要盗掘秦始皇陵。

项羽如果要盗掘秦始皇陵，只有两种原因可以解释：一是仇恨，二是寻宝。

项羽与秦始皇确实有仇。项羽的祖父项燕当年就是在秦王赵政灭楚的战争中因战败而被迫自杀的。项氏世代为楚将，楚国灭亡对于项氏家族来说也是灭顶之灾。项羽因此对大秦帝国、对秦始皇怀有刻骨铭心的仇恨。项羽如何发泄这种家恨国仇呢？这就是《史记·项羽本纪》记载的四件事：一是灭其国，二是杀其王，三是焚其宫，四是掠其宝。大秦帝国表面上看是亡于刘邦，但实际上是亡于项羽，因为项羽消灭了大秦帝国最后的军事力量，杀死了秦降王子婴，放火烧毁了大秦帝国的宫室，这把火竟然烧了三个多月才自然熄灭；他还将大秦帝国帝都咸阳及其附近的秦宫室中的财宝与美女悉数掠走，带到了西楚国的国都彭城(今江苏徐州市)。

这就是项羽对大秦帝国刻骨仇恨的发泄。他做完这一切之后，仇恨可以说已经得到极大的宣泄。

《史记》中确有伍子胥鞭尸楚平王的记载，但那是因为伍子胥并未能灭楚国、杀楚王、焚楚都、掠楚宝，仅仅是破楚国、败楚军。所以，伍子胥的怨恨没有得到充分发泄，这才导致掘坟鞭尸事件。对于这一事件，《史记》做了非常详细的记载。如果项羽真的盗掘了秦始皇陵，如此重大的事件，《史记》能不记载吗？项羽的名气可比伍子胥大得多，秦始皇的名气更是楚平王无法相比的。

再说寻宝。

《项羽本纪》明确记载项羽在焚烧大秦帝国都城咸阳的宫殿之后，"收其货宝妇女而东"。这些"货宝"是什么？是大秦帝国宫廷中的宝物。秦始皇陵中确实埋藏了大量的宝物，但是大秦帝国宫殿中的宝物肯定大大多于秦始皇陵墓中的宝物。这是由两个方面的原因决定的：一是活人肯定不会将全部宝物埋在地下让死人享用；二是秦二世肯定不会将大秦帝国宫殿的所有宝物全部埋在地下，都埋进去了，秦二世还享受什么？

秦始皇兼并六国之后，从六国宫廷中获得的宝物太多了，包括金银财宝与绝色佳丽。这些宝物在秦王子婴投降之时并没有遭到损毁，最终被项羽洗劫一空，运到西楚国国都彭城。当然，刘邦也得到了一部分宝物。项羽基本上拥有了大秦帝国宫廷的全部财富了，他还有必要去盗掘秦始皇陵吗？挖坟掘墓，一是费劲大，二是骂名大，三是收获未必多。所以，笔者认为项羽犯不着挨千古之骂再去盗掘秦始皇陵。

所以，我们不能仅仅依据刘邦臭骂项羽的一面之词，就为项羽定下盗掘秦始皇陵的罪行，我们尚需要其他文献佐证。

这方面的传世文献有没有呢？

有！

《汉书·刘向传》记载了刘向讲的一段话：

及秦惠文、武、昭、严襄五王，皆大作丘陇，多其瘗臧，咸尽发掘暴露，甚足悲也。秦始皇帝葬于骊山之阿，下锢三泉，上崇山坟，其高五十余丈，周回五里有余；石椁为游馆，人膏为灯烛，水银为江海，黄金为凫雁。珍宝之臧，机械之变，棺椁之丽，宫馆之盛，不可胜原。又多杀宫人，生埋工匠，计以万数。天下苦其役而反之，骊山之作未成，而周章百万之师至其下矣。项籍燔其宫室营宇，往者咸见发掘。

刘向说，秦惠文王、秦武王、秦昭襄王、秦孝文王、秦庄襄王五代国君都实行厚葬，封土极高，最终都被后人盗掘。

这是刘向为谏阻汉成帝大修陵寝所上奏书中的一段话。刘向通过这段话告诫汉成帝大修陵寝、实行厚葬只能成为后世盗墓人盗掘的对象，远不如薄葬更安全。因为薄葬无珍宝，陵寝自然不会成为时人与后人争相盗掘的对象。为了劝谏汉成帝，刘向还列举了秦始皇陵被发掘一事为例，并且明确指出是项羽盗掘了秦始皇陵。

刘向的根据是什么我们不知道，但是我们知道刘向说此番话的意图，是为了阻止当今皇上厚葬，因此，这话也有夸大的可能。只有夸大其词，讲清楚厚葬的可怕后果，才能让汉成帝幡然悔悟，终止大修陵寝。

班固是一位伟大的史学家，《汉书》是史学正宗，其记载应该非常可靠。但是，《汉书》可信不等于《汉书》中的每一条文献都可信。

两汉之后，项羽盗掘秦始皇陵一事仍然被人不断复述。

北魏著名地理学家郦道元的《水经注·渭水》记载：

项羽入关，发之，以三十万人三十日运物不能穷。关东盗贼，销椁取铜。

《水经注》记载的可靠性非常之高，因此它才成为中国古代地理学名著。但是，这也不能保证《水经注》中的每一条文献都准确无误。

就以此段记载为例，如果项羽真的挖掘了秦始皇陵，而且用三十万人搬运地宫中的宝物，三十天尚未搬完，那么秦始皇陵到底有多少宝物，竟然要三十万人搬运三十天还不能搬完呢？以常理推测，这是不可能的。

北魏学者郦道元的《水经注》的这条记载实在太离谱，完全不足信。

以上我们讲了第一位被指责盗掘秦始皇陵的项羽，笔者不认为项羽是个盗墓贼。

盗墓嫌疑人之二：天下盗贼

下面我们来谈第二个被指为盗掘秦始皇陵的人：天下盗贼。这一指责源自《论衡》一书。

《论衡·死伪》记载："秦始皇葬于骊山，二世末，天下盗贼掘其墓。"

《论衡》是东汉大学者王充所撰。王充在这部中国古代思想史上的名著中明确指出：秦二世末年，"天下盗贼"掘了秦始皇的墓。王充的《论衡》讲了三点：一是秦始皇陵被盗掘；二是盗掘秦始皇陵的时间是秦二世末年；三是盗掘人是"天下盗贼"，即反秦武装。

秦二世末年天下的形势是由陈胜、吴广发起的反秦大起义已经进入高歌猛进的时段，大秦帝国的灭亡已经不可逆转。周文率领的起义军也已经攻入关中。虽然后来周文被章邯打败退出关中，但是天下的形势对大秦帝国而言，非常不容乐观。在大秦帝国行将崩溃之时，对秦始皇陵的守护必然会受大局的影响而不可能再安如磐石，常言道"覆巢之下岂有完卵"，信哉斯言。

王充的话可信不可信呢？不好讲。

为什么？

王充作为一名学者尚不至于信口雌黄。他这样写必有所据。只是他的根据我们今天已经不得而知罢了。

但是，王充《论衡》的记载带来了两大问题：

一是盗掘秦始皇陵的真是"天下盗贼"吗？

二是王充的记载和《史记》《汉书》中刘邦指责的项羽盗墓相矛

盾，这该如何解释呢？

　　先来说说盗掘秦始皇陵的是不是"天下盗贼"。《史记》与《汉书》这两部信史都借刘邦之口指责项羽入关后盗掘秦始皇陵，现在又冒出一个"天下盗贼"挖开了秦始皇陵。"天下盗贼"是谁？笔者认为，这个"天下盗贼"是指攻入关中的反秦起义军。

　　为了说清楚这个问题，我们还得再举出三条文献。

　　成书于北宋太平兴国年间的一部著名类书《太平御览》有三处明确记载了盗掘秦始皇陵的事件：

　　《太平御览》卷八百一十二引《皇览》曰："关东贼发始皇墓，中有水银。"

　　《太平御览》卷四十四引《三辅故事》曰："始皇葬骊山，起陵高五十丈，下锢三泉，周回七百步。以明珠为日月，鱼膏为脂烛，金银为凫雁，金蚕三十箱。四门施徼，奢侈太过。六年之间，为项籍所发。放羊儿坠羊冢中，燃火求羊，烧其椁藏。"

　　《太平御览》卷八百六十九引《三辅黄图》曰："秦始皇葬骊山，六年之间，为项籍所发。牧羊儿堕羊冢中，燃火求羊，烧其椁藏。"

　　《太平御览》是一部类书。所谓类书，即是分类记载历代人文资料的一种大型书籍，当时编纂这类书是专门为诗人写诗为文查找典故而使用的。《太平御览》虽成书于北宋，但是它的绝大多数资料却是从前代类书中获得的。类书的资料有出处，并非信口编撰，但是古人编辑类书不像今人这么严谨，往往辗转抄袭。所以，《太平御览》的材料我们只能作为一种参考，未可全信。

　　在《太平御览》有关盗掘秦始皇陵的三条记载中，有两条指明是项羽盗掘，一条记载是"关东贼发始皇墓"。关于项羽盗掘一事，我们前文已就汉代文献进行了考察，这里不再赘述。其中，《太平御览》第一条记载的"关东贼"值得我们关注，这里所记的"关东贼"应当就是王充《论衡》记载的"天下盗贼"。

"天下盗贼"盗掘始皇陵寝，有这种可能吗？

根据《史记·秦始皇本纪》的记载，周文率领关东起义军进入关中，立即遭到大秦帝国章邯部的迎击，并因战败而退出函谷关。但是，章邯并没有给周文以喘息之机，而是乘胜追击，周文再战再败，最终在渑池自杀。

如果说真是"关东贼"（天下盗贼）盗掘了秦始皇陵，就连带产生了两个问题：

第一个问题就是周文有时间去盗掘秦始皇陵吗？

第二个问题是周文有力量去盗掘秦始皇陵吗？

先谈第一个问题，盗掘时间。笔者觉得周文没有时间盗掘秦始皇陵。

其一，秦二世不许。

周文统兵攻入函谷关，对大秦帝国来说是天字第一号的大事件，如果说在此之前秦二世还不愿意面对关东的大规模民变，但是到了此时，秦二世的态度立即发生了重大变化。他不但承认了关东巨变的局势，还采纳了章邯的意见，授权章邯率领"郦山徒"平叛。秦二世再昏庸也会意识到这场来势汹汹的起义对大秦帝国的危害之大，必须全力应对，因此，他不可能给周文时间从从容容地去挖秦始皇陵。

其二，章邯军不许。

对付周文军队的主力即是"郦山徒"，他们原本在郦山修秦始皇陵，其中许多人是罪犯，若不是逢此巨变，怎么可能被特许参战，成为挽救国家于危亡的一支有生力量？因此，他们只有拿起武器奋勇杀敌，才能脱离戴罪之身，如果秦始皇陵被周文的起义军盗掘了，那他们不但吃了败仗，连之前的营生也保不住，岂不是死路一条？所以，周文即使想盗墓掘坟，章邯大军也不允许。

再谈第二个问题，盗掘力量。

周文率部进入关中之时，确实有兵数十万。但是，章邯率领的"郦山徒"军很快就迎了上来。周文军队大败，可见其军队的战斗力并不强。周文之所以顺利进军关中主要是沿途百姓大力拥护，各地秦军毫无战斗力所致。一旦遇到章邯所率领的真正有战斗力的秦军，周文军队的弱点立即暴露出来了。所以，第一仗即大败，然后是一败到底，直至最后兵败自杀。如果还有一点残存的希望，周文都不会走此绝路。可见，周文最后是山穷水尽了。因此，进军到关中便立即遇到了新组建却有着巨大战斗力的秦军的周文，根本不可能分兵去盗掘秦始皇陵。秦始皇陵修得高大坚固，岂是匆匆忙忙败逃出关中的周文能够从从容容盗掘得了的？没等到周文挖秦始皇陵，章邯已给周文挖好了墓。

盗墓嫌疑人之三：无名氏

除了项羽和"天下盗贼"，文献记载中还提到无名氏盗掘秦始皇陵一事。

比如唐代中期两位诗人鲍溶和白居易，他们都写下了盗掘秦始皇陵的诗篇：

鲍溶《经秦皇墓》诗云：

> 左冈青虬盘，右坂白虎踞。谁识此中陵，祖龙藏身处。
> 别为一天地，下入三泉路。珠华翔青鸟，玉影耀白兔。
> 山河一易姓，万事随人去。白昼盗开陵，玄冬火焚树。
> 哀哉送死厚，乃为弃身具。死者不复知，回看汉文墓。

其中，"山河一易姓，万事随人去。白昼盗开陵，玄冬火焚树"四句即指秦始皇陵被盗一事。但是盗掘人是谁，诗篇中并未交代。

白居易在著名的"新乐府五十首"中的《草茫茫》(作者自注：惩厚葬也)一诗也写到秦始皇陵被盗掘一事：

> 草茫茫，土苍苍，苍苍茫茫在何处，骊山脚下秦皇墓。墓中下涸二重泉，当时自以为深固。下流水银象江海，上缀珠光作乌兔。别为天地于其间，拟将富贵随身去。一朝盗掘坟陵破，龙椁神堂三月火。可怜宝玉归人间，暂借泉中买身祸。奢者狼藉俭者安，一凶一吉在眼前。凭君回首向南望，汉文葬在霸陵原。

白诗和鲍溶的诗一样，"一朝盗掘坟陵破，龙椁神堂三月火"两句只谈到秦始皇陵被盗掘，至于盗掘人是谁，同样没有交代。

诗人作诗，不像学者考据，而完全是自抒其感慨，至于盗掘秦始皇陵的人是谁并不关注。我们姑且称之为"无名氏"吧。

在项羽、天下盗贼、无名氏三种人之中，项羽盗掘说影响最大。

清代吴乘权等编纂的《纲鉴易知录》卷九也说："沛公遣兵守函谷关，项籍攻破之。遂屠咸阳，杀子婴，掘始皇帝冢，大掠而东。"

由于班固、郦道元都是中国文化史上的大家，他们说的话自然跟风者甚多。所以，项羽盗掘秦始皇墓之说得到了最广泛的流传。

毁陵者谁　牧童躺枪

与盗掘说并行的还有另一种说法，即毁陵说。

最早记录毁陵说的是《汉书·刘向传》，这条文献我们前文已经引述：

项籍燔其宫室营宇，往者咸见发掘。其后牧儿亡羊，羊入其凿，牧者持火照求羊，失火烧其臧椁。自古至今，葬未有盛如始皇者也。数年之间，外被项籍之灾，内离牧竖之祸，岂不哀哉！

这条文献揭示了一场有关秦始皇陵的毁陵事件。

刘向说，项羽烧了秦始皇陵的"宫室营宇"，去秦始皇陵的人都看见了秦始皇陵被盗的现场。后来又有放羊娃的羊走丢了，掉进了秦始皇陵，放羊娃为了寻找丢失的羊误入陵墓，点火照明，意外失火，烧了地宫中的棺椁。

北魏地理学家郦道元的《水经注·渭水》在我们前文所引的"项羽入关，发之（指秦始皇陵），以三十万人三十日运物不能穷"之后，还有下面一段记载："牧人寻羊烧之，火延九十日不能灭。"郦道元说，项羽盗掘秦始皇陵墓之后，放羊娃为了找羊，又因点火取光而误烧了秦始皇陵的地宫。

《艺文类聚》卷八十引《三辅黄图》曰："秦始皇帝，葬骊山，六年之间，为项王所发。牧儿堕羊冢中，燃火求羊，烧其椁藏。"

《太平御览》卷八百七十一引《三秦记》曰："秦始皇葬骊山，牧羊童失火，烧之，三月烟不绝。"

李白的《登高丘而望远海》诗曰："君不见骊山茂陵尽灰灭，牧羊之子来攀登。盗贼劫宝玉，精灵竟何能。"

张九龄的《和黄门卢监望秦始皇陵》诗曰："国为项籍屠，君同华元戮。始掘既由楚，终焚乃因牧。"

杜牧的《过骊山作》诗曰："黔首不愚尔益愚，千里函关囚独夫。牧童火入九泉底，烧作灰时犹未枯。"

尽管放羊娃误烧秦陵之说流传极广，但是，此说疑窦丛生。

如果放羊娃可以掉入地宫，那么肯定有一条通往地宫的通道。如果有这么一条通道，只有两种可能：一是自然塌陷形成，二是盗掘后留下的盗洞。

秦始皇陵前后经过近三十九年的持续修建，非常坚固，不可能自然塌陷形成通道。另外，一座修建了几十年而且深埋于地下的地宫，也不可能留下一个通道让后人可以进入。

秦始皇陵被盗掘一说，我们在前文中已经做过详细的讨论，结论是：秦始皇陵被人为盗掘过的可能性非常小。如果没有被人盗掘，通往地宫的通道肯定不可能存在。所以，班固《汉书·刘向传》的毁陵说极不靠谱。

幽幽地宫未见光

上一章我们介绍了现代科学探测证明秦始皇陵从未被人盗掘过，无论是项羽，还是"天下盗贼"、无名氏都是被冤枉的，而牧羊娃误入秦陵一说，则纯属谣传。

最后，我们再提出一种佐证。

中国古代有一门重要学科叫金石学，专门记录铜器与石刻。如果秦始皇陵确实被后人盗掘过，古代的金石学著作中一定会有记载。可是，中国古代的金石学记录中没有一件器物被确定出自秦始皇陵。

这恰恰证明秦始皇陵从来没有被人盗掘过。如果秦始皇陵曾经被人盗掘过，不可能在两千多年的历史中留不下一点点痕迹。

秦始皇用非常奢侈的标准修筑了中国历史上最为著名的皇陵，并在神秘的地宫里埋下如此众多的宝藏，耗费了大量人力、物力、财力，只是为了自己身后的享乐。这样一位皇帝，在历史上会给后人留下怎样的评述呢？

请看：汉儒评秦。

公元前210年，秦始皇在沙丘迎来了他人生的谢幕，但这位皇帝却是一个盖棺而难以定论的皇帝。从他死后不久的汉初开始直到今天，对他的评价是见仁见智，莫衷一是。前人有定性的明君、暴君说，有定量的功过说（含有功有过、功过不相掩、功大于过、过大于功、功过三七开或四六开等）。笔者认为，我们评价秦始皇，还是回归历史，看一看历代王朝对秦始皇评价的演变及其原因，这样做对我们今天理性评价秦始皇更有益。

秦始皇当年自称始皇帝时，大言不惭地说从他开始，以下各代皇帝依次是二世、三世直至万世，这等于断定大秦帝国一定可以万岁万岁万万岁了。具有明显讽刺意味的是，秦始皇刚死了一年就爆发了陈胜、吴广的反秦起义；仅仅三年，大秦帝国就在这场大起义中轰然坍塌。目睹这一切的汉初政治家、思想家个个内心都极为震撼！他们都在思考、议论着一个重大问题：一个成功兼并六国的强大帝国为什么短短十五年就轰然坍塌了呢？问题究竟出在哪里呢？

四十四

汉儒评秦

《过秦论》：贾生论秦过

讨论汉代学者评论秦始皇，必须把西汉文帝时期洛阳才子贾谊和他的代表作《过秦论》当作重点。顺便说一句，"过秦论"即论大秦帝国的过失，将此三字倒过来读"论秦过"正好。

为什么我们回顾两汉四百年的汉儒评秦，独独要把贾谊和他的《过秦论》作为重点呢？

理由有三点：

第一，《过秦论》是《史记》的有机组成部分。《史记·秦始皇本纪》的结尾全文转引了贾谊的《过秦论》（《史记》引一位非传主文章的做法极为罕见）。因此，我们读《史记》，讲秦皇，绝对不能不提贾谊的名文《过秦论》。司马迁把这篇文章全文摘引在《秦始皇本纪》的后面，就是想借贾谊表达他对秦始皇的评价，这也说明司马迁对贾谊的看法是认同的，司马迁和贾谊对秦始皇的评判大体是一致的。

第二，《过秦论》是经典名作。自《史记》全文引述之后，中国历代文章总集无不将此文列为经典范文。从南朝萧统《文选》，到晚清曾国藩《经史百家杂钞》，再到今天的各种选本、中学语文课本，都将此文列入。所以，贾谊的《过秦论》，尤其是萧统《文选》所选的《过秦论》上篇是传诵千古的经典之作。

第三，代表性强。贾谊的《过秦论》中的观点集中代表了汉儒评论秦始皇的主流观点，这是司马迁把此文录在《史记·秦始皇本纪》之后的根本原因，也是我们回顾历代评价秦始皇时必须面对的事实。读了贾谊的《过秦论》，汉儒评秦的整体情况我们就一目了然了。

那么，贾谊是何许人呢？

贾谊（前201—前169），洛阳（今河南洛阳市）人。因为曾担任过长沙王太傅，世称贾太傅，又称贾长沙。贾谊少年时受洛阳郡守吴公赏识，成为吴公的得意门生。吴公是秦丞相李斯的学生，学问极好。汉文帝继位后，吴公因为政绩突出被调至中央政府任廷尉（最高司法官）。吴公到中央政府任职后，向汉文帝举荐了十八岁的青年才俊贾谊。于是，贾谊被召至朝中任博士，不到一年，被破格提拔为中大夫。

贾谊的迅速升迁引起了当年跟随刘邦打天下的功臣集团的强烈不满，他们纷纷诋毁贾谊。在元老重臣等"老干部"与贾谊为代表的"青年干部"的对抗中，汉文帝毫无悬念地选择了前者，贾谊被贬为长沙王太傅，远离了京城。后来贾谊又改任梁怀王太傅，梁怀王坠马身亡，贾谊异常自责，三十三岁郁闷而死。司马迁在《史记》中把贾谊和屈原合传为《屈原贾生列传》，可见司马迁也是很推崇贾谊的。

贾谊是西汉初年著名的政论家、辞赋家，《过秦论》是他政治散文的代表作。

贾谊的《过秦论》明确指出了大秦帝国速亡的四大原因：第一，三主失误；第二，大臣失语；

贾生名谊，雒阳人也。年十八，以能诵诗属书闻于郡中。吴廷尉为河南守，闻其秀才，召置门下，甚幸爱。孝文皇帝初立，闻河南守吴公治平为天下第一，故与李斯同邑而常学事焉，乃征为廷尉。廷尉乃言贾生年少，颇通诸子百家之书。文帝召以为博士。——《史记·屈原贾生列传》

绛、灌、东阳侯、冯敬之属尽害之，乃短贾生曰：『雒阳之人，年少初学，专欲擅权，纷乱诸事。』于是天子后亦疏之，不用其议，乃以贾生为长沙王太傅。——《史记·屈原贾生列传》

居数年，怀王骑，堕马而死，无后。贾生自伤为傅无状，哭泣岁余，亦死。贾生之死时年三十三矣。——《史记·屈原贾生列传》

第三，不施仁义；第四，民心尽失。

先谈第一点：三主失误。

秦王足己不问，遂过而不变。二世受之，因而不改，暴虐以重祸。子婴孤立无亲，危弱无辅。三主惑而终身不悟，亡，不亦宜乎？《史记·秦始皇本纪》

贾谊第一次明确提出，大秦帝国的速亡，三代国君都有责任。秦始皇的过失是"足己不问，遂过而不变"。"足己"就以己为足，自以为是，"遂过而不变"是坚持错误不知悔改。秦二世的罪责是"因而不改，暴虐以重祸"。秦二世延续了秦始皇的错误，变本加厉，使大秦帝国的暴政苛法更为严酷。秦王子婴是"孤立无亲，危弱无辅"。子婴临危受命，无力回天。

再说第二点：大臣失语。

秦始皇兼并六国之后，帝国的上层政权中不是没有深谋远虑的智者，也不是没有能够匡正秦始皇过失的大臣，只是忠臣们已经患了集体失语症：

秦俗多忌讳之禁，忠言未卒于口而身为戮没矣。故使天下之士，倾耳而听，重足而立，柑口而不言。是以三主失道，忠臣不敢谏，智士不勤谋，天下已乱，奸不上闻，岂不哀哉？《史记·秦始皇本纪》

接着说第三点：不施仁义。

贾谊在《过秦论》中非常肯定地谈到了大秦帝国亡国的一个根本原因是"仁义不施"。他从儒家的立场出发，点出了大秦帝国二世亡国的一个死穴：秦国在兼并天下之时表现得非常强大，在取得天下之后不施仁义，导致大秦帝国由一个强大的国家变得非常脆弱！仁义之政是谓德政。秦始皇不行仁政是大秦帝国的一大失策。

仁义不施而攻守之势异也。
——《史记·秦始皇本纪》

最后说第四点：民心尽失。

《过秦论》通过将秦取天下时的强大与失天下时的弱小相对比，发现秦失天下的症结在人心尽失。由于秦的暴政苛法，"自君卿以下至于众庶，人怀自危之心，亲处穷苦之实，咸不安其位，故易动也。是以陈涉不用汤武之贤，不藉公侯之尊，奋臂于大泽而天下响应者，其民危也"《史记·秦始皇本纪》。天下百姓人人自危，所以陈胜一呼，万夫响应。如果民心稳定，"天下虽有逆行之臣，必无响应之助矣"《史记·秦始皇本纪》。

评秦皇入骨七分深

贾谊对大秦帝国速亡的分析有没有道理呢？

第一，关于"三主失误"。贾谊认为秦始皇对大秦帝国的速亡负有不可推卸的责任，秦二世是沿袭秦始皇的错误不悔改，秦王子婴是无奈。应当说，这个分析是恰当的。

我们看看掌权时间：秦始皇在位三十七年，从二十二岁亲政到五十岁病故，实际执政长达二十八年；秦二世在位仅仅三年；秦王子婴在位仅四十六天。单单从时间上看，对于大秦帝国的速亡，秦始皇绝对难辞其咎。秦二世在位虽只有三年，但是这三年大秦帝国政治极度混乱，加速了大秦帝国的灭亡。到秦王子婴继位，秦始皇的儿女全部被杀，重臣能臣全部被杀，秦国无人可用、无兵可派。唯一可以支撑残局的章邯也在此前被秦二世逼降于项羽。所以，真正失误的只有秦始皇和秦二世，秦王子婴只是无力挽狂澜于既倒。因此，贾谊对秦始皇、秦二世的问责是有道理的。对于子婴，贾谊并未苛责，看法也极有见地。由于秦始皇负有主要责任，所以，讨论大秦帝国的速亡实际上就是对秦始皇的评价。

第二，关于"大臣失语"。贾谊认为，大臣失语是大秦帝国速亡的重要原因之一。这个看法点到了命门上。不过，贾谊并没有把这个问题讲透，而他也不可能把这个问题彻底讲清楚。

为什么"大臣失语"关乎国家要害？因为它关系到帝国制度的自我修复能力。

秦始皇个人犯错误并不要紧，如果秦始皇创建的皇帝制度是一个完善的制度，它自身一定会有一种自我修复功能，它能够给秦始皇以必要的修正。

综观中国古代的皇帝制度，挽救一个帝国败政的途径主要有三种：一是皇帝罪己，二是大臣劝谏成功，三是皇帝易人。

第一种，皇帝罪己。这一种方法最为不易，当皇帝者必须痛切认识到自己的过失，而且有认错改过的决心（至少能装装样子）。汉武帝就是下罪己诏反省治国过失的皇帝。汉武帝即位之后，发动了长达四十年的对匈奴作战，造成了天下人口锐减、财力匮乏的严重局面，整个社会都处于动荡崩溃的边缘。在这一关键时刻，汉武帝当机立断，下罪己诏，检讨自己的过失，与民休息，大大缓和了严重激化的社会矛盾，维持了社会的稳定。

第二，大臣劝谏成功。这种情况最多。皇帝制度下的自我调整非常重要的一个方面是大臣的劝谏。后代帝王还专门设置言官，专门负责对皇帝的施政进行劝谏。

第三，皇帝易人。皇帝制度是典型的终身制。老皇帝总是要站到最后一班岗，生命不息，战斗不止，所以大多时候都是老皇帝不死，新皇帝不立，老皇帝的弊政就不能终止。皇帝易人只有三种模式：一是皇帝死亡，二是宫廷政变，三是易代易帝。

但是，这三种模式都不容易实现。

皇帝死亡不是一厢情愿的事，生命的代谢有它自己的规律，因此我们不可能指望一位昏君尽早自然死亡。

既然昏君不死，那就只有另一种办法，人为地除掉他。这就是政变！政变同样具有极大的风险，而且即使政变成功，谁也无法保证继位的皇帝一定是一位明君。

最后一招就是易代易帝。这在中国历史上有两种模式：一是自下而上的民变，或者称之为农民起义；一种是通过自上而下的军事力量逼迫皇帝退位，如司马炎代魏建立西晋王朝，赵匡胤代周建立北宋王朝。

综观中国皇帝制度两千多年的风云变幻，政变、易代都具有极大的风险，成功率都不高，因为它需要多方面因素的相互配合；要皇帝认错，下罪己诏也极其不易；唯独大臣们的劝谏是皇帝制度下自我修复的一种最易实施的措施。

大臣失语对任何帝国都是一场灾难。因为我们不能要求一位独断专行的皇帝时时事事都处理得当，朝议是在常态下修复帝国偏失的最佳途径。秦始皇称帝之后，朝议渐渐流于形式，因为皇帝至尊至贵、至高至大，大臣们面对这样的皇帝还能说什么，还能做什么？大臣的失语是皇帝制度的必然。

一个王朝的制度到了大臣们都不敢为它的长远利益进行评说的地步，这种制度岂不是完全僵化了吗？它怎么会有生命力？

这一点不仅仅贾谊看到了，早于贾谊的汉初名臣贾山也说过：

秦皇帝居灭绝之中而不自知者何也？天下莫敢告也。其所以莫敢告者何也？亡养老之义，亡辅弼之臣，亡进谏之士，纵恣行诛，退诽谤之人，杀直谏之士，是以道谀偷合苟容，比其德则贤于尧舜，课其功则贤于汤武，天下已溃，而莫之告也。《汉书·贾邹枚路传》

秦始皇确实不知道他已经把大秦帝国推到死亡线上了。原因是秦始皇已经丧失了自我认识和判断的能力，他手下的大臣们又不能发表意见。

贾谊认识的局限在于他只看到了大臣的失语，但是他认识不到大臣失语的原因是什么。大秦帝国一向不乏有识之士，他们看不出秦始皇晚年的种种过失吗？如果看出来了为什么他们不谏言呢？大臣失语只是一种表象，真正的原因是什么呢？

皇帝制度。

秦始皇建立的皇帝制度将皇帝置于权力的顶峰，整个国家全体臣民必须绝对服从皇权。这样，皇帝就高高凌驾于全体臣民之上，对话的基础已经不存在。这种制度的设计带有一种先天性缺陷，它存在一个至尊至贵的塔尖，高高坐在这个塔尖之上的最高统治者不受任何约束。任何制度都不应预设一个不受任何约束的统治者。没有谁的屁股摸不得！如果预设了这么一个最高统治者，它就可能成为这种制度的破坏者。

从历史上看，秦始皇取代的周天子虽然是天下的共主，但是周天子并没有直接控制天下的能力，周天子的统治是通过大大小小的诸侯来实现的。也就是说，周天子是通过分权给天下诸侯来治理天下，周天子的权力自然受到了限制。

至于商王朝，商代国君极重鬼神，商王的任何行事都要占卜，求得神的"指示"。因此，神权成为制约王权的一种重要力量，历代商王也要将权分给鬼神。

秦始皇创建的皇帝制度与商、周都不同，皇帝拥有至高无上的权力，从中央政府的三公九卿到地方的郡令守县，都由皇帝一人任免。大秦帝国虽然也重祭祀，但是皇帝已经高高凌驾于一切之上，神权相对于皇帝也被逼退了。

国家治理的好与坏全凭皇帝个人的素质和品格。在这种制度之下，要求皇帝个个是明君太困难了。即使是明君，也有一个能否有始有终的问题。唐玄宗李隆基在位前期励精图治，创造了开元盛世；后期却贪图享乐，葬送了大唐江山，也葬送了自己。这类前明后暗的皇帝在中国历史上不乏其人。

秦始皇创立的皇帝制度葬送了大秦帝国，也为中国两千多年的封建帝制留下了一整套统治模式，成为阻碍中国社会前进的巨大障碍。直到辛亥革命，才最终在形式上终结了皇帝制度。但是，作为一种政治制度的负面影响，完全清除帝王思想尚需时日。

第三点，不施仁义。贾谊的这一观点无疑是正确的。秦始皇不施仁义源于两个方面，一是崇尚法家，二是遵循水德。

大秦帝国虽然没有尽杀儒生，朝廷中还有儒学博士叔孙通，可是，秦始皇却非常喜欢韩非那一套法家的独裁专制理论。所以，法家的专制思想在秦始皇后期逐渐成为秦始皇实行独裁的理论基础，焚诗书，禁锢思想，都是受法家的思想影响与支配。儒家的仁义之说完全不适合秦始皇的胃口，儒家思想对巩固专制统治的巨大作用也完全不为秦始皇所认知。

水德说让秦始皇认为水德属冬，崇尚杀罚。所以，严刑峻法是水德王朝的特点。这种五德终始的理论严重误导了秦始皇，让他迷信刑罚。

第四点，尽失民心。贾谊论述大秦帝国尽失民心是极其中肯的。

贾谊论秦始皇是从大秦帝国的速亡开始，因为大秦帝国的速亡给汉朝人的刺激实在是太强烈了，而讨论秦朝的速亡又是以陈胜、吴广和山东六国的对比为基础进行的，因为这最让贾谊惊叹不已。秦灭六国势如破竹，可见秦国比六国强大得多；但是，强秦却败于陈胜、吴广。难道陈胜、吴广比六国强大得多吗？

《过秦论》言：

> 陈涉之位，非尊于齐、楚、燕、赵、韩、魏、宋、卫、中山之君；
> 鉏耰棘矜，非铦于句戟长铩也；适戍之众，非抗于九国之师；深谋远虑，
> 行军用兵之道，非及乡时之士也。《史记·秦始皇本纪》

贾谊认为：陈胜的地位远比六国之君低得多，陈胜军队的武器、
素质比六国军队差得多，至于统兵的将领更赶不上六国的将帅。但
是六国却被秦国打得落花流水，陈胜却赢得了天下的群起响应，最
终推翻了强大无比的大秦帝国。

陈胜面对大秦帝国所表现出来的"强大"让贾谊惊呆了，所以
《过秦论》两次拿陈胜与六国对比，而且还专门为陈胜书写了一段。
不过，贾谊笔下的陈胜实在是不堪入目的下三烂：

> 陈涉，瓮牖绳枢之子，氓隶之人，而迁徙之徒，才能不及中人，非
> 有仲尼、墨翟之贤，陶朱、猗顿之富，蹑足行伍之间，而倔起什伯之
> 中。《史记·秦始皇本纪》

陈胜不是名门望族，地位十分低下，陈胜的才能连个中等水平
也达不到，陈胜的富有更是无从谈起，陈胜只是个戍边的小卒。总
之，在贾谊笔下，陈胜是一个"六无"之人：无才，无德，无地位；无
财，无名，无依靠。但是，他竟然能成大事，岂不怪哉！

陈胜最神奇的地方就在于，他这样一个平凡得不能再平凡的人振臂一呼，竟然造成导致大秦帝国灭亡的全国性民变！一个如此不堪的陈胜为什么能够战胜强大的大秦帝国？

因为陈胜面对的大秦帝国与六国面对的秦国已完全无法相比。六国面对的是一个具有坚强核心，朝气蓬勃、蒸蒸日上的秦国；陈胜面对的却是一个民心尽失、人人自危、元气大伤的大秦帝国。

失不失民心看什么？看天下百姓对陈胜、吴广发动民变的反应。陈胜、吴广因为误期将被判死刑，因此，在进退两难的困境中选择了造反。这场八百人的民变最终会是什么结果？陈胜、吴广起兵之时自己也不可能有太高的预期，他们是被逼无奈才反的。但是，让陈胜、吴广始料不及的是，他们点燃的反秦烈火竟然获得了天下百姓的群起响应。天下百姓早就对秦国暴政极度不满了，只差一点火星，就能引发连环大爆炸，就会炸翻整个大秦帝国。陈胜、吴广就是点燃这场连环大爆炸的一枚火种。

陈胜、吴广在商议起兵时曾说过一句非常经典的话："天下苦秦久矣！"《史记·陈涉世家》

刘邦在起兵反秦之初，曾经在沛县城外向城中射进去一封帛书，告诉沛县父老："天下苦秦久矣！"

刘邦起兵之后，曾经痛骂郦食其：你这个不懂事理的

刘季乃书帛射城上，谓沛父老曰："天下苦秦久矣。"——《史记·高祖本纪》

儒生，"天下同苦秦久矣！"

陈胜派往原赵国攻城略地的大将武臣也说过："夫天下同心而苦秦久矣"！《史记·张耳陈馀列传》

刘邦、陈胜、武臣都讲了一句共同的话：天下苦秦久矣！

"天下苦秦久矣"这六个字非常值得我们深思："天下"，指范围之广，它不是某一个人、某一群人，而是整个天下之人；"苦秦"，指深受大秦帝国之害；"久矣"，指时间之长。六个字说尽了天下百姓群起响应陈胜、吴广的根本原因。

这说明大秦帝国此时已经尽失民心。

《史记·淮南衡山列传》记载，汉武帝时，淮南王刘安因为违法，担心被汉武帝追究，打算谋反。刘安找到了手下最有军事才能的门客伍被 (pī) 商议叛乱之事，但是伍被拒绝支持淮南王刘安的叛乱。理由只有一点：淮南王叛乱不可能成功！

为什么？

因为没有民意支持。

淮南王刘安认为，当年的陈胜、吴广没有"立锥之地"，就凭他带领的那八百人竟然搞成功了，进兵到关中之时竟然有数十万大军。我淮南国再小，总还有十几万军队，而且我淮南王的军队素质比起陈胜、吴广强多了。他们能行，我为什么不行？

沛公骂曰："竖儒！夫天下同苦秦久矣。"——《史记·郦生陆贾列传》

王曰："陈胜、吴广无立锥之地，千人之聚，起于大泽，奋臂大呼而天下响应，西至于戏而兵百二十万。今吾国虽小，然而胜兵者可得十余万，非直谪戍之众，镵凿棘矜也，公何以言有祸无福？"——《史记·淮南衡山列传》

伍被认为，秦始皇的暴政苛法导致天下百姓无法忍受，民间早已积聚了巨大的反秦能量，陈胜、吴广振臂一呼，激活了这股能量，这才出现了天下纷纷响应的局面。如今，汉武帝虽然穷兵黩武，但是国富民强，整个天下完全不具备这种反政府的强大民意。

伍被的话道出了陈胜、吴广起义成功的决定性因素是天下百姓的巨大反秦能量。如果天下没有蕴藏着这种巨大的反秦能量，谁也不可能调动起千千万万的百姓参加反秦大起义。这股巨大的反秦能量就是离秦、怨秦、叛秦、反秦的民心！

综上可知，贾谊的《过秦论》论述的大秦帝国速亡的四大原因条条切中要害，秦始皇对不施仁义、大臣失语、民心尽失都负有极大的责任。

服务现实　全面否定

贾谊为代表的汉儒对秦始皇的评价有两大特点：一是评价较低（近乎全面否定），二是实用性强（重在讨论大秦帝国的速亡）。

其实，秦始皇也不是全无是处，大臣失语也不是最初就如此，而是经历了一个过程。在兼并六国之前，大臣们在秦廷上常常是敢于讲话，而且是讲真话、实话；当时的秦王赵政也曾有过两次知过善改的

往者秦为无道，残贼天下。兴万乘之驾，作阿房之宫，收太半之赋，发闾左之戍，父不宁子，兄不便弟，政苛刑峻，天下熬然若焦，民皆引领而望，倾耳而听，悲号仰天，叩心而怨上，故陈胜大呼，天下响应。

——《史记·淮南衡山列传》

良好记录。

第一次，郑国间谍案出现之后，秦王赵政在秦国旧贵族的喧嚣中错误地下达逐客令，收到李斯的《谏逐客书》后，立即收回成命，重用李斯。

第二次，灭楚之时，青年将领李信力主二十万大军可以灭楚，老将王翦认为非六十万大军不可。赵政认为王翦年老胆小，于是派李信率领二十万大军灭楚，惨遭大败。赵政于是亲自到老将王翦家中道歉、认错，诚恳邀请王翦出山，并且满足了王翦所有的要求，灭楚成功。

李斯上书，王翦直言，说明此时的秦王赵政深知堵塞言路是为政大忌。所以，他以自己的行动倡导大臣进谏。

赵政的这两次知错改错，第一次为秦国挽回了大批六国人才，为兼并六国储备了大批有识之士；第二次重用了能臣王翦，灭掉了土地辽阔、实力强大的楚国，为兼并六国灭掉了最后一个强大的对手。

成功兼并六国之后，赵政由秦王变为始皇帝，创立皇帝制度，这时他开始极度膨胀，再也意识不到自己还有可能犯错误。一个人人生前期的成功并不能保证人生后期的成功。

秦始皇第一次灭楚失败之后，承认自己有错是因为战争以鲜血教训了他，他不能不承认自己有错误。但是，秦始皇兼并六国之后，大规模的工程建设一个接一个地开工，他求仙问道，频繁出巡，不立太子，不立皇后，焚诗书，坑术士，北击匈奴，南征越地，给秦国子民带来深重的灾难。但是，这些并不能如兵败楚国一样立即让秦始皇意识到自己的错误。更何况兼并六国的成功使秦始皇飘飘欲仙，忘乎所以。

秦始皇称皇帝之后，他的宫廷上并非完全没有朝议争辩，大臣们也并非一开始就患上了集体失语症。

比如说秦始皇准备推广郡县制时，以丞相王绾为首的朝中许多大臣一边倒地反对，只有李斯支持秦始皇。这次朝议以秦始皇决意要实行郡县制而告终。但是，郡县制与分封制之争并没有结束。秦始皇三十四年 _(前213)，博士淳于越再次提出了郡县制不如分封制，结果引发了李斯的建言和焚诗书事件。

我们对比一下两次郡县制与分封制之争，第一次秦始皇仅仅是采纳了李斯的建议，下令全国推行郡县制，并没有其他严厉的举措，没有对朝臣形成巨大的心理压力。

第二次郡县制与分封制之争，秦始皇又采纳了李斯的建议，但这一次却引发了焚书令。

秦始皇下达焚书令时并没有处罚博士淳于越，但淳于越和朝中大臣们的心理肯定承受了一次重大的打击。贾谊说"天下之士，倾耳而听，重足而立，钳口而不言"是完全正确的，我们前面讲过，郡县制与分封制各有利弊，但因为两种制度的争议而引来焚书令，谁还敢再多言？"忠臣不敢谏，智士不敢谋"成为必然的结果。

以贾谊为代表的汉儒对秦始皇的否定性评价不是偶然的，它是汉代社会现实的政治需要。秦汉相承，时代相连，贾谊尽管是汉文帝朝的青年才俊，但是，贾谊出生于公元前200年，也就是刘邦建立汉王朝的第三年。所以，贾谊生活的时代是西汉初年，这一时期的现实政治让人们更多地思考秦亡汉兴的原因，更多地在总结秦始皇的过失，为新兴的汉帝国提供历史借鉴。正是这种时代因素让人们来不及思考秦始皇的贡献，人们的所有着眼点都在秦始皇的失误上。

政治的思考从来都必须服务于现实需要。汉代对秦始皇的评价也必然是为巩固汉王朝的现实政治服务的，所以，汉儒评价秦始皇充满了浓郁的实用色彩。

那么，汉代以降的学者又会如何评价秦始皇呢？

请看：唐人论秦。

唐人论秦

两汉儒生揭开了秦始皇身后两千多年对其评价的序幕。两汉之后，从魏晋南北朝直到唐代，秦始皇始终是诸多政治家、文人关注的一个焦点。秦始皇成了历代警示教育的典型样本，他被后人不断地从历史中拈出来，给当权者以提醒、警戒，暴君秦始皇成了制约皇权的一把利剑、一座警钟。到了唐代，唐人评秦更加丰富多样：从形式上看，不但有政论、上疏，而且有诗歌、辞赋，各种文体的评议不断涌现；从内容上看，不但有批评秦始皇的诗文，而且出现了肯定秦始皇的文章。这一切都表明秦始皇并没有因为时过境迁而被人忽略和忘却。那么，唐人对秦始皇的关注点在哪里？他们的评议又有什么新的内容呢？

最好的反面教材

秦始皇创立的皇帝制度并没有伴随着大秦帝国的速亡而被人遗弃，相反，它成了秦始皇留给后世的最大一笔政治遗产。

公元前202年，消灭了西楚霸王项羽两个月后，汉王刘邦就急不可耐地在各路诸侯的拥戴下，故作不情愿状地登上了梦寐以求的皇帝宝座，当上了西汉的开国皇帝。刘邦生于公元前256年，秦始皇生于公元前259年，从年龄上看，秦始皇仅仅长刘邦三岁。所以，大秦帝国的开创者赵政与汉帝国的开创者刘邦其实是同一时代之人。

刘邦在做泗水亭长时经常因公到咸阳出差，有一次目睹了秦始皇身为皇帝的阔大排场与八面威风，喟然叹息："嗟乎，大丈夫当如此也！"男人活着就应该活得像秦始皇一样！刘邦对权力的这种无比垂涎成为他日后一切活动的内在动力。同样面对秦始皇的雄风而发出"彼可取而代之"的项羽，最终没有实现他的目标。刘邦灭了项羽之后很快就在定陶（今山东菏泽市定陶区）称帝，延续了秦始皇的皇帝制度，他终于亲自体验到了"皇帝之贵"。刘邦果断地抛弃了项羽的分封制，重拾秦始皇创建的皇帝制度。这在中国政治制度史上是一个重大事件，它表明大秦帝国虽然十五年亡国，但是秦始皇创立的皇帝制度却得到了后世历代最高统治者的青睐。

为什么一个导致十五年亡国的皇帝制度如此受到后代最高统治者的青睐呢？

皇帝制度明白无误地向世人宣告：皇帝是天下至高至大、至尊至贵的人。这就意味着，当上皇帝就拥有了整个天下的财富与权势。

当皇帝最痛快的不是皇帝说对了臣民会俯首帖耳，而是皇帝说错了臣民们也会俯首听命。正是这种绝对的专制使皇帝成为两千多年"引无数英雄竞折腰"的终极目标，为了这一目标，皇室父子之间篡逆弑杀、兄弟之间相煎太急的事件才频频发生。

皇帝制度的最大特点是皇帝本人可以最大限度地实施专制独裁。在这种专制独裁的统治下，约束皇权必然成为一大难题。皇权如果不能受到适当的约束，皇帝就会为所欲为，亡国之祸就会接踵而至。所以，约束皇帝制度下的皇权是确保一个帝国长治久安的根本大计。但是，约束至高无上的皇权又是皇帝制度下最为棘手的问题。

古人很聪明。我们总以为今人比古人高明，是因为我们获得的知识比古人丰富，获得知识的手段比古人便捷，比如说我们懂得了种种终结个人独裁的方法，我们知道了终结个人独裁的社会制度。但是，古人面对独裁专制的皇帝也并非毫无作为，他们为约束皇权充分发挥政治智慧。其中，一个重要的武器就是对皇帝进行警示教育。

今天，我们在任命各级干部之前，都要对即将上岗的干部进行廉政谈话，进行警示教育。对在岗干部的警示教育，采取的办法往往是让狱中贪官现身说法。但是，警示教育并非专属今人，古人早就懂得警示教育的重要性。

对皇帝进行警示教育的目的是使拥有至高无上权威的皇帝懂得畏惧，让天下独尊的皇帝内心还有惧怕的对象。皇帝是帝国制度下最"勇敢"的人。"溥天之下，莫非王土。率土之滨，莫非王臣。"《诗经·小雅·北山》老子是皇帝，老子怕什么？

拥有者最怕失去。拥有什么，最怕失去什么。拥有权力者最怕失去权力，拥有财富者最怕失去财富。

皇帝最怕失去皇权！有所怕就是软肋。聪明的古人就从这方面入手，借古喻今，对皇帝进行警示教育。

那么，谁可以被写进这种警示皇帝的教材呢？狱中的贪官当然不行，他们的资格不够。亡国的皇帝又不配。谁最合适呢？

秦始皇！

秦始皇创立了皇帝制度，成为中国历史上第一位皇帝，但是秦始皇又是一个十五年便亡国的统一帝国的创建者，第一个死去三年便亡国的开国皇帝。这种特殊身份上哪儿可以找到第二人？所以，秦始皇理所当然地成了历代名臣贤相对皇帝进行警示教育的最佳人选。当然，在中国历史上还有夏桀、商纣也可以警示为非作歹的皇帝，但是夏桀、商纣都是亡国之君，而且是王而非皇帝，他们的警示效果显然没有秦始皇更有价值，他们充其量只是一张"黄牌"，而秦始皇几乎是立即可以将违规者罚下场的"红牌"。

以秦始皇警示当朝皇帝的做法在汉代已经开始出现，到魏晋南北朝时期，秦始皇日益成为进行警示教育的"最佳教员"。

我们看两个史例：

三国时期，魏国杨阜曾经向曹操的孙子魏明帝进谏说：

秦始皇作阿房而殃及其子，天下叛之，二世而灭。夫不度万民之力，以从耳目之欲，未有不亡者也。《三国志·杨阜传》

这件事的起因是魏明帝在许都（今河南许昌市）修了宫殿，又要在洛阳大修宫殿，杨阜劝谏阻止，以秦始皇修阿房宫为例，说明皇帝滥用民力，独享欢乐，必然导致亡国。阿房宫修到什么程度，动用了多少民力，给天下造成多大的伤害，大秦帝国是否因此而亡，我们都可以弃而不论。但是，有一点我们可以肯定，秦始皇成了杨阜劝谏魏明帝的反面教材。

同样是劝谏魏明帝，另一位大臣高堂隆也是以秦始皇作为警示皇帝的鸣钟，他对魏明帝说：

且秦始皇不筑道德之基，而筑阿房之宫，不忧萧墙之变，而修长城之役。当其君臣为此计也，亦欲立万世之业，使子孙长有天下，岂意一朝匹夫大呼，而天下倾覆哉？《三国志·高堂隆传》

对比一下杨阜、高堂隆的谏词，可以非常明确地看出，秦始皇已经成为大臣警示皇帝滥用民力的一个典型。

晋朝的傅咸在《吊秦始皇赋》中也发出了类似的预警：

余治狱至长安，观乎阿房，而吊始皇曰："伤秦政之为暴，弃仁义以自亡。搦纸申辞，以吊始皇：有姬失统，命不于常。六国既平，奄有万方。政虐刑酷，如火之扬。致周章之百万，取发掘于项王。疲斯民乎宫墓，甚癸辛于夏商。未旋踵而为墟，屯麇麚乎庙堂。国既颠而莫扶，孰阻兵之为强。"［清］严可均《全上古三代秦汉三国六朝文·全晋文》卷五十一

傅咸铺排秦灭六国，统一天下，然后虐政酷刑，大兴土木，劳民伤财，从而导致帝国大厦坍塌，无人能救，尽为废墟，麋鹿出乎其

间。这篇赋的警示作用也很明显，伤秦政之暴，弃仁义自亡。通过大秦帝国大厦旋踵之间灰飞烟灭的历史事实，给当权者敲响警钟。

以秦始皇为警示教育的反面教材是皇帝制度下约束皇权的一大发明。唐代诗歌最为有名，以诗劝谏当代皇帝成为唐诗的一大特色。其中，最为著名的是李白的《古风》其三：

> 秦王扫六合，虎视何雄哉！挥剑决浮云，诸侯尽西来。
> 明断自天启，大略驾群才。收兵铸金人，函谷正东开。
> 铭功会稽岭，骋望琅邪台。刑徒七十万，起土骊山隈。
> 尚采不死药，茫然使心哀。连弩射海鱼，长鲸正崔嵬，
> 额鼻象五岳，扬波喷云雷，鬐鬣蔽青天，何由睹蓬莱。
> 徐市载秦女，楼船几时回。但见三泉下，金棺葬寒灰。

这首诗借秦始皇求仙不成病死沙丘之事，规劝唐玄宗不要迷信神仙。这首气势磅礴的咏史诗，大笔如椽，盛夸秦始皇横扫六合、一统天下的声威，极写秦始皇派徐福入海求仙药，最终却是"但见三泉下，金棺葬寒灰"。雄才大略的一代英主，最后只落得一堆寒冷的骨灰。

以秦始皇警示当世皇帝的效果如何呢？我们看看唐太宗的例子，唐太宗曾说："秦始皇初亦平六国，据有四海，及末年不能善守，实可为诫。"《贞观政要》卷十《慎终》唐太宗还说："秦始皇营建宫室，而人多谤议者，为徇其私欲，不与众共故也。朕今欲造一殿，材木已具，远想秦皇之事，遂不复作也。"《贞观政要》卷六《俭约》可见，以秦始皇为例的警示教育确有实际效果。

一大罪证：阿房宫

在唐人评价秦始皇的作品中，晚唐杜牧的《阿房宫赋》是翘楚之作。这篇赋用华丽的辞藻，气势如虹的语言，极尽笔墨之能事，对秦始皇提议修建的阿房宫进行了绘形绘色的描绘。它给唐人评价秦始皇提供了一个新的维度。

《史记·秦始皇本纪》确实有一大段关于阿房宫的记载：

始皇以为咸阳人多，先王之宫廷小。吾闻周文王都丰，武王都镐，丰镐之间，帝王之都也。乃营作朝宫渭南上林苑中。先作前殿阿房，东西五百步，南北五十丈，上可以坐万人，下可以建五丈旗。周驰为阁道，自殿下直抵南山。表南山之颠以为阙。为复道，自阿房渡渭，属之咸阳，以象天极阁道绝汉抵营室也。阿房宫未成；成，欲更择令名名之。作宫阿房，故天下谓之阿房宫。隐宫徒刑者七十余万人，乃分作阿房宫，或作丽山。发北山石椁，乃写蜀、荆地材皆至。关中计宫三百，关外四百余。于是立石东海上朐界中，以为秦东门。因徙三万家丽邑，五万家云阳，皆复不事十岁。

这段记载讲了四点：

第一，修建原因。秦始皇修建阿房宫是因为咸阳城中"人多""宫廷小"（将六国的美女悉数运至咸阳，秦国的宫殿自然容纳不下），所以，秦始皇决定在上林苑中修建这一座庞大的朝宫，这座朝宫的前殿就是阿房宫。

第二，得名。阿，近；阿房，意为宫殿四周都是房；"阿房"并不是这所庞大宫殿前殿的名字，而是暂用名，只是因为全部工程未完，建完之后秦始皇要另外取名。

第三，修筑情况。阿房宫始建于秦始皇三十五年（前212），两年后，宫殿未建完秦始皇就病故了。秦二世继续修建，尚未修完二世被杀；子婴继位四十六天秦亡，仍未修完。所以，阿房宫实际上是一座"烂尾楼"。

第四，规模。阿房宫规模宏大，它的东西长五百步，南北宽五十丈；殿中可以容纳万人，殿下可以竖起五丈高的大旗。

杜牧的《阿房宫赋》只有六百余字，但是它写出了阿房宫建筑的壮丽与宏伟、美人的绝色与众多，因此，此赋一出，"阿房宫"名扬千古。全文如下：

六王毕，四海一。蜀山兀，阿房出。覆压三百余里，隔离天日。骊山北构而西折，直走咸阳。二川溶溶，流入宫墙。五步一楼，十步一阁。廊腰缦回，檐牙高啄。各抱地势，钩心斗角。盘盘焉，囷囷焉，蜂房水涡，矗不知乎几千万落。长桥卧波，未云何龙？复道行空，不霁何虹？高低冥迷，不知东西。歌台暖响，春光融融；舞殿冷袖，风雨凄凄。一日之内，一宫之间，而气候不齐。

妃嫔媵嫱，王子皇孙，辞楼下殿，辇来于秦。朝歌夜弦，为秦宫人。明星荧荧，开妆镜也；绿云扰扰，梳晓鬟也；渭流涨腻，弃脂水也；烟斜雾横，焚椒兰也；雷霆乍惊，宫车过也。辘辘远听，杳不知其所之也；一肌一容，尽态极妍，缦立远视，而望幸焉。有不见者三十六年。

燕、赵之收藏，韩、魏之经营，齐、楚之精英，几世几年，剽掠其人，倚叠如山。一旦不能有，输来其间。鼎铛玉石，金块珠砾，弃掷逦迤，秦人视之，亦不甚惜。嗟乎！一人之心，千万人之心也。秦爱纷奢，人亦念其家。奈何取之尽锱铢，用之如泥沙？使负栋之柱，多于南亩之农夫；架梁之椽，多于机上之工女；钉头磷磷，多于在庾之粟粒；瓦缝参差，多于周身之帛缕；直栏横槛，多于九土之城郭；管弦呕哑，多于市人之言语。使天下之人，不敢言而敢怒，独夫之心，日益骄固。戍卒叫，函谷举，楚人一炬，可怜焦土。

灭六国者，六国也，非秦也。族秦者，秦也，非天下也。嗟乎！使六国各爱其人，则足以拒秦。使秦复爱六国之人，则递三世可至万世而为君，谁得而族灭也？秦人不暇自哀，而后人哀之；后人哀之而不鉴之，亦使后人而复哀后人也。

杜牧在这篇名赋中提出了两大问题：

一是秦始皇骄奢淫逸过度。二是大秦帝国亡于自身。尤其是"灭六国者，六国也，非秦也。族秦者，秦也，非天下也""使秦复爱六国之人，则递三世可至万世而为君，谁得而族灭也？秦人不暇自哀，而后人哀之；后人哀之而不鉴之，亦使后人而复哀后人也"，振聋发聩，令人深思。

杜牧通过《阿房宫赋》提出了一个秦亡于自身骄奢淫逸的新命题。加之这篇赋确实写得精美绝伦，所以，杜牧的观点迅速得到传播。

这种传播给后世带来了两大结果：一是阿房宫修建完毕；二是秦始皇败于骄奢淫逸。

前者是一种误解。不仅秦始皇病故之时阿房宫没有修完，而且秦二世继位之后重新修建也没有修完。阿房宫既然未修完，哪有杜牧《阿房宫赋》中描写的那样美女如云？哪有可能有绝色佳人生活于其中？杜牧对阿房宫的描写不过是作者想象之辞。但是，文学的真实令无数读者倾倒，后世读者都认为秦始皇在世时阿房宫已经竣工，非熟读《史记·秦始皇本纪》者难以知道阿房宫只是一项未完成的工程。

后者提出了秦始皇败于自身的骄奢淫逸。由于秦始皇骄奢淫逸，只顾个人享乐，不顾百姓死活，将天下百姓逼到忍无可忍的地步，这才有了"一夫作难"而"天下云集响应"的后果。"一人之心，千万人之心也。秦爱纷奢，人亦念其家。"秦始皇只顾自己享乐，他没有想到天下苍生也想过太平日子，人同此心，心同此理。所以，秦始皇大修宫殿，只图个人享乐的确是导致百姓忍无可忍最终爆发大规模民变的重要原因之一。

阿房宫的规模之大、劳民之深在秦始皇所有工程之中稳居首位，后世文人拿阿房宫说事就成了历史的必然。其实，我们前面讲到魏明帝欲大修宫殿遭大臣劝谏，大臣劝谏的依据就是秦始皇大修阿房宫引发百姓不满，从而导致天下大乱。

一个不同的声音

在唐人对秦始皇的诸多评议中，唐代著名政治家、文学家柳宗元的《封建论》一文具有特殊的意义。此文充分肯定了秦始皇废分封、立郡县的功劳。他认为：秦始皇统一天下之后，剖分诸侯国而设置郡县，废除诸侯而委派郡县长官，这是大秦帝国非常有效的措施。大秦帝国的速亡是由其他原因造成的，绝对不是郡县制造成的。

汉代立国之后，矫正大秦帝国的弊端，按照周朝制度，封皇族、功臣为诸侯王，结果没过几年就屡屡发生叛乱，汉初几代皇帝都不胜其扰，为平叛疲于奔命。所以，比较秦、汉两朝的制度，可以明显地看到，秦制远远胜于汉制。

《封建论》写道：

秦有天下，裂都会而为之郡邑，废侯卫而为之守宰，据天下之雄图，都六合之上游，摄制四海，运于掌握之内，此其所以为得也。不数载而天下大坏，其有由矣。亟役万人，暴其威刑，竭其货贿，负锄梃谪戍之徒，圜视而合从，大呼而成群，时则有叛人而无叛吏，人怨于下而吏畏于上，天下相合，杀守劫令而并起。咎在人怨，非郡邑之制失也。

汉有天下，矫秦之枉，徇周之制，剖海内而立宗子，封功臣。数年之间，奔命扶伤之不暇。困平城，病流矢，陵迟不救者三代。后乃谋臣献画，而离削自守矣。然而封建之始，郡邑居半，时则有叛国而无叛郡。秦制之得，亦以明矣。继汉而帝者，虽百代可知也。

在柳宗元看来，大秦帝国的速亡并不在于它废分封、立郡县，其"失在于政不在于制"。失天下在于为政不仁，不在于制度缺陷。

柳宗元不但提出了大秦帝国速亡的原因，而且高度评价了秦始皇实行郡县制的巨大功绩。这是自秦亡之后第一篇明确称颂大秦帝国政治制度的宏文。柳宗元的《封建论》说理透辟、论据充分、行文流畅，使得文章的内容更加具有说服力。

比起汉儒对秦始皇的全面否定，柳宗元的评价更全面、更客观。柳宗元还第一次把秦始皇的郡县制称之为"公天下"，并认为中国的"公天下"是从秦始皇开始的。

> 秦之所以革之者，其为制，公之大者也；其情，私也，私其一己之威也，私其尽臣畜于我也。然而公天下之端自秦始。

如此高度评价秦始皇是史无前例的。秦始皇身后的第一波评论是汉人作的，他们对秦始皇的全面否定开了秦始皇历史评价的先河。直到中唐柳宗元，秦始皇才第一次得到肯定性的评价。这个变化极富开创性。

为什么唐人开始重视秦始皇的郡县制呢？为什么唐人肯定秦始皇偏偏要从郡县制入手呢？

"一切历史都是当代史。"人们对历史的评价总是从自身的现实出发，超越自身现实的历史评价从来不会存在。

唐朝时之所以会出现高度肯定秦始皇郡县制的观点，与中唐的现实政治密不可分。安史之乱以后，唐朝政局中最为棘手的问题是藩镇割据。唐初，中央政府在重要的州设立都督府，至唐玄宗时，在边地各州设十节度使，通称"藩镇"。各藩镇长官统领所属各州的甲兵，兼有其他职务，掌握一方的军政大权，权力甚大。安史之乱以后，唐朝中央政府的力量大大削弱，唐王朝不得不首先将魏博、成德、幽州三镇授予安禄山、史思明这两位叛将的部下，允许他们在自己的辖区内扩充军队、任命官吏、征收赋税，形成了"河朔三镇"的割据局面。节度使的职位或由其父子相承，或为部将相继。后来，这样的藩镇发展到四十多个。藩镇之间，或互相杀伐，或联合反唐，危害甚大。

唐王朝也曾屡屡围剿削弱藩镇，但是一直未有大的成效。这种藩镇割据的局面维持了两个世纪，国家、百姓都深受其害。直到北宋初年，解除藩镇兵权，藩镇割据的局面才得以清除。

柳宗元目睹藩镇割据的局面，痛切地认识到秦始皇实行郡县制是多么英明！

历史的魅力就在于它在历经千年岁月之后才让人体会到它的价值所在，在历经千年沧桑之后还能让人领悟到它新的意义。

秦始皇为郡县制与分封制孰优孰劣进行了两次大规模朝议，甚至因此下达了焚书令，但是，伴随着大秦帝国的轰然坍塌，秦始皇的郡县制尽管被后世不同程度地继承下来，可是并没有人从理论与实践上深切认识到郡县制的优点。在中唐藩镇割据的新形势下，柳宗元成为秦始皇的首位隔世知音。

由于柳宗元的《封建论》，唐人评价秦始皇有了新视角，也有了新观点。那么，后人又会怎样评论秦始皇呢？

请看：千古一帝。

汉唐两代的学者都从现实的立场出发，对秦始皇做出了适合时势的评价。唐代以降，及至民国，对秦始皇的评议并没有消歇，赞扬者有之，批评者亦有之。总之，对秦始皇的评价成了一种独有的文化现象，有正统的官方评价，也出现了民间的声音。自宋代到民国期间，在这一跨度颇长的时间里，有关秦始皇的评价集中在哪几个方面呢？他们做出了怎样的有别于前代的评价呢？

四十六

千古一帝

焚书坑儒：小题不再大做

在所有有关秦始皇的评价中，最具争议的问题是焚诗书坑术士，但是，唐代之后，焚诗书里的"诗书"变成了所有的书籍，坑术士的"术士"演变成了儒者，焚诗书坑术士变成了"焚书坑儒"。所以，焚书坑儒成为后期评议的重点之一。

第一个涉足这一热点的是南宋初年的大学者郑樵（1104—1162）。郑樵是南兴化郡莆田人（今福建莆田市），是中国古代著名的历史学家、目录学家。郑樵一生不应科举，努力著述。《通志》是其最具特色的著作。在这部专门以研究中国古代典章制度为专题的史书里的《校雠略》一卷中，郑樵写下了《秦不绝儒学论二篇》。这两篇文章不长，但是它提出了一个重大课题，秦始皇坑杀的儒生只是"一时议论不合者""秦时未尝废儒""秦时未尝不用儒生与经学"《通志》卷七十一。

郑樵的依据有六点：一是汉初大儒陆贾即是秦朝人；二是刘邦手下重臣郦食其也是秦朝儒生；三是为刘邦议定朝仪的叔孙通是秦朝中央政府的"待诏博士"；四是秦始皇在坑术士之后曾经召集博士三十余人商议朝政；五是叔孙通降汉王刘邦之时，手下有儒学弟子百余人；六是项羽死后鲁地百姓为项羽守节，直至刘邦将项羽的人头示众，鲁地才降汉。可见，秦朝宫廷并没有废儒学，所以大秦帝国有儒生，有儒学，有儒学之风。

郑樵之论，干系甚大。他首先说明秦始皇坑儒并不是有计划地废儒学，而是"一时"冲动。秦始皇对儒家学士、儒家学说都未废止。这是对秦始皇坑儒的重要新释，也是自两汉以来对秦始皇焚诗书坑术士的一次重大翻案。

郑樵提出的另一个重大课题涉及焚诗书。

郑樵认为，刘邦进入咸阳，萧何入秦宫收秦律令图书，证明秦始皇并未焚书。世传的焚书事件，只是"一时间事耳"。所谓"一时间事耳"即是指一个短时期内发生的事，不是持续不断地焚书。而且，真正导致经书毁灭的不是秦始皇焚书，而是另外一大原因——学者穷经而经绝。"自汉已来，书籍至于今日，百不存一二，非秦人亡之也，学者自亡之耳。"《通志》卷七十一

什么叫"学者穷经而经绝"？郑樵的意思是说，学者烦琐的注经方式导致他通一经则需要一生为之献身而经书又缺乏实用，这导致经学的衰微。

与郑樵同时代的另一个著名学者范浚 (1102—1150) 也认为诗书之亡并不是秦始皇焚书导致的。在《对秦问》中，他承认秦始皇焚过书，但是秦始皇的焚书并没有导致诗书的消亡。范浚提出了两点证据：第一，假设秦始皇焚烧了诗书，难道现在看的六经不是诗书吗？现在仍然有六经传世，说明秦始皇焚书没有导致诗书的消亡；第二，经之所以为经，并不仅仅依靠简牍的传播方式而存在，它可以有多种传播方式，被秦始皇烧成灰者不过是些枯竹罢了，汉代不是从房屋墙壁中发现了诗书吗？因此，秦始皇的焚书并没有导致诗书消亡。

范浚的观点与郑樵不谋而合：秦始皇确有焚书之举，但是对书籍造成的影响并没有后人夸张得那么严重。然而，范浚与郑樵二人论证的目的是不同的，郑樵意欲为秦始皇焚书翻案，范浚则想说明

秦始皇通过焚书的办法来控制天下言论是不可行的，焚书最终导致焚国。

范浚的观点在历史上并没有引起多大的反响，因为他想证明的"焚书亡国论"与以前的对秦始皇的批判并没有多大分别，只不过借用了另外的一种论证方式而已。相对而言，郑樵石破天惊、标新立异的观点确实令人耳目一新，但也引发了后人的激烈争论。

明人孙承恩率先发难，他专门撰写了《秦儒》一文，痛斥郑樵之言是"不深考而妄为议论"。孙承恩为什么这样说呢？

首先，陆贾、郦食其虽然是秦儒，但是他们却没有被朝廷重用。叔孙通"待诏数年，兽畜而已"。如果非要对天下儒生斩尽杀绝才算废儒，岂不是太苛刻了？

再者，秦帝国的博士相当庞杂，有占梦博士，有方士，即使留下来一些未杀的儒生，也未必是真正的儒生。

仔细比较一下郑樵与孙承恩的看法，应当说孙承恩的话更有说服力。郑樵过于倾向为秦始皇焚诗书辩护，反而显得有些苍白无力。但是，郑樵的声音反映了一个事实，当时间拉开一段距离之后，再对秦始皇的作为进行重新审视时，人们对秦始皇功过的看法正在悄然发生变化。

距离产生美感。历史评价必须有一定的时空距离。距离太近，往往太功利太现实；只有拉开距离，人们对

其焚诗书，非焚诗书也，焚其国也。……吾今乃知天下之不可愚，又知诗书之不为秦焚亡矣。——《香溪集》卷五《对秦问》

历史评价的视野才更广阔，对历史的认识才更深刻，才更具有历史哲学的高度。

郑樵对焚诗书的阐释得到了晚清著名学者章太炎的大力支持。章太炎写了《秦献记》一文，他认为："烧书者，本秦旧制，不始李斯。"章太炎还引了《韩非子·和氏篇》的"商君教秦孝公以连什伍，设告坐之过，燔诗书而明法令"为证，说明秦国自商鞅变法之时就有焚书之议。章太炎此说明显是为秦始皇的焚诗书进行开脱。只是章太炎的开脱方式比郑樵高明，因为他把焚诗书说成是秦国一以贯之的做法，并非只是秦始皇一个人的行为，焚诗书的暴行就有了众多承担者，不必由秦始皇一个人背负所有骂名了。

郑樵之说的意义在于他对秦始皇的评价摆脱了传统评价中只骂不分析的倾向，明确指出即使是备受后人诟病的焚诗书坑术士，也还有重新分析的必要。章太炎的言论意在说明秦国实行文化专制由来已久，并非自秦始皇开始。这些看法对我们认识秦始皇的焚诗书坑术士都有重要的参考价值。

鲁迅先生指出："不错，秦始皇烧过书，烧书是为了统一思想。但他没有烧掉农书和医书；他收罗许多别国'客卿'，并不专重'秦的思想'，倒是博采各种的思想的。"《华德焚书异同论》

对秦始皇的焚书坑儒，清代的朱彝尊也提出了一个崭新的观点，他认为秦朝确实焚过书，但不是秦始皇心甘情愿干的，而是处士横议者烧的。为什么这么说呢？他认为有五点理由。

第一，秦国是以法治国的。有三件事情可以看出秦国一直以来执法非常严格。一是秦孝公时期对公子虔的处置。自从商鞅变法以来，秦国的法治建设就被不断强化。商鞅变法之时，太子犯法。商鞅认为，法律之所以不能贯彻执行，是因为领导阶层率先违法。因此，在商鞅的坚持下，对太子的师傅公子虔行刑，几年以后，他本人又一次犯法，被割掉了鼻子。二是秦昭襄王时对君之亲贵的驱逐。范雎为相时，实行"固干削枝"的政策，坚决剥夺亲贵手中的大权，先是收回穰侯的相印，令其回封地养老。接着又把华阳君、泾阳君、高陵君驱逐到关外，将宣太后安置于深宫，不准他们再干预朝政。而当时的秦昭襄王认为依法理当如此。三是荆轲刺秦时大臣的表现。当秦王赵政在咸阳殿上被手持匕首的荆轲追得上蹿下跳时，左右之臣除了给秦王呐喊助威，无所作为，因为法律规定大臣不得携带兵器上殿，左右之臣眼巴巴地看着他的主子被追杀的丑态却不敢操尺寸之兵上殿，在当时看来"于法宜然，无足怪也"。由这三件事可以看出秦国对法律的热衷与依靠。

第二，处士横议。士人对社会及统治者指手画脚由来已久，当周天子大权旁落之时，天下处士就开始议论滔滔了，孟子认为这些人是无父无君，无异于禽兽，说的都是邪说歪理。随着秦国实力的渐趋强大，这些人发展到以攻击秦国为快事，称秦国为"嫚秦"（"嫚"是轻视、侮辱之意）、"暴秦"、"虎狼秦"、"无道秦"，各种侮辱斥骂的词语无所不用其极，只恨语言不够丰富。

卫鞅曰：『法之不行，自上始也』，刑则加于太子之师傅；而范雎为相，弃逐君之母弟，秦之君以为法在焉。——《曝书亭集》卷五十九《秦始皇论》

这个时候，秦始皇刚刚统一了六国，六国的贵族正处于国破家亡的痛苦之中，因此秦始皇对这些妄议者隐忍未发。

第三，机缘巧合。秦始皇三十四年 (前213)，博士淳于越在咸阳宫殿上那一番要求始皇分封子弟的话语成了导火素。妄加议论，以古非今，祸机一动，李斯上言，烧毁百家之说，而诗书也随之俱焚。

第四，李斯是荀子的学生，也曾经学过仁义之说，他怎么会以焚烧诗书为快呢？他所深恶痛绝的是百家之邪说，而非圣人之言。与此相关的是，秦始皇坑杀的是乱道之儒，而非圣人之徒也。

第五，废除百家的邪说，为什么还要连带诗书呢？主要是因为担心不把诗书一块儿焚毁，百家邪说又会借诗书之体还魂。而诸生议论不止，势必使法律不能整齐划一，秦始皇愤然焚书而不顾的原因就是惧怕议论法制措施，使其丧失权威，影响贯彻。

在条分缕析之后，朱彝尊得出结论：当初秦始皇焚书，主要是因其重法，而百家邪说纷扰不止，使秦始皇下定决心焚书坑儒。这是邪说造成的祸害，所以，不是秦始皇愿意焚书，是处士横议者迫使他这样做。从这个意义上讲，是这些处士烧的书。

朱彝尊没有跟随前人对秦始皇诟骂不止，而是从秦国的统治政策、治国思想与处士横议之间的矛盾出发，具体分析秦始皇焚书坑儒的缘由，从而以更加客观的立场对焚书坑儒进行评价。到朱彝尊这里，对焚书坑儒的评价才渐趋摆脱了强烈的主观色彩或一味的标新立异。

对秦始皇焚书所造成的后果，前人过于夸大，从郑樵、范浚开始，对经书的消亡是不是秦始皇焚书造成的这一问题进行了重新探讨，这亦成为一个被不断议论的焦点。这一点与对秦始皇的评价密切相关，如果秦始皇焚书对典籍造成的损失没有后人想象得那么严重，将秦始皇斥责为暴君的一个重要证据就失去了说服力。

关于这个焦点，后来者一直在讨论。清代前期桐城派代表人物刘大櫆所作的《焚书辨》也提出："六经之亡，非秦亡之，汉亡之也""书之焚，非李斯之罪而项籍之罪也"。刘大櫆认为，汉军进入咸阳的时候，萧何只取律令图籍之书，对秦博士所藏之书摒弃不问，而项羽的一把大火使之消亡殆尽。所以秦始皇的焚书没有使图书消亡，而后来典籍损失殆尽的状况是萧何与项羽的责任，和秦始皇没有关系。

此种观点到康有为那里有了进一步的强化。他在《新学伪经考·秦焚六经未尝亡缺考》一篇中鲜明地指出，秦焚书，六经未因此而亡；秦坑儒，儒生未因此而绝；而造成"后世'六经'亡缺，归罪秦焚"的原因，是大家"不知此刘歆之伪说也"，从而又把此种说法的责任加在始作俑者刘歆的头上，此说正确与否有待商榷，但康有为也认为六经之亡与秦始皇无关。

上述不同时代的学者从不同的角度对秦代的焚书坑儒进行了深刻的剖析。他们的研究继往开来，使得这桩存在两千多年的历史公案渐渐揭开神秘面纱，从而逐渐洗刷了强加在秦始皇身上的对古代典籍消亡负有首要责任的重大罪名。而当这个历来对秦始皇进行负面评价的证据的力量渐趋缩小之时，对秦始皇的评价亦趋向客观。

郡县分封之辩

围绕秦始皇评价的第二个重要议题是郡县制与分封制的争论。

当年，正是这场争论引发了震惊世人的焚诗书事件。

明末清初的大学者王夫之在《读通鉴论》一书中指出："夫封建之不可复也，势也。"《读通鉴论》卷二这说明秦始皇废分封、行郡县是历史的大趋势，不是哪一个人可以决定的。

王夫之并没有进一步解释为什么郡县制代替分封制是历史的大趋势，但是，我们完全可以理解这一点。

周朝实行封土建国的分封制之始，周天子力量强大，完全有能力担当天下共主，各诸侯国之间因为血缘关系亲近也不会相互征伐。但是，随着时间的推移，后世各诸侯国的血缘越来越疏远，相互之间以强凌弱的现象屡屡发生，不可禁绝。而且，一旦出现这种情况，周天子天下共主的地位一定会削弱，周天子无法行使自己的权力。诸侯中的强者必然会出面收拾残局，打着维护周天子地位的旗号彰显自己的实力，这些强者就是霸主。春秋五霸应运而生。

称强称霸者最终并不会满足于霸主的地位，一旦它们能够控制局面，有了机会，必然会兼并小国，扩大自己。这种诸侯国之间的相互兼并发展到极致，天下就只剩下最强的几个诸侯国。这些诸侯国继续进行兼并，最终一国战胜他国，形成天下一统。

所以，天下一统的大趋势是无法逆转的。当最终兼并所有诸侯国统一天下的一国取得完全的胜利之后，它仍然面临着实行分封制还是郡县制两种选择。但是，封土建国最终必然导致霸主争霸、诸侯兼并的循环。兼并成功者如果想避免周朝的悲剧，只能选择一种新的可以避免重蹈历史覆辙的办法，这种办法就是在全国范围内实行郡县制。所以，实行郡县制是大势所趋，是历史的必然。

王夫之认为废分封行郡县还有两大好处：一是可以减少百姓负担，二是可以行选举。分封制度下的官员是世袭制，贵以承贵，贱以承贱。所以，世袭继承人大大多于郡县制下任命的官员，官员数量多，百姓的负担自然加重。

清初学者顾炎武作有《郡县论》九篇，首篇就说："封建之废，非一日之故也。虽圣人起，亦将变而为郡县。"可见，郡县制代替分封制是历史必然的这一观点是一批学者的共识。

顾炎武进一步研究分封制和郡县制各自的弊端，得出了"封建之失，其专在下；郡县之失，其专在上"的结论。

在中国两千多年有关分封制和郡县制的讨论中，以顾炎武的思考最为深度。

顾炎武之所以能够看出分封制与郡县制各自的弊端，是因为他生活在明清两代极度专制的皇权制度下，更能看出作为皇权专制政治基础的郡县制的缺失。

清代另一学者袁枚也从一个崭新的角度评价了分封制和郡县制的优劣。不过，袁枚的立论和其他学者大不相同。袁枚认为，分封制的社会环境宽松，所以才会有孔子、孟子等诸子百家学说的诞生。如果在郡县制下，思想高度统一，就不可能出现百家争鸣的局面。

赖有封建，然后栖栖皇皇之卫，之陈、蔡，之梁，之齐，之滕，几乎有可行之势。而诸侯敬，子弟从，则声名愈大，千万年后犹知遵奉为师。使圣人生于郡县之世，三试明经不第，则局促于一邦，姓氏湮沉，亦"遁世无闷"已耳，安见其有以自立于天下耶？《再书封建论后》

　　袁枚还认为，实行分封制，如果天子无道，天下诸侯多着呢，百姓在"千八百国中，苟有一贤君，则民望未绝"。商汤就是以一个诸侯的身份取代了夏桀建立商朝，周武王也是以一个诸侯的身份取代商纣王建立周朝。

　　袁枚提出，分封制是多元政治，郡县制是皇帝专权，行分封可以形成政治多元，行郡县则易造成君权至上。分封制的缺点在于封国实力强大之后，各自争霸争强，不服从中央政府。郡县制的优点在于不会出现分封制下"尾大不掉"的弊端，但是郡县制之下郡守县令是由皇帝任命，一届到任之后就会迁转，由于迁转的次数过于频繁，很难洞察各地的民情。等到这些官员熟悉了当地的情况，想有所作为之时，一届任期已满，所以，各地官员都把自己管辖的地方看作是个中转的驿站，把属地的百姓看作是路人。

　　袁枚的看法有一定的道理。袁枚提出这一说法主要是希望能够实行分权以削弱皇帝的专权。但是他忽略了另一个问题，即分封制下的不法诸侯王。他们不是数年一迁转，如果他们专横残暴，该诸侯国的百姓不知要受多少磨难才能有出头之日。所以，郡县制下的官员任期确实存在问题，但是分封制下的终身制同样有诸多弊病。袁枚之说具有参考价值，但并非良策。

　　民国时期著名的思想家梁启超在1920年写的《战国载记》一文也指出：

天下之趋统一，势也。不统于秦，亦统于他国。而统一之愈于分争，则明甚也。天将假手于秦，以开汉以后之局，夫谁能御之？而秦与他国，又何择焉。

秦并六国，实古代千余年大势所趋，至是而始成熟。非始皇一个所能为，亦非秦一国所能为，其功罪尤非一人一国所宜任受也。

这等于承认：

第一，天下统一是大势所趋，是千余年的大势的逻辑归宿；

第二，统一之利远胜于分裂之害。至于是谁统一都无所谓，关键是要统一；

第三，秦始皇统一天下不是他一个人的功绩，他的罪过也不能由他一个人承担。

这些学者之所以大唱分封之歌，关键是他们目睹了明清两代皇帝专权的各种危害。提倡分封只是一种政治策略，他们是想用分封制的分权解决郡县制的专权，这是在新形势新时代下学者们的新思考。

掀翻一个世界　自是千古一帝

在中国古代后期评价秦始皇的诸家之中，明代的李贽是绝对绕不过去的一位。他说：

始皇帝，自是千古一帝也。《藏书》卷二

始皇出世，李斯相之，天崩地坼，掀翻一个世界，是圣是魔，未可轻议。

祖龙千古英雄，挣得一个天下，又以扶苏为子，子婴为孙，有子有孙，卒为胡亥、赵高二竖子所败，惜哉！**《史纲评要》卷四**

综合李贽的这些观点，包括四个方面的内容：

一是秦始皇在李斯的帮助之下，掀翻了一个旧世界，这是天崩地裂的大事件；

二是对秦始皇的评价，不要信口雌黄，此公到底是圣是魔，不可妄下结论；

三是秦帝国毁在了胡亥、赵高之手；

四是秦始皇是千古一帝、千古英雄。

这四个方面的关键是第一个方面，因为其他三个方面都是从第一个方面派生出来的。

李贽讲秦始皇"掀翻一个世界"，指的是秦始皇终结了分封制的周朝，建立了以皇帝为最高统治者的中央集权制帝国。

周秦之变是中国历史上最大的一次政治体制变革，是一次统治制度的大换班，所以它的意义非凡。秦始皇废分封而行郡县成为中国历史上分封制的终结者，同时也是帝国制度的开创者。这是一场巨大的社会变革。

李贽正是从废分封行郡县的角度将秦始皇视为千古英雄，如果考虑秦始皇创立的郡县制度对此后中国的影响来看，这种评价实不为过。

　　李贽的历史观大多符合于传统的看法，比如他确认王莽为"篡试盗贼"，指斥张角为"妖贼"。但他的思想在晚明时期有时又是非常激进的，又有很多与时宜不合拍、标新立异的观点。在他看来，历史的治乱，是一治一乱，循环不断的，并且这种历史循环是无法避免的。君主一生事业的成败既然为历史循环的后果，李贽对于历代君主的评论，也只是着重在他们适应时代的见识和气魄上。正是从这里出发，李贽与众不同地提出了秦始皇千古一帝真英雄的口号。

　　上文主要列举了历代精英知识阶层对秦始皇评价的演变，而民间的一般知识阶层对秦始皇也一直存在不同的声音。民间评价的焦点并没有在秦国的大政方针诸方面，而是集中于秦始皇的劳役政策上。这种评价大多表达的是对秦始皇无休止的劳役的恐惧及对秦始皇的诅咒。

　　清人杨延烈编修的《房县志》卷十二《杂记》中记载了一则异事：有人在当地偏远石洞中发现一种全身长毛的"毛人"，据说他们的祖先是逃避秦始皇筑长城劳役的百姓，由于躲入深山老林，天长日久，全身长出毛，传说当碰到毛人时，他先问你："长城筑完乎？秦皇还在吗？"只要回答："长城未筑完，秦始皇还在！"他们就会逃之夭夭。

　　这个记载当然只能视为人民群众的一种传说，它代表的是民间对秦始皇的一种评价。反过来讲，如果历史上根本没有那样残酷的现实，绝不会出现这种奇异的传说。换言之，如果在历史的传承中对秦始皇的评价不是主要集中在负面，这种传说也就没有产生的土壤。民间的评价主要集中在对秦始皇修长城的事件上，并且都将秦始皇视为暴君的典型，孟姜女的传说也正是这种民间立场的体现，除了对其进行诅咒，不可能上升到更高的角度与视野对秦始皇的功过是非进行全面的评价。

古人对秦始皇的评价，最早可以追溯到秦汉之际的刘邦和项羽。他们认为做人就应当像秦始皇一样。从汉代开始贾谊基于证明刘汉政权合法性的现实政治目的对秦朝二世而亡所作的议论，把秦始皇塑造成了一个暴君的角色，对秦始皇在秦亡的过程中所要承担的责任进行了鞭辟入里的分析，以此作为新朝代的前车之鉴。唐人将秦始皇视为一个警示的样板，不断将其从历史中翻出来作为恫吓当朝君主的有力武器，然而，这种警示作用又在不断强化着对秦始皇的负面评价。唐代的柳宗元则从反对藩镇割据的立场出发肯定秦始皇。随着历史的发展，对秦始皇进行评价的焦点亦渐趋集中，郡县制、焚书坑儒成为不断被拿来证明秦始皇功过的证据，在这个过程中，对焚书坑儒的评价逐渐剥去了主观色彩，人们开始从多角度、多层次地对这一事件及前人的夸大说法进行重新审视。明代的李贽给秦始皇以高度的评价，说秦始皇横空出世，"掀翻一个世界"，把秦始皇视为千古一帝的言论亦出现在其著述中。

秦始皇作为中国历史上的第一个皇帝，既是一个人，也是各种评价的综合体。只有整合各种正面的、负面的、片面的、深刻的评价，才能认识真实的、完整的秦始皇。一味地歌颂与一味地批判同样是偏颇的。

请看：难说再见。

难说再见

四十七

公元前210年，秦始皇巡游至沙丘溘然长逝，他五十年的人生历程戛然终止。然而，秦始皇却是一个永远难说"再见"的皇帝。后世对他的评说不绝如缕、众说纷纭。在现实政治中，秦始皇是影响中国历史与世界历史的重量级人物之一；在一百位影响世界历史人物之中，秦始皇赫然在列。在艺术世界里，秦始皇更是一个最具世界影响力和商业价值的中国文化符号，通过影视、歌剧等不同的传播方式，他一而再、再而三地被重新演绎。一个人，即使是长寿之人，在浩渺的历史长河中都不及弹指一瞬。"亲戚或余悲，他人已高歌。死去何所道，托体同山阿。"绝大多数人死后被人淡忘是必然的，但秦始皇的确是个例外。为什么一个下世两千多年的人还被世人屡屡提及？为什么当代影视、歌剧对这个在世只有五十年的人物如此热衷呢？

大一统：前无古人的贡献

有心栽花花不开，无心插柳柳成荫。当年秦始皇在自称始皇帝的时候，幻想他创立的大秦帝国能够传至千秋万代。让他没想到的是，他的这个愿望仅仅持续了短短十五年，就在项羽的一把大火中灰飞烟灭了。更让他意想不到的是，他创立的制度并没有随着秦王朝的消亡而废止，而是影响了中国社会两千余年。正是因为这种影响，秦始皇在下世后的两千多年中不断被人提及。秦始皇之所以还被人们每每提及，首先是因为他对中华民族发展的巨大贡献，可以用两个字概括——统一。主要包括两点：一是国土统一，二是制度统一。

先说国土统一。

由于秦国数代国君的不懈努力，秦始皇凭借着秦国强大的综合国力和个人的雄才大略，结束了战国两百多年的纷争，建立了一个统一强大的国家。这是秦始皇对中华民族最重要的贡献之一。

秦始皇使中华民族第一次实现了伟大的统一，这在中国历史上是具有划时代意义的大事件。尽管大秦帝国的版图和现代中国的辽阔国土相比，还不能完全匹配，但是中国统一的大趋势却始于秦始皇。此后，虽然也有南北朝的分裂，五代十国的混乱，但是统一始终是中华民族的主流思想，是中华民族各族人民共同的愿望。

秦始皇兼并六国、统一中国，主要出于个人强烈的功业理想。他用十年时间成功地兼并了六国，之后没有停下脚步，他将目光投向了北方的匈奴和南方的南越。对匈奴的战争及万里长城的修筑，使得大秦帝国的北方获得相对的安宁平静，保障了中原农耕民族的和平生产。

秦始皇对南越的用兵前后达四年时间，动用军队五十万，这是秦始皇兼并六国之后最大规模的军事行动，最终平定南越，建立了南海郡、桂林郡与象郡。当时的南海郡大致相当于今天的广东，桂林郡大致相当于今天的广西，象郡大致相当于今天越南的中北部。

陈胜、吴广起义爆发之后，这支五十万人的南征大军滞留在了南方未得北归。这支大军由征南越的副统帅赵佗指挥，由于没有参加镇压秦末大起义，他们避免了被歼灭的风险，存活了下来。

秦始皇在世之时，时任龙川县令的尉佗（即赵佗，两次出征南越的副统帅）上书秦始皇，要求增派三万中原女子到岭南，秦始皇批准了一万五千中原女子移居岭南的计划，她们和南征的五十万秦军的部分士兵结合，繁衍后代，将中原先进的农耕文化带到了岭南，大大加速了当地的发展，如今这一万五千名中原女子被客家人尊称为"客娘"。

秦始皇五十万大军征南越，使岭南第一次成为中国的重要组成部分。秦亡之后，秦朝南越驻军在赵佗的领导下建立南越国，并最终归汉。赵佗为开发岭南做出了重要贡献，当年赵佗所在的龙川县（今广东河源市龙川县佗城镇），至今还保有不少历史遗存。广东河源市因此成为岭南客家人的重要发祥地之一。今天的佗城镇就有两百多个姓及近五十家姓氏宗祠，它们都是当年南征的五十万秦军的遗存。

秦始皇统一岭南的初衷，并非要建立一个现代意义上的多民族国家，但是，他对岭南的开发却成为现代中国统一多民族国家形成的重要因素。

由于秦始皇实施宏图大略的坚定决心和当时各族人民的巨大付出，大秦帝国拥有了南至福建、两广，东至沿海，西至临洮，西南至保山，北至长城以北的广袤国土。第一次奠定了现代中国辽阔国土的基本框架，形成了现代中国成为世界大国的基本格局。

在现代世界的政治格局中，一个国家是不是大国与强国非常重要，它关系到当代世界格局中是否有更多的话语权。

大国在世界政治格局中的重要地位与作用是无可争议、毋庸置疑的，大国所拥有的综合国力、占有的资源、应对危机的承受能力，都远非小国所能相比。

以国防为例。在现代世界军事格局中，一个国家的国防纵深至关重要，而国防纵深的大小则很大程度上取决于国家本土面积的大小。拥有较大的国防纵深，在战争中就可以有很大的回旋余地，可以建立梯次抵抗的战略防线。秦始皇开创的庞大帝国为现代中国拥有巨大的国防纵深奠定了基础，仅此一点，秦始皇留下的遗产也弥足珍贵。

以经济为例。小国在世界性的金融海啸中往往显得承受力非常有限，而大国拥有的抗风险能力亦远非小国所能相比。

再说制度统一。

领土统一主要是整合，制度统一则在创新。秦始皇在中国历史上创建了一种崭新的政治制度——中央集权制的皇帝制度。皇帝制度终结了周代的分封制，诞生了以皇帝为最高统治者的帝国。中央集权制度给我们这个民族带来了繁荣与发展，同时也带来了深重的灾难，总体而言，中央集权制度是一笔可圈可点的政治遗产。秦始皇通过中央集权制度，统一了文字、货币、度量衡、车轨，实现了整体意义上的国家统一。

人类政治制度的建立是历史发展的趋势，是不以人的意志为转移的客观大势。各种各样的政治制度是世界多极化的表现之一。

人类的政治制度不是某一个人的独创，它是一定社会政治、文化、经济等综合力量形成的产物。秦始皇利用中央集权制维护了国家的统一，并且集中力量办了一系列大事：修万里长城、驰道、直道，北驱匈奴，南征南越。

秦始皇的这些大工程常常被后人指责为暴政。前面讲过，秦始皇兴建的这些工程，实际上可以分成两类：一类是有利于国计民生的工程，一类是只为个人享乐的工程。前者如长城、驰道、直道，这些工程尽管耗费了国力、民力，给当时天下的百姓造成了极大的痛苦，但是对于一个统一帝国的稳定和中原农耕民族的和平来说是必要的。

如果说秦始皇这些工程危及了帝国存亡的话，问题在于操之过急，不恤民力，而不在于这些工程本身。

至于另一类工程，如大建皇陵和宫殿，则完全是为了满足秦始皇个人的享乐，显然不能与长城、驰道相比。这类工程虽然满足了秦始皇个人的欲望，但是大秦帝国却付出了二世亡国的惨痛代价。

后人往往将大秦帝国的短命归咎于秦始皇的政治制度，实则其失在"政"不在"制"，秦因其治国之苛急而二世亡国，但是秦始皇创立的中央集权制度却延续了两千多年，这是历史的真实。

为什么一个短命王朝创立的政治制度却保留了两千多年呢？

每一次政治的进步都是以政治的失败为代价的。秦始皇创建的帝国仅存十五年便亡国，但是后世历朝历代的皇帝都认可皇帝制度，只是鉴于秦朝二世而亡的事实对它进行了不同程度的修正。正是这些修正缓和了统治阶级与广大百姓的矛盾，延续了后世一个一个帝国的生存。

汉代以后的王朝之所以选择皇帝制度，是由两方面的原因决定的：一方面是皇帝制度最大限度地满足了皇帝的个人欲望，另一方面是没有出现第二种政治制度可以取代皇帝制度。

但是，随着时代的变迁、历史的发展，皇帝制度的反动腐朽暴露得越来越充分。皇帝的专制独裁，往往成为封建王朝没落的原因。因此，皇帝制度最终被历史无情地淘汰了，因为它已经成为阻碍中国成为现代国家的巨大障碍。

可见，秦始皇的确是当之无愧的"千古一帝"！

最大的敌人是自己

秦始皇下世两千多年还被人们屡屡提及的另一表现是对秦始皇的骂声不绝于耳！骂声来源于争议。在中国两千多年的帝制时代，秦始皇是获得骂声最多的皇帝。从这个角度看，秦始皇在传播学上绝对是一位大赢家！他让后人永远无法忘记他！我们从秦始皇的身上再一次看到"小骂小火、大骂大火、爆骂爆火"的传播学规律。

简略回顾一下中国历史上的秦始皇评价史，历代文人、政治家出于不同的目的，具备不同的眼光，处于不同的时代，对秦始皇的评价不尽相同。不仅古人如此，今人对秦始皇的评价同样是见仁见智、莫衷一是，难以定论。由于评价难以统一，对秦始皇的解读永远都是一个动态的过程，不可能有所谓的定论。因此，我们在总结秦始皇一生之时并没有对秦始皇做出自己的评价，因为每个人心中都有自己的秦始皇。笔者并不想以个人的眼光去评价这位盖棺而难以定论的中国第一位皇帝；因为，对秦始皇评价的这个动态的过程远远没有结束。

如果一定要做出所谓的评价，我们只能说秦始皇是一位对中国社会发展有巨大贡献的皇帝，同时也是一个备受争议的皇帝。

秦始皇被后人诟病最多的暴政是焚书坑儒、严刑苛法、滥用民力，正因为如此，秦始皇成了中国历史上有名的暴君。对此，我们如何认识？

如果以焚书坑儒定性暴君，我们讲过，焚书事件开了中国文化专制的先河，影响极坏，必须彻底清算。"坑儒"之说并不准确，"坑儒"其实是坑术士，它是秦始皇一怒之下的失当举措，这并不意味着秦始皇杀人成性。仅仅从人数上说，秦始皇坑杀四百六十个术士，也不是两千多年封建皇帝中杀人最多的皇帝。明成祖朱棣夺取政权之后，一次就杀了方孝孺十族共八百三十七人，而原因是方孝孺不愿归降朱棣，不承认朱棣凭借武力夺取政权的合法性。如果以杀人的多寡定性暴君，那么，中国历史上的绝大多数皇帝都是暴君，包括很多我们认为是明君的皇帝。

如果以大修皇陵、大造宫殿来定性暴君，那么，历史上没有几个皇帝不为自己大修皇陵的。

乾隆皇帝也以奢侈闻名，历朝历代没有几个皇帝像他那样修过那么多的园林。他在京畿兴建、维修的皇家宫殿和园林不计其数，有代表性的诸如：皇宫的宁寿宫及其花园、天坛祈年殿（换成蓝色琉璃瓦）、清漪园（即颐和园）、圆明三园、静宜园（香山）、静明园（玉泉山）、避暑山庄暨外八庙和木兰围场等。然而，没有人因此痛斥乾隆帝是暴君。

如果以严刑苛法定性暴君，秦律的确严酷；但是，汉代建国之后承袭的就是秦律。直到惠帝时才废除挟书令，到吕后时才明令废止夷三族罪，但夷三族罪在此后非但没有被废，还逐渐发展成为夷五族罪、夷七族罪、夷九族罪甚至夷十族罪。可见，后世律令不见得比秦律宽松多少。

秦始皇的性格中确有残暴的一面。

灭赵之后，秦王赵政破例来到了赵都邯郸，这里是他度过九年童年时光的地方。故地重游，赵政进行了残酷的报复，凡是当年和他母后有仇的赵人，全部活埋。我们无法得知赵政是如何知道谁和他母后有仇的，尽管他对自己的母后印象并不好，但他还是对当年母后的仇家进行了最残酷的报复。但这只是一个个案，大多数情况下他处理问题还是比较理智的。

秦王之邯郸，诸尝与王生赵时母家有仇怨，皆坑之。——《史记·秦始皇本纪》

秦始皇被人们视为暴君并不冤，他确实够得上一个暴君的标准，只是许多和他同样残暴的皇帝没有被称为暴君，如此一来，对秦始皇的定位就显得有些过头。其实，秦始皇被称为暴君很大程度上是因为大秦帝国二世亡国，作为中国历史上的一个短命王朝，人们往往将责任归咎于秦始皇的残暴。鲁迅先生说："秦始皇实在冤枉得很，他的吃亏是在二世而亡，一班帮闲们都替新主子去讲他的坏话了。"《华德焚书异同论》

其实，评价秦始皇应当完整地看他的一生。

秦始皇的一生大致可以分成四个阶段。

第一阶段是出生至十三岁。这一阶段前九年他在赵国，其父异人为秦国派到赵国的质子，他是质子之子，地位低下，生存权完全没有保障。这是他过得最悲惨的九年。九岁那年，因为他的父亲当上了太子，注定要成为日后的秦王。赵政的命运这才峰回路转、柳暗花明，被赵国礼送回国，开始受到良好的培养教育。十三岁那年，其父去世，他继位为秦王，这是秦始皇一生的第一阶段。这个阶段，他只是一个孩子，一个没有权力的孩子。

第二阶段是十三岁到二十二岁。赵政十三岁继承了王位，此时的赵政虽然成为秦王，但因为年幼，政权并不在他的手中，而在他的母后赵姬与吕不韦、嫪毐手中。他目睹了嫪毐的横行不法，目睹了吕不韦的独断专权，但因为他手中无权，只能隐忍等待。

二十二岁时赵政举行了加冠礼，这才开始亲掌政权。从这一年到他三十九岁成功兼并六国、统一天下，是秦始皇一生的第三个阶段。在这一阶段他做了三件大事：一是平定了嫪毐和吕不韦两大政治集团; 二是为最终兼并六国进行准备; 三是发动兼并六国的战争。

从他三十九岁到五十岁病故是秦始皇一生的第四个阶段。这个阶段他在兼并六国成功之后, 为建立并巩固以皇帝为最高统治者的中央集权制进行了一系列制度建设。如建立中央的三公九卿制、地方的郡县制, 统一文字、货币、度量衡、车轨, 南征南越, 北伐匈奴, 修万里长城、驰道、直道、骊山陵, 五次大巡游, 大寻仙药, 焚诗书, 坑术士, 等等。秦始皇饱受后人非议的事件基本上都发生在这一人生阶段。其间他有贡献, 也有错误, 而且越到生命即将结束之时, 他的为政越是糟糕。如四十六岁开始修万里长城, 四十七岁焚诗书, 四十八岁坑术士。所以, 秦始皇的主要败政都出现在他死前的四五年间。

综观秦始皇的一生可以发现, 在他一生的四个阶段中, 他基本上只在第四个阶段犯了一系列错误。此时, 他完成了对六国的兼并, 建立了皇帝制度, 个人欲望极度膨胀, 自以为无所不能。他要完成一系列的大工程, 既要大修陵寝, 又要大求仙药。此时的秦始皇已经完全听不进大臣的意见, 一意孤行, 不立太子, 不立皇后, 完全没有意识到自己死后一年即爆发了反秦大起义。秦始皇为了削弱天下的反秦武装, 下令将天下兵器尽数收缴到咸阳, 加以冶炼, 铸成十二个人形钟架, 销毁了天下反秦的坚兵利刃。但是, 秦始皇的做法并未能阻止陈胜、吴广的起义军"斩木为兵, 揭竿为旗"。三年之后, 大秦帝国将从现实中彻底消失。

打败自己的只有自己。历史无情地证明了这一点。这是秦始皇的悲剧, 也是一切独裁者的悲剧。

昙花一现　原因几何

秦始皇不断为人关注的第三个表现是大秦帝国的速亡引发后人无尽的思考。大秦帝国是中国古代史上寿命最短的王朝，它仅仅存世十五年就覆灭了。它覆灭的原因颇多，前文多有涉及，但是还有三个原因不大被人关注：一是秦始皇的统治思想；二是秦国贵族的腐朽；三是秦始皇对接班人的安排失误。

先说统治思想。

统治一个国家，不仅需要制度，更重要的是需要一种思想。大秦帝国是中国历史上第一个在制度层面上实现中央集权制的帝国，但是秦始皇创建的中央集权制还存在着严重的不足，这个不足就是大秦帝国缺乏统治思想。

统治思想是巩固统治最重要的手段之一。秦始皇自始至终没有找到一个合适的统治思想。法家思想强调君王的独裁性，这就意味着没有什么因素可以制约皇帝的所作所为，因此，皇帝一旦决策失误，帝国的长期安定就会受到破坏。

秦始皇认为秦属水德，依阴阳之说，水属阴，阴主刑杀，便认为水德政治当用法家，以刑罚为主。所以，秦始皇"刚毅戾深，事皆决于法，刻削毋仁恩和义，然后合五德之数。于是急法，久者不赦"《史记·秦始皇本纪》。

儒家思想在兼并六国的过程中肯定不如法家、兵家那么直接有效、立竿见影；但统治一个庞大的帝国绝对不能缺少儒家思想。法家是强国之道，儒家是治国之道。法治不可少，德治也不能缺。法家只能使臣民畏惧，儒家却能使臣民忠诚。法家强调势与术，它的本质是一种统治术，当法家强调以法治国之时，君王却是在法治制约之外的。儒家强调的圣贤人格、德治思想，不仅是用来教育臣民的，同时也是对君王的一种约束。不能约束君王的思想学派，只能使君王更加专横、腐败，并加速帝国的败亡。

秦始皇虽作为中国皇帝制度的开创者，却忽略了统治思想的建设。换句话说，秦始皇完成了皇帝制度的硬件，但他没有为皇帝制度设计安装一个更适合它的软件。赵政只是始皇帝，他还来不及思考更多的问题。秦始皇把皇帝制度看得完美无缺，以为这种制度可以保证一个帝国永世长存，可他不懂得一种制度必须具有调节功能，而这种调节功能就是通过统治思想来实现的。

再说秦国贵族的腐朽。

人们往往将秦帝国二世而亡的原因归于暴政、苛法等，很少关注到秦国贵族的腐朽。

秦末农民大起义的最大赢家是刘邦，他最终建立了西汉王朝。可是，在秦末农民大起义开始之后，六国贵族后裔纷纷建国，但最终却无一个立国的贵族获得成功。这是历史的必然，还是历史的偶然？

原因当然非常复杂。但有一点却为人们所忽视，那就是战国时期各国贵族世家自身的腐朽。被秦始皇最终兼并的这些诸侯国的贵族世家历经了数百年的统治之后，已经走向没落，这就是孟子所谓的"君子之泽，五世而斩"。他们自身的腐败是六国最终被秦兼并的根本原因之一。秦国贵族虽然在兼并六国的过程中，表现大大优于六国贵族，但是秦国贵族的腐朽性在兼并完成之后表现得淋漓尽致。

成就一个部族的往往是它的敌人。当秦部族初始立国之时，部族的绝大多数治国者都必须面对一个严峻的现实，那就是山东诸国的存在。秦始皇成功兼并六国之后，大秦帝国的敌人消失了。伴随着敌人的消失，大秦帝国的贵族世家也失去了昔日战战兢兢、如履薄冰的谨慎，盲目地支持秦始皇的苛政暴政。除了秦始皇的长子扶苏还有过一些进谏，听不到其他任何皇族的声音。在秦国贵族之中，最为重要的是秦始皇的子女，他们可以说是一无作为、任人宰割，最终被秦二世杀戮殆尽，无一幸免。

这样一个贵族世家还有希望吗？

肯定没有！

由周天子分封的所有贵族世家都在春秋争霸、战国争雄的硝烟中消亡了，都在周秦之变的历史转折中覆灭了。最后一个消亡的是秦国的贵族世家。代之而起的是以刘邦为代表的新兴势力。这股新兴势力出身于草根，他们更能适应新的形势，成为新时势造就的英雄。他们一方面继承了秦始皇创建的皇帝制度，另一方面也在实践中不断地完善着秦始皇创立的皇帝制度。

当然，伴随着汉帝国的长期执政，从草根中成长起来成为新兴帝国统治者的阶层又会形成新的贵族世家，他们的腐朽最终导致他们自身的覆灭。在新的汉帝国内部又会形成一个阶层，他们历经数百年的积聚，最终在南北朝成为新的执政势力。

历史总是不断培育着新的执政阶层，同时也淘汰着旧的腐朽的执政阶层。

帝国政权的交接历来是帝国生命延续的重要因素之一。大秦帝国的速亡非常重要的一个原因是未能妥善安排好接班人。

秦始皇有二十多个儿子，靠政变上台的胡亥可能是他们中最糟糕的一个。从古到今，人们大都认为如果扶苏继位，大秦帝国就不会速亡。历史当真会如此吗？

扶苏是一个什么样的人？在许多人的眼中，扶苏谏阻秦始皇坑术士，一定是一位仁义之君。扶苏不同意诛术士虽是事实，但是扶苏也并非合适的皇帝人选。仅凭胡亥的单车一使，扶苏接到诏书，不辨真伪，便欲自杀，完全是始皇帝怎么说自己就怎么做。这种做派，连蒙恬都认为不妥。无论如何也得辨个真伪啊！虽然蒙恬坚持不自杀，最终还是被杀，但是，蒙恬是在力所能及的范围内进行了最大限度的反抗。与蒙恬相比，扶苏的政治经验太匮乏，也不具备政治家的果敢与魄力，这样的人继位为君能否称职，仍然是一个疑问。

综上可知，秦始皇是一位影响巨大的皇帝，也是一位备受争议的皇帝，还是一位引发人们不断思考的皇帝。这样的皇帝在中国历史上并不多见，这正是我们对秦始皇难说再见的原因。

尾

声

千古一帝，秦始皇。他十三岁登基，二十二岁亲政；他马踏六国，一统天下，成就了泱泱大秦帝国雄伟霸业的神话，可谓前无古人，后无来者。他统一文字，统一货币，统一度量衡，统一车轨；他北筑长城，南征南越，为中国五千年的恢宏史书留下了浓墨重彩的一笔。

万世暴君，秦始皇。他贪恋权势，事必躬亲；他果决寡恩，焚书坑儒；他修筑陵墓，穷困万民；他严刑酷法，残贼天下，落了个千秋万代妇孺皆知、尽人皆弃的骂名。

自掘坟墓，秦始皇。他不立皇后，不立太子；他不辞劳苦，五次巡游；他自称真人，迷恋成仙；他欲求长生，却致短命，最终还是跟凡夫俗子一样，躺在了他苦心营造的陵墓里边。

"在浩漫的生存布景后面，在深渊最黑暗所在，我清楚地看见那些奇异世界。"秦始皇就是这样，静静地看着，看着他信任的赵高与忠臣李斯篡改着他的遗诏；看着他喜爱的小儿子为了权力把他的兄弟姐妹们——干掉；看着赵高在咸阳宫殿上执导着"指鹿为马"的闹剧；看着大泽乡的戍卒斩木为兵，揭竿为旗，高喊着"王侯将相宁有种乎"；看着他的兄弟子婴白马素车、身着孝服向刘邦屈膝献降；看着他亲手创建、意欲传至千秋万世的神奇帝国，在项羽的一把大火之中灰飞烟灭，化为焦土。他就是这样，静静地看着。

曾记否？广袤无垠的关中平原，曾经上演过多少惊天动地、可歌可泣的故事；隔离天日的咸阳宫殿，经历过多少亭台楼榭、管弦笙歌的春秋。如今，往日的金戈铁马早已是残铁锈铜，过去的辉煌气象仅剩下萧瑟秋风，夕阳斜照中的骊山陵墓，伴随着的只是枯藤、老树、昏鸦。人们感叹的是华年易逝，人生苦短；唏嘘的是世事无常，沧海桑田。不变的唯有那滔滔不息的渭河之水，带走了昔日帝都的喧嚣与繁华，永久留下的是一代代人无限的惆怅与沉思。

后记

帝制中国的第一次实践

　　《秦始皇》是2008年北京奥运会期间，中央电视台《百家讲坛》栏目组为迎接这一盛会而定制的一个重点节目。其时，我的"王立群读《史记》"系列才刚刚播完《项羽》《吕后》《汉武帝》三位帝王级人物。《秦始皇》的录制刚好是从汉代转向帝国制产生的关键人物——秦始皇。

　　秦始皇之所以深受人们的高度关注，是因为他是秦帝国的开创者，是中国古代两千多年帝制的开创者。

　　自秦始皇之后，"皇帝"成了中国最高统治者的称号。皇位，成了无数人梦寐以求的人生目标！

　　承平之时，皇子、皇孙、皇叔以至皇族远亲，前赴后继争夺的目标是皇位；乱世之中，天下枭雄觊觎的目标也是皇位。

　　夺得了皇位，就夺得了天下；夺得了天下，就可享受天下独一无二的人间至乐。因此，秦始皇独创的"皇帝"称号，和他对这一称号的赋能，使"皇帝"一词拥有了巨大的吸引力。

　　这样一位大名鼎鼎的帝王应该怎么讲呢？

　　《史记》将他列入了最受瞩目的十二"本纪"之中，接续《秦本纪》。《秦本纪》是秦国的发展史。没有秦国数百年的发展，秦始皇不可能成功结束两百多年的战国纷争；因此，依照《秦本纪》，讲解秦国从弱小到强大，从不入诸侯到位列诸侯之首的发展史，是讲读秦始皇必不可少的一个环节。其中，秦非子、秦襄公、秦穆公、秦孝公、秦惠文王、秦昭襄王、秦庄襄王都是绕不开的节点。

伴随着秦国的崛起，六国的衰落同样不容忽视。因此，依据《史记》的《晋世家》《韩世家》《赵世家》《魏世家》《燕召公世家》《楚世家》《田敬仲完世家》，历述六国的衰落史、亡国史，是讲读秦始皇必不可少的另一条重要线索。

讲秦始皇，离不开秦始皇身边的名臣、武将。吕不韦、李斯分别是秦始皇前期、后期最重要的名臣、权臣，也是解读秦始皇最重要的人物。蒙恬、蒙毅兄弟，王翦、王贲父子是秦始皇统一六国的重要参与者。这些重要人物在《史记》列传中均有记载，穿插在《秦始皇》系列中最为合适。

围绕着秦始皇，还有其统一文字、货币、车轨、度量衡，修长城、驰道、直道等事件，以及求长生、闭言路、焚诗书、坑术士等荒唐事。

最后是秦始皇之死。秦始皇对身后事的安排被一场意外打断了。当他的手诏变遗诏后，一切不可能的事情皆有可能发生了！伴随着秦二世胡亥的继位，赵高的专权，秦帝国终于走到了风雨飘摇的危途上。一个企望二世、三世、四世，直至万世的秦帝国竟然十五年时间就轰然倒塌了。

秦帝国的创立，开辟了帝制中国的新时代。但是，一个新建的帝制中国，面临着一系列的风险。这些风险，秦始皇在位时并无觉察，亦无防范。

秦始皇至死未立皇后、太子。虽然这一现象的原因相当复杂，可是秦始皇未料到自己突然下世，因未立皇后、太子，演变为幼子胡亥篡位，这个教训在成熟的帝制下完全可以通过制衡避免和解决，但因初创帝国制的秦始皇的忽视，酿成了大错。

由于没有皇太后名正言顺地出面干预，新君产生后，皇帝至高无上的地位和不受任何制约的权力，必然让秦二世独断乾坤，谁都不可能再将其推翻！秦二世的地位再不可动摇了。

胡亥继承帝位后的作为，证明了他不是帝制的合适继承人。心心念念要享尽人间荣华富贵的皇帝，必然以荒疏国政为代价。这种荒疏遇上了秦末的全民大起义。当秦二世不承认现实，让使臣的瞒报、谎报成为他个人一种避祸的手段时，秦帝国的灭亡已成为一种历史的必然。

宦官与皇帝的相互利用是帝制中国的一大特色。宦官起源于西周初期，他们通常被国君用来帮助自己巩固权力、加强统治。秦、汉时期，由于对宦官的副作用认识不足，深居宫中的皇帝往往需要宦官帮助他维持宫廷秩序，宦官祸乱中央政权的事情屡屡发生。直至宋代，皇帝还要依靠宦官监督大臣、将领。新建立的秦帝国对宦官的巨大副作用的认识严重不足，秦始皇让赵高掌管自己的车马、符玺，使赵高成为秦始皇身边掌握相当权力的近臣。近臣最了解皇帝的作为，利用皇帝的疏漏改变皇帝的意志成为一大祸患。

这些因素综合起来，导致秦帝国迅速瓦解。当然，起决定作用的是秦军主力被项羽军团全歼，刘邦军团杀入关中，秦王子婴投降。

秦军主力军团是章邯军团，它的投降是缘于赵高企图嫁祸章邯军团，逼得章邯军团无路可走才不得不降于项羽。从根本上讲，还是秦二世在位三年的荒疏政务，不愿了解天下大乱的真相，不愿处理秦帝国和天下义军的军事斗争的必然结果。

《千古一帝秦始皇》一书在讲述秦帝国兴亡史的同时，表达了我对秦国崛起与六国衰落，秦始皇建立帝制的贡献，以及帝制产生后他如何巩固政权的一些思考。

秦始皇创建帝制后，由于皇帝的权力极端强大，秦始皇本人又极端强势，秦始皇已成为一个完全无人可约束的专制者，继位的秦二世仍然是一个不受任何约束的皇帝。对于一个没有任何约束的极端皇权，只有两种可能：要么等新皇帝即位，总结教训，改弦更张；要么埋葬这个旧王朝，等待一个新王朝的诞生。

秦制最终保留下来，历史选择的只是换皇帝。

帝制在中国延续两千多年，影响深远，即使共和制代替了帝制，帝制的影响仍然不可小觑。

……

王立群

2023年11月

像遷馬司

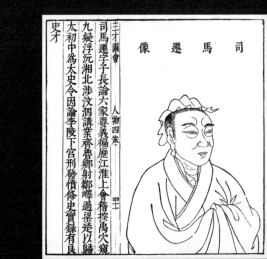

史才

司馬遷字子長論六家要義徧歷江淮上會稽探禹穴窺
九疑浮沅湘北涉汶泗講業齊魯鄉射鄒嶧過梁楚以歸
太初中為太史令因論李陵下宮刑發憤修史會錄有良
史才

图书在版编目（CIP）数据

千古一帝秦始皇 / 王立群著. — 北京：东方出版社，2024.3

ISBN 978-7-5207-3615-2

Ⅰ.①千… Ⅱ.①王… Ⅲ.①秦始皇（前259-前210）-传记

Ⅳ.①K827=33

中国国家版本馆CIP数据核字（2023）第163950号

千古一帝秦始皇
(QIANGUYIDI QINSHIHUANG)

作　　者：	王立群
策 划 人：	王莉莉
责任编辑：	赵　琳　张　伟
产品经理：	张　伟
书籍设计：	潘振宇
出　　版：	东方出版社
发　　行：	人民东方出版传媒有限公司
地　　址：	北京市东城区朝阳门内大街166号
邮政编码：	100010
印　　刷：	北京汇瑞嘉合文化发展有限公司
版　　次：	2024年3月第1版
印　　次：	2024年5月第2次印刷
印　　数：	10001—60000套
开　　本：	880毫米×1230毫米　1/32
印　　张：	23.625
字　　数：	502千字
书　　号：	ISBN 978-7-5207-3615-2
定　　价：	108.00元（全两册）
发行电话：	(010)85924663　85924644　85924641